贵州省社会科学院哲学社会科学创新工程学术精品出版项目

贵州省社会科学院智库系列·院省委托课题

脱贫攻坚的可持续性探索
——贵州的实践与经验

贵州省社会科学院 / 编

王春光　孙兆霞　等 / 著

社会科学文献出版社
SOCIAL SCIENCES ACADEMIC PRESS (CHINA)

编辑委员会

课题组名单

课题组顾问：

李培林　中国社会科学院副院长

课题组组长：

魏后凯　中国社会科学院农村发展研究所所长

课题组副组长：

索晓霞　贵州省社会科学院副院长

檀学文　中国社会科学院农村发展研究所研究员

课题组成员：

吴国宝　中国社会科学院农村发展研究所研究员、中国社会科学院贫困问题研究中心主任

刘建进　中国社会科学院农村发展研究所研究员

李　静　中国社会科学院农村发展研究所研究员

年　猛　中国社会科学院农村发展研究所助理研究员

曾俊霞　中国社会科学院农村发展研究所助理研究员

韩振宇　中国社会科学院研究生院博士生

黄水源　贵州省社会科学院农村发展研究所研究员

管毓和　贵州省社会科学院农村发展研究所副研究员

韩　缙　贵州省社会科学院农村发展研究所副研究员

柳一桥　贵州师范学院副教授，中国社会科学院农村发展研究所与贵州省社会科学院联合博士后

本书撰写者

总报告　王春光
第一章　毛刚强
第二章　单丽卿
第三章　荀丽丽
第四章　王　晶
第五章　高　刚
第六章　马流辉
第七章　陈志永
第八章　曹端波
第九章　孙兆霞　毛刚强
第十章　梁　晨

出版说明

"贵州省社会科学院智库系列"（全称：贵州省社会科学院智库系列研究成果学术文库）是贵州省社会科学院新型智库建设中组织编辑出版的智库系列学术丛书，是我院进一步加强课题成果管理和学术成果出版规范化、制度化建设的重要举措。

建院以来，我院广大科研人员坚持站在时代发展的前沿，时刻铭记肩负的历史使命，切实履行资政育人的职责；以马克思主义、毛泽东思想、邓小平理论、"三个代表"重要思想、科学发展观、习近平新时代中国特色社会主义思想为指导，努力夯实哲学社会科学理论基石。坚持面向全国，立足贵州，研究贵州，服务贵州。以应用研究为主，为贵州经济发展建言献策，同时重视具有地域优势、民族特点和地方特色的基础学科研究，努力打造贵州学术特色。几代社科人厚德笃学、求真务实、勇于创新、薪火相传，取得了丰硕的研究成果。据不完全统计，50多年来，贵州省社会科学院共承担完成国家级研究项目100多项，省部级研究项目300余项，国际合作项目30余项，横向委托项目500余项；出版著作约600种，发表学术论文约10000篇，完成各类研究报告2500余份。其中，有1项成果获国家优秀成果奖，有近200项成果获省部级优秀成果奖。50多年来共培养出高级专业技术人员近200人。尤其是党的十八大以来，贵州省社会科学院以中国特色社会主义理论体系为指导，深入贯彻落实党的十八大、十九大会议精神和省委十一次、十二次会议精神，结合中央和省委重大决策部署，深入推进"科研立院、人才强院、管理兴院"三大战略和以质量为中心的科研转型升级，建设具有地方特色的新型智库，成为我院历

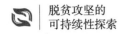

史上发展势头最好、成果最丰硕的时期。

从 2016 年起，我们逐年从各级各类课题研究结项成果中选出一批具有较高学术水平和一定代表性的研究成果，列入《贵州省社会科学院智库系列研究成果学术文库》集中出版。我们希望这能从一个侧面展示我院整体科研状况和学术成就，进一步推动"十三五"时期我院哲学社会科学研究的创新发展，同时为优秀科研成果的及时转化创造更好的条件。

贵州省社会科学院科研处

2018 年 11 月 23 日

目 录
contents

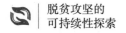
第十章

构建多元化立体式的扶贫体系：社会扶贫及其可持续性专题

总报告

贵州省脱贫攻坚
可持续性研究

"坚决打赢脱贫攻坚战",是党的十九大报告向全国和全世界发出的中国同贫困作伟大斗争的决心,成为新时代中国特色社会主义思想中最精彩的内容之一,"让贫困人口和贫困地区同全国一道进入全面小康社会是我们党的庄严承诺"。在过去五年中,"脱贫攻坚战取得决定性进展,六千多万贫困人口稳定脱贫,贫困发生率从百分之十点二下降到百分之四以下"。但是,深度贫困问题不可小视,脱贫攻坚任务依然艰巨,而且在新时代社会主要矛盾有了新的转换,对脱贫攻坚赋予了新的内涵。脱贫攻坚如何在解决新的社会主要矛盾上发挥更大、更长远的作用,已经遽然地摆在国人面前。贵州省作为全国精准扶贫和精准脱贫攻坚战的前沿重镇和开放式脱贫试验区,在精准反贫困上取得的进展和经验具有全国性意义,同样,其面临的困难和问题也有全国性特色。随着 2020 年临近,全部脱贫指日可待,但是,必须要考虑的是,全部脱贫是否具有可持续性?2020 年以后脱贫政策如何延续?2020 年后农村是否还存在贫困问题?如果存在,那又是什么样的情况以及如何开展反贫困?与之前有什么差别?所有这些问题不仅是贵州所面临的,也是全国所面临的。

一 贵州省精准扶贫、精准脱贫取得的成就和面临的问题

贵州是全国贫困人数最多、贫困程度最深的少数几个省之一,中央对贵州省精准扶贫和脱贫给予了前所未有的政治、经济和政策支持。习近平总书记曾两次莅临和指导贵州反贫困工作,并在贵阳召开西南片区党政领导会议,发表了重要的"6·18"讲话,对贵州脱贫攻坚起了巨大的推动作用。贵州省积极践行五大发展理念,把脱贫攻坚作为头等大事和第一民生工程来抓,以脱贫攻坚统揽经济社会发展全局,扎实推进扶贫开发工作,取得了明显成效。在过去的五年中,贵州省减少农村贫困人口 670.8 万人,易地扶贫搬迁 173.6 万人,贫困发生率从 26.8% 下降到 8% 以下,

减贫和搬迁人数全国最多，创造了全国脱贫攻坚"省级样板"。其中，2016 年减贫 120.8 万人，贫困发生率从 2012 年底的 26.8% 下降到 2016 年底的 10.6%；截至 2017 年 10 月，贵州已经完成一个贫困县国定摘帽标准的第三方评估工作，1500 个贫困村退出。

更重要的是，贵州省配合脱贫攻坚，在许多方面进行体制机制改革和创新，探索脱贫攻坚可持续发展的可能路径、方法和经验。目前贵州省形成了一些有全国借鉴意义的经验：以第一民生工程和党建扶贫为主要内容，发挥智库优势和作用；以"四看法"为主要内容的精准识别体系创新，以"扶贫云"为主要内容的精准管理做法；以构建扶贫产业园、加强利益链接机制为主要内容的新型产业扶贫体系的创立；以六盘水"三变"改革和塘约经验为主要经验的农村经济集体经济的创新；以实施山地特色高效农业为主要内容的守住生态底线的做法，等等。这些做法和经验获得了中央的充分肯定，也引起了全国其他地方的关注，被视为脱贫攻坚的贵州样板经验。

但是，贵州省脱贫攻坚任务艰巨，在客观和主观方面都面临许多问题和挑战。

首先，贵州的武陵山、乌蒙山和滇桂黔石漠化三个片区 66 个贫困县及其下属的极贫乡镇、深度贫困村，都是打赢脱贫攻坚战最难啃的硬骨头。那里自然条件差、基础设施落后、文化教育滞后、大量青壮年外出务工等，使得脱贫攻坚缺少了坚实的自然、社会、经济、公共设施和服务基础，使得"五个一批"找不到强有力的支持。

其次，精准扶贫和脱贫是相当复杂和系统的工作，不仅牵涉不同部门、不同主体以及不同利益关系，而且涉及复杂的工作方法、技术技巧以及社会关系、文化传统、价值观念等，所有这一切都会影响到"六精准"的开展，从初期的精准识别到精准帮扶、精准项目、精准用钱、精准派人以及精准成效，都是在边探索边实施之中，不可避免会存在各种问题尤其是反复调整等，这都会影响扶贫开发成效问题。由于时间紧、任务重、责任大，因此一些地方根本来不及追求精准，甚至没有能力追求精准，于是会以粗糙的方法替代精准，以表面和形式主义的方式去实施项目，而忽略了贫困户的想法和真正需求，从而影响了扶贫和脱贫过程中的干群关系，甚至还出现各种纠纷和矛盾等，比如部分贫困对象缺乏内生动力，安于现状单纯依靠外界被动脱贫，有的习惯等靠要，依赖政策不愿脱贫。

最后，在政策设计和实施中，需要处理好贫困对象与非贫困者之间的关系、贫困个体与村庄关系、贫困村与地区之间的关系，但是，在扶贫开发的实践过程中往往会出现两种比较极端的问题：一种是过于偏向机械地理解精准，把扶贫脱贫工作局限于为贫困对象提供帮助上，而忽视了贫困对象的脱贫需要相应的贫困对象之外的条件和关系，比如基础设施和公共服务以及村庄邻里等外在条件的支持。另一种极端则是过于看重外在条件，认为贫困对象没有脱贫能力和可能，以村庄发展取代贫困对象脱贫工作，比如表面上想用合作社方式来解决贫困问题，但是实际上贫困对象在合作社中是缺位的，不能享受到合作社的发展成果。更极端的是一些地方将脱贫攻坚转化为区域发展，从而屏蔽了贫困对象的真正脱贫，或者说仅仅把贫困对象的所谓脱贫作为区域发展的手段，反过来遮蔽了贫困对象的真脱贫。

二 脱贫攻坚可持续发展的重要性、基本含义及分析框架

在过去五年中，跟全国其他地方一样，贵州省在脱贫攻坚上取得了明显的效果，有目共睹。从宏观上，在过去的五年中，贵州的经济增速遥遥领先全国，地区生产总值年均增长 10.9%，增速连续保持全国前两位，总量突破万亿元达到 1.35 万亿元，人均达到 3.8 万元，在全国的位次分别上升一位和两位。一方面，是因为贵州抓住了全国产业结构转型升级以及供给侧改革的有利契机，找到了适合自己的产业定位；另一方面，更重要的是因为中央对贵州精准扶贫和精准脱贫给予了前所未有的政策和资源倾斜与支持，贵州省已经获批全国生态文明示范区（全国只有 3 个，另 2 个是福建省和海南省）和开放式扶贫开发试验区，贵州呈现出后发的优势和发展态势。但是，不得不提请注意的是，在扶贫脱贫攻坚中已经显露了许多问题，在一定程度上有可能会对目前这种良好的发展势头构成潜在的威胁

和挑战，也就是影响贵州的脱贫攻坚可持续发展问题。

在这里，可持续发展体现在两个方面：一是脱贫攻坚自身的可持续发展；二是精准攻坚对贵州发展具有的可持续性影响。这两个方面是相互依存、相互影响的。脱贫攻坚自身的可持续发展当然是贵州可持续发展的内在组成部分。贵州可持续发展一方面显然需要脱贫攻坚的可持续；另一方面也会影响脱贫攻坚的可持续。就脱贫攻坚自身而言，可持续发展又体现在两个层面：一是现行实施的脱贫攻坚政策和体制、行动、项目、成效是否可持续；二是2020年全面解决了现行标准下的贫困问题后是否还有相应的反贫困工作，前后的政策和行动该如何衔接，等等。本书首先建立在对第一个层面的研究和分析基础上，然后顺理成章地会讨论第二个层面的可持续发展问题。

可持续发展问题不是简单地指这个事情或工作是否还在继续下去，而是有着更丰富的特定含义的。可持续发展的英文词是 Sustainable Development，最早是1980年世界自然保护联盟（IUCN）、联合国环境规划署（UNEP）和野生动物基金会（WWF）在其共同发表的《世界自然保护大纲》里提出来的，1987年世界环境与发展委员会（WCED）在其发表的《我们共同的未来》报告中正式使用了可持续发展概念，做了比较系统的界定并受到广泛的认可，认为可持续发展是能满足当代人的需要、又不对后代人满足其需要的能力构成危害的发展。尽管有关可持续发展的定义多达100个以上，但这个定义最受广泛关注和采纳，它涉及自然、科技、社会、经济等方面。1997年召开的中共十五大正式提出了可持续发展战略。在实际应用中，可持续发展涉及自然可持续发展、社会可持续发展和经济可持续发展乃至文化可持续发展。可持续发展与党的十八大以来提出的"五位一体"总体布局、新发展理念（创新、协调、绿色、开放、共享）和"四个全面"战略布局有着非常紧密的契合。

在实践中，可持续发展这个概念被广泛应用，指向不同领域和方面，比如财政可持续、金融可持续、项目可持续、能力可持续等。这里讨论的脱贫攻坚可持续发展，虽然有着"在满足当代人的需要的同时不伤及对后代人需要满足的能力"这层含义，但是，其意思会更丰富一些，主要还是指脱贫攻坚不仅发挥短期的效用，而且要产生长期的效用，不仅仅只对少数人产生效用，而且还要对其他人乃至整个区域发展产生效用等。脱贫攻坚涉及相关政策、体制、资源、项目以及行动等方面，因此，脱贫攻坚可持续发展不限于在满足当代需求而不损害后代满足需求的能力方面，而会涉及一定时间内政策、体制、资源、项目、行动所具有的效用，即能否产生长期效用，能否惠及更多的人、更多的地区，以及能否提升贫困对象的发展能力等。

具体地说，脱贫攻坚可持续发展包含着五层含义：第一，政策和体制的延续性和有效性。这里主要从有效的扶贫攻坚政策延续时间长短以及现有的脱贫攻坚体制是否有效和长期性两个方面去考虑。第二，主体能力的提升和改善有利于满足脱贫攻坚的需要。包括脱贫攻坚队伍的能力、脱贫对象的发展能力、所在村庄或社区的行动能力以及政府的公信力等，具有满足脱贫攻坚、稳定脱贫甚至持续发展之需要。最重要的是人才和能力对脱贫攻坚的可持续性具有至关重要性。第三，社会团结水平。社会团结对于脱贫攻坚的可持续性有着基础性的作用，但是脱贫攻坚中，由于资源和政策配置错位不但不能增强社会团结，反而造成村民与干部、村民与村民乃至村民与政府之间的冲突、矛盾和不信任，伤害了社会信任和政府公信力，就难以让脱贫攻坚成果得以持续。从社会团结方面来看，脱贫攻坚的可持续应体现在促进村民之间以及村民与政府之间的信任、合作，而不是相反。第四，社会公正性。社会公平与社会团结有密切的关系，社会公正体现在脱贫攻坚的每个环节上，包括识别贫困、资源投入、收益分配以及社会参与等，如果社会公正原则得不到尊重，那么脱贫攻坚就很难获得贫困对象和非贫困对象的支持和拥护，从而就有可能达不成其目的。当然，有可能是地方得到发展了，但是社会公正却受到损害，那么，这样的发展并不是有利于脱贫攻坚的。第五，生态环境的保护。不论是产业扶贫还是易地搬迁，或者其他方面的扶贫，都需要采用环境友好型政策和行动，不要以牺牲和破坏自然环境为代价。这实际上是可持续发展这个概念的最初含义。许多地方的农村贫困都跟自然环境恶劣有关，反过来说，改善自然环境将有利于反贫困。与此同时，如果在反贫困项目安排上，不考虑自然

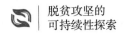
环境，甚至破坏自然环境，那肯定不合乎可持续发展原则。

贵州省在精准扶贫、精准脱贫上颁布了"10 + 1"政策。这一系列政策一方面是对中央脱贫扶贫政策的进一步具体化；另一方面又是针对贵州情况而制定的，具有很强的针对性，对贵州省精准脱贫具有非常重要的作用，体现的是贵州省精准脱贫的资源、项目、行动等各方面的战略安排和技术路线。贵州省把这 10 大政策称为 10 大脱贫攻坚行动，在我们看来，这是贵州在这 10 个方面开展的精准脱贫攻坚。这 10 个方面是否取得有效进展并能发挥长期的效应，正是事关贵州脱贫攻坚可持续发展的问题。这 10 个方面大体上涉及基础设施建设、产业扶贫、易地搬迁、社会保障、党建扶贫、金融扶贫、生态扶贫、社会帮扶、教育扶贫、医疗卫生扶贫等。贵州基本在这 10 个方面开展脱贫攻坚行动。这里重点要讨论的就是这 10 个方面的可持续性问题，并提出相应的对策建议，当然我们也会讨论到这些政策没有覆盖但是对精准脱贫可持续发展有着重要影响的其他内容和问题。

这 10 个方面彼此有着不同的内容、要求和所需要的不同条件，因此在可持续发展的体现上也会各有侧重，但是，这些政策究竟是不是长效的？是不是可以带动主体能力的提升？是不是有助于提升社会公正和社会团结水平？能不能保护自然环境？这些都是体现脱贫攻坚可持续发展的问题。

表 1 – 1

	政策和体制	主体能力	社会团结	社会公正	自然环境
基础设施建设和公共服务	均等化程度	健全、便捷以及维持水平	配置合理性	人人享有水平	对自然环境的改善情况
产业扶贫	体系性（特别是生产、服务和市场体系等）	竞争力	合作水平	获益范围和水平	与自然环境亲近关系
易地搬迁	连续性、保障性	基础设施和公共服务水平、社区能力建设和就业机会	移民融合：生活方式城市化、与周围邻居关系	受益水平和受益面	自然环境改善状况

续表

	政策和体制	主体能力	社会团结	社会公正	自然环境
社会保障	连续性和系统性	保障程度以及保障执行	减少生计竞争水平	贡献与享受差别	生计对自然环境的依赖水平
党建扶贫	持之以恒性	动员力、领导力和人才	吸引力	为民做主、为民谋利	对自然环境的保护
金融扶贫	连续性	融资水平	融资受益者	融资门槛	与生态保护关系
生态扶贫	连续性	补偿、奖励水平	受益者	补偿、奖励与损失关系	效果
社会扶贫	稳定性	能力投资	受益者	受益依据	影响
教育扶贫	连续性	投向	受益者	受益依据	无
医疗扶贫	连续性	扶持方向	受益者	受益依据	无

这里正是从政策和体制、主体能力、社会团结、社会公正以及生态保护四个维度来衡量"10+1"政策的可持续性发展问题。比如对基础设施与公共服务，从体制和政策上要求城乡、区域以及村与村、乡与乡之间的均等化；从主体能力上看，这些设施和服务不但健全和便捷，而且还能长期持续下去，不是短期提供；从社会团结上看，既要照顾村庄之间的合理配置，又要做到在村内部各个村民小组、各户之间的合理配置；社会公正则体现在这些配置能否通过受普遍认可的方式（比如公开透明的招标方式等）做出决定；当然基础设施和公共服务应该会有助于改善生态环境，而不是相反。其他9项政策也是用相应的维度加以分析和评价，这里就不一一赘述了。本书由总报告与十章组成，后面十章基本上就是针对以上十个方面而分别展开研究和探讨的。

三　贵州脱贫攻坚可持续发展经验

贵州在推进精准扶贫、精准脱贫和区域发展上的成绩是显著的，预计2018年底基本上就能达成全面脱贫的目标。贵州省把精准扶贫和脱贫作为最重要的工作来抓，各地竞相开展各种扶贫工作实践，创造了许多有影响的做法，积累了不少经验，比如精准识别"四看法"，就源自贵州实践；

又比如党建扶贫就诞生于贵州 20 世纪 80 年代的扶贫工作，在精准扶贫中得以发扬光大；贵州还探索出农村土地制度改革的一些新做法等。这些经验和做法不仅大大地提高了贵州扶贫脱贫效率，增强了其可持续性，而且也让全国其他地方受益。这里从可持续发展角度，将其经验进行如下系统的总结和提炼，当然有一些经验在全国是具有一定共性的。

第一，贵州把精准扶贫、精准脱贫与全省整体发展联动考虑，以精准扶贫、精准脱贫带动全省整体发展，而全省整体发展又反过来带动精准扶贫和精准脱贫。贵州省出台"10 + 1"政策，本身就是一个整体发展思路的体现。这套政策涉及产业、基础设施、公共服务、党组织建设和扶贫、社会扶贫、金融扶贫以及生态建设等，实现各个领域相互支持和融合发展。贵州正是借助于精准扶贫和精准脱贫，快速地打造有贵州特色的山地经济和民族特色旅游、大数据产业等，同时利用基础设施建设，大大改善了贵州的交通、住宿等条件，使得贵州连续多年保持全国最快的经济发展速度。比如，2013 年开始，贵州省委、省政府提出实施小康路、小康水、小康房、小康电、小康讯、小康寨六项行动计划，着力建设生活宜居、环境优美、设施完善的美丽乡村，反过来带动精准脱贫。截至 2017 年上半年，六项行动计划共完成投资 1367.1 亿元，农村逐步建立了结构合理、功能完善、畅通美化、安全便捷的乡村道路体系，全面提升了乡村旅游的通达性；建设了安全有效、保障有力的小康水平，高效、可靠的绿色农村电网，宽带融合、普遍服务的小康讯，全面改善农村居民的生活环境和农业生产条件；建设了美观、实用、建筑形式多样化、地方民居特点和元素突出的小康房，逐步实现农村住宅向安全适用、功能配套、布局合理、特色鲜明、节能环保方向发展；建设了功能齐全、设施完善、环境优美的小康寨，把田园建成了公园、把社区建成了景区，涌现出一大批基础设施带动的旅游扶贫典型。这种快速发展既得益于大规模的精准扶贫和脱贫实践，反过来又使得扶贫和脱贫有了更好的宏观环境和基础条件。因此，这样的发展势头如能再连续保持多年，相信会大大地巩固贵州扶贫脱贫的效果，将有能力确保绝大多数农村人口不会重返贫困。这是精准扶贫和精准脱贫可持续发展的最重要的基础性保障。

第二，精准扶贫和脱贫与改革创新并举，创新扶贫和脱贫的方法及机制，从而可以应用到其他领域的发展和建设。贵州虽然属于欠发达地区，但是蕴藏着丰富的自然、文化资源，比如贵州的山地资源、多彩的民族文化资源以及适宜的天候资源等，长期以来得不到有效利用，青山绿水得不到有效的开发，难以变成金山银山。但是，贵州在过去的几年中，改革了资源利用政策和机制，调动社会、市场多主体加入对贵州丰富资源的开发和利用中，在一些地方取得了显著的效果。目前，贵州的旅游产业发展相当快，全省有 517 个村成为国家乡村旅游扶贫重点村，其中 38 个贫困村列入 2015 年启动的旅游扶贫试点村，2017 年全省乡村旅游接待人数 1.593 亿人次，占全省旅游接待人数的 42.38%，同比增长 23.1%；旅游收入 705.9 亿元，占全省旅游总收入的 20%，带动社会就业 287.61 万人，受益人数超过 577 万人。贵州旅游在全国大有后来居上之态势。贵州的茶产业已经获得巨大的成功，特别是湄潭的茶产业已经连续多年保持非常好的发展势头，已经诞生了一些全国知名的茶品牌，确保了湄潭可持续地脱贫。贵州在农村土地制度改革上率先实施了"三权促三变"政策，虽然目前在实施中依然还有一些争议，但是其精神是想让土地的产权、承包权、经营权得到有效的利用，变成和增加农民的收益。资源的利用和经营只有真正让农民受益，才能获得可持续的社会基础。改革创新，才是精准扶贫和脱贫可持续的活水源头。

第三，贵州开党建扶贫之先河，持续不断地坚持下去，在助推精准扶贫和脱贫上起到了重要的组织保障作用。早在 20 世纪 80 年代，贵州首创了党建扶贫，在农村地区，党组织带领村民开山辟地、整治农田，缓解了人地矛盾，提升了农业生产率，在推进农村经济发展和缓解农村贫困问题上发挥重要作用。曾有一段时期，党建工作趋于形式化，缺乏实质意蕴。但是，在这次精准扶贫和脱贫中，党组织重新得到激发和重视，成为扶贫脱贫的中坚力量。习近平总书记在河北省正定县考察时说，"给钱给物，不如给个好支部。农村要发展，农民要致富，关键靠支部"。党建扶贫被赋予了新的内涵，重视党组织在整合资源、统一认识、精准派人以及服务贫困人群等方面的作用。早在 2010 年，贵州省对 2011～2020 年新一轮党建扶贫工作，布置了战役性的"四帮四促"工作，明确94家省直单位对全省88个县（市、区、特区）进行整体挂钩联系帮扶，一定三年，不脱贫、不脱钩。派出"四帮四促"工作小组，督察督办、协调处理扶贫开发中的重要问题。2013年，贵州省委在坚持"部门帮县、处长联乡"基础上加大"干部驻村"工作力度，在全省开展同步小康驻村工作。当年，按5人一组的标准共选派3万人，成队建制组成工作组，自带行李、自带灶具、吃住在村、工作在村，集中帮促6000个村。2015年，贵州省响应总书记的"因村派人精准"，全省共选派9502名"第一书记"，覆盖所有贫困村和党组织软弱涣散村。党的十八大以来，贵州以党建促扶贫的工作，在实施路径上表现为：（1）自上而下组建驻村工作队、第一书记等进入扶贫一线的干部选派机制；（2）加强农村基层党组织战斗堡垒作用的组织建设；（3）强化对扶贫工作相关的党员干部的选拔、监督与考核的制度建设。这些做法既有对过往形成的"党建+扶贫"传统的继承，也有对产业扶贫为主导的背景下党建扶贫边缘化的调校。

第四，贵州省大力贯彻和落实中央对社会扶贫的要求，已经构建起企业扶贫、社会组织扶贫、中央定点帮扶与东西部扶贫协作的"四位一体"的立体式社会扶贫格局，对区域发展和脱贫的可持续性产生了重要的影响，尤其对解决农村贫困问题做出了显著的贡献。这一格局具体地表现为四种有特色的扶贫模式，分别是民营企业"包县"的模式，企业与社会组织合作通过产业项目振兴农村的内生动力和社会机能的"智力众筹用社会团结促进脱贫"的模式，以及各种不同类型社会组织所开展的不同扶贫模式等各具特色的扶贫模式。

第五，基础设施建设优先发展，大大改善了贵州的交通、灌溉和饮用水条件，为精准扶贫和脱贫奠定了坚实的物质基础。贵州省目前已经县县通高速，行政村基本上也通公路，目前正在实施组组通工程。对于欠发达村庄来说，交通差是造成贫困的重要因素。交通改善了，不但缓解了出门难问题，降低了他们与外部交往的成本（时间成本和资金成本等），有利于外出打工，也有利于将一些独特产品、农副产品销售出去，增加农民的收入。与此同时，交通条件改善的一个最大效应是，外部游客比以前更便捷地进入贵州，大大地推动了贵州旅游发展，从而惠及许多农村。不少贫困户从旅游发展中获得收益而脱贫或减贫，因为当前发展山地特色、民族特色旅游，成为贵州不少县市、乡镇乃至村庄扶贫减贫脱贫的主要战略和手段。与此同时，基础设施建设中的一项重要建设就是水利设施建设，贵州许多地方属于喀斯特地貌，雨水多但往往积攒不起来，眼看哗哗的雨水得不到利用，有雨水而缺水成为一些农村难以发展甚至陷入贫困的要害。因此，贵州省最近几年大力投入水利设施建设，尤其重视小水库建设、农田灌溉设施建设以及饮用水工程建设，取得了明显的进展，促进了农村脱贫进程。总而言之，基础设施建设是可持续发展的基础，对减贫、脱贫以及区域发展有着难以估量的可持续影响和作用。

第六，教育扶贫是一种扶志、扶智举措，贵州省对此非常重视，投入力度之大以及从中央争取了很多政策支持，用好用足了中央政策，不仅大大改善了教育自身发展，而且更重要的是实现了与经济、社会等领域的协同发展，助力大扶贫战略的实施。贵州教育发展始终面临着起点低、发展任务重、资源相对短缺的困境，但是政府秉持了优先发展教育的理念，并且把教育扶贫作为打赢脱贫攻坚战的先导战略。建立完善的政策体系，在政府行政体系中开展自上而下的动员。强化教育资源投入，既追求量的增长，也强调整体结构的优化。用足用好中央各项扶贫教育政策，积极向国家相关部门争取支持，加强对各项教育和扶贫经费的统筹，强调经费安排向三大集中连片特困地区倾斜。特别是贵州充分使用了特岗教师政策，截至 2015 年，贵州全省招聘特岗教师近 8 万人，显著地改善了农村的教育条件，有效地提升了学生的学习能力和水平，贫困地区学生的升学率大幅提高，为教育扶贫找到了有效的路径和方法。

第七，在医疗卫生扶贫上，贵州也进行了一些体制改革和政策创新。因病致贫的现象相当普遍，根据国务院扶贫办建档立卡统计，因病致贫、因病返贫贫困户占建档立卡贫困户总数的42%，患大病的和患长期慢性病的贫困人口疾病负担重，所以，医疗卫生扶贫也是很重要的精准扶贫和脱贫举措。医疗卫生扶贫主要从让贫困人口看得起病以及看好病两个层面开展：一方面，帮助贫困人口缴纳新农合费用，同时将他们纳入大病救助；

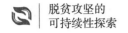
另一方面，将医疗卫生资源向贫困地区下沉，让村民就近获得医疗卫生服务。贵州省已经构筑了基本医疗保险、大病保险和医疗救助"三重医疗保障"体系，整合了城乡医保、大病保险、医疗救助等各类医疗保险资源，为患有大病的城乡贫困家庭编织了三道"救助网"。2016年，贵州实施医疗救助256.4万人次、临时救助17.5万人次，有效地遏制和减少农村"因病致贫、因病返贫"。

第八，贵州坚守习近平总书记提出的生态与发展两条底线，贯彻"绿水青山就是金山银山"理念，打造全域山地旅游经济，实现生态与发展的平衡关系。贵州有着非常丰富的生态资源，加上各个少数民族和汉族在长期的生活生产中对生态资源的使用，形成了各种生态智慧和文化，最丰富的是贵州农业生态文化。以前这些资源没有受到很好的重视和发挥，而今丰富的生态文化资源在助力贵州精准扶贫上发挥了重要作用。比如一些贫困村利用独特的生态文化资源，发展旅游产业，并形成有重要价值的发展模式。这也是对接乡村振兴战略的重要方面，把生态这篇文章做好，贵州的未来发展将是相当可期待的。

四 贵州脱贫攻坚可持续发展面临的问题和挑战

脱贫攻坚是一项重大的政治任务，各级政府都给予了前所未有的重视，贵州省更是把脱贫攻坚视为当下最重要的优先工作，其他工作都要让路或者要服务于它。那么，如何把这项工作做得可持续，其意义是不言而喻的。虽然贵州在脱贫攻坚上积累了丰富的经验，建构了系统的政策体系，从各个方面都取得了显著的效果，但是，从可持续角度和标准来看，同样也面临着不少困难和挑战。

（一）精准扶贫和脱贫首先面临治理的可持续性问题和挑战

精准扶贫和脱贫，首先要求的就是精准，包括精准识别、精准派人、精准施策、精准项目、精准花钱、精准效果等，实现如此多精准本身就是一个复杂的、系统性、专业化的治理创新过程。从可持续性角度看，贫困治理首先要解决治理的社会基础，也就是说要有一个和谐的、有活力的、有能力的社会基础；其次要解决治理政策的不配套和体制不合理等问题；再次是要培育一批擅长治理的队伍；最后还要解决治理的平台、机制合理性问题。但是，在实际运行中，目前存在许多影响扶贫和脱贫治理的社会性、政策性、体制性和机制性问题。

第一，村庄"去熟人化"导致的内部治理成本过高。

村庄本来是个熟人社会，邻里长期生活在一起，相知相助，尽管不可避免会有各种摩擦、纠纷，但是他们彼此是非常熟悉的，但是后来撤村并村，一个行政村由多个自然村组成，特别是在贵州，以山地为主，山高坡陡，河谷阻隔，有的自然村寨通行很差，村民外出办事困难多。在撤并后的行政村，自然村寨之间，村民相识情况就不那么乐观了，有的村民根本不知道村书记或村长姓甚名谁。为了开展日常工作，村干部不可能都来自一个自然村寨，会按照自然村配置，为此不同自然村寨之间往往会产生明争暗斗，尤其会为了政策资源，出现严重的纷争，结果往往是村委会所在的中心村寨获得更多的资源，反过来进一步扩大了自然村寨之间的差距。不仅如此，这样的干部和资源配置还会加深自然村寨之间、村民与干部之间的不信任，降低村民对公共事务参与的积极性和热情。由于这种"去熟人化"的现象使贫困治理面临着缺乏稳固的社会基础，存在无源之水、无本之木的危险或挑战。由于缺乏强有力的稳固的社会基础，精准扶贫在实践中不但没有去关注建构这样的社会基础，反而在进一步损害已经相当不稳固的社会基础，特别是社会团结。

第二，基层政府忙于落实精准扶贫任务，无暇、无力去深刻认识精准扶贫战略，因而出现许多虚浮、形式主义等问题。

基层政府普遍认为，精准扶贫就是要到2020年解决现行标准下的贫困问题，或者说就是要完成上级规定的任务，在贵州就是提前到2018年完成这个任务，而没有精力、意愿和能力去思考和研究精准扶贫的可持续性、长期性问题，于是，限于自身能力不足以及资源有限，追求的基本上是短期效果，而不考虑或者说没有能力考虑长效问题，因此在工作上就会非常粗糙。比如在产业发展上过度追求"大"，过多关注经济收入增加了多少这样的数字问题，而忽视或不考虑农民的能力建设、村庄的社会建设、技术服务基础、组织基础，包括农民回乡创业之后，要怎么通过真正的合作来减少他们进入市场的风险和技术风险，把各种门槛降低等问题。只注重数字效应，不太关注实际上要采取什么手段和措施来创新路子，就只能玩"数字游戏"。而在数字上又过多关注静态数字，较少或者根本不关注动态变化，特别是在新常态下的贫困问题，包括已经脱贫的或者外出打工人口的返贫问题。静态地只考虑贵州的 623 万贫困户人口脱贫，还没有看到贵州面临的一个很大压力，即沿海地区和中东部地区产业结构的调整，已有一些企业倒闭和外迁，可能有 5000 万农民工要失业，其中有不少来自贵州。因此，基层政府的决策者在对精准扶贫对象的识别和规划上不清楚动态因素的影响问题。总之，由于缺乏对脱贫长期性、动态性、复杂性的考虑，基层政府的减贫举措更加关注任务型的经济指标的脱贫，从战略上到战术上，容易与扎根式贫困治理的体制机制创新要求相背离，从而使扶贫工作出现不少负面效应。

第三，社会组织在贫困治理上存在着空间狭小和嵌入上的"水土不服"问题。

社会组织在扶贫中具有撬动资源、能力培育和团结社区的作用。在贵州的精准扶贫中，社会组织发挥了一定的作用，但是，从目前来看，它们在贫困治理中的参与空间并不是扩大了，而出现缩小的现象。同时，社会组织参与也遇到一定的困境。由于出发点的不同，社会组织在与政府的关系和合作方面处于弱势地位，在政策支持和制度支持方面临一定脆弱性，需要进一步明晰政府与社会组织的关系、边界和各自职责；在社会团结方面，外来的社会组织虽然致力于提升合作能力、塑造社会团结，但其具体工作方法有可能遭遇"水土不服"，成为破坏地方社区团结的工具，这点尤其要警惕。

（二）产业扶贫面临多重可持续性发展挑战和问题

产业扶贫在精准扶贫中占据着核心地位，但是，在发展产业上政府、企业、村庄以及非贫困户、贫困户究竟扮演什么角色，依然是没有解决好的问题，利益关联机制尚未建立，直接影响到脱贫和村庄发展乃至区域发展。目前，在产业扶贫中普遍存在的主要问题至少有如下几点。

第一，产业扶贫存在着重项目落实、轻服务的问题。许多地方政府忙于去落实某个产业项目，只要把这个项目落实下来，就等于产业发展，然后理所当然地认为，产业发展起来了，就能带动贫困人口脱贫。但是，产业项目落实只是产业发展的一个环节，仅仅关注这个环节是不够的，因为一个项目的成功，取决于这个项目是否有竞争力，还需要相应的技术服务和市场服务，更需要项目参与者的支持以及合理的收益分配机制等。在实践中，这些环节或者被忽视了，或者不受重视或重视不够，而且许多参与者不具备产业所需要的能力等。由于这些环节问题得不到有效解决，因此，许多听起来很不错的项目都面临着不可持续问题，甚至出现失败，从而伤害了村民参与产业发展的信心和积极性。

第二，产业发展的组织化与扶贫、脱贫不协调。在政府看来，由公司、大户、能人来推动产业发展，比由贫困户来参与产业发展，会更快、更成功。所以，各地政府设计出看起来五花八门的组织化做法，比如公司加农民，或基地加农户，或者合作社加农户，或者公司（或基地）加合作社加农户等，实质上还是希望通过规模化发展带动农民尤其是贫困农民脱贫致富。但是，事实上，我们看到的是，在这个规模化、组织化过程中，贫困户基本上被边缘化，产业发展并没有真正惠及贫困户。而产业一旦失败，受损最深的还是农户尤其是贫困户，因为他们是最脆弱的，最经不起小小的失败。我们见证了一些产业项目失败后农户特别是贫困户陷入困境的例子：开始，政府告诉农民，让土地流转给公司，说这个项目发展起来，农民既可以拿土地流转费，又可以到公司里赚钱，这样农民就有两笔收入，特别是贫困户就可以轻松脱贫，但是结果呢？公司或者确实把产业做成功了，但是，公司要雇用农民的数量是有限的，那些贫困户往往是缺劳动力，或者劳动力不论体力还是智力、技能上都不如非贫困户，所以往往被公司拒之门外，因此就很难赚到劳务费。如果公司失败了，往往拍拍屁股逃之夭夭，剩下的烂摊子给农民，农民不但赚不到钱，而且其农地往往受到破坏，影响种植。至于公司（或基地）加农户模式，往往是公司赚钱，惠及农户不多；但是公司失败，农户损失更大，因为公司会把大部分风险都转嫁给农户，农户就成了项目的牺牲品。

第三，产业扶贫政策被截留的情况时有出现，损害了社会公平，拉大了贫富差距，导致村庄分裂，不但没有起到扶贫的效果，反而让贫困户受到进一步伤害。所谓产业扶贫政策被截留，表现为所有政策优惠被地方能人（有干部、企业老板、其他能干的人）所享受，而真正的贫困人口却享受不到。产业发展首先要依靠能人来运作；其次，这些能人在政策信息获得上占有便利；再次，地方政府又亟须在短时内把产业做起来，自然要依靠这些所谓的能人。因此，产业扶贫不但不能化解一些已经存在的社会矛盾，且还有可能使其加剧，使得产业发展失去了和谐的村庄基础，也危害政府的公信力，潜伏着一些政治风险。

第四，产业扶贫的长时性与扶贫脱贫的短期性之间的张力，导致政府在产业发展上贪求"大"，在方法上就变得粗放、快速，往往是运动式的，而忽视了一个产业项目从落地到成长直至产生收益需要很长的时间，需要采取细心、专业化以及上下结合等方式。产业扶贫的长时性往往不符合在短期内让贫困人口脱贫的目标要求，结果为了完成扶贫脱贫的短期目标，产业发展往往就变得粗放，结果就可想而知了。

以上这些问题对产业扶贫可持续性构成了严峻的挑战，特别是只注重通过发展产业增收的过往扶贫开发方式，往往难以考虑贫困群体及区域发展能力的普遍提升，于是就会产生参与性排斥，其后果便是资本和能人以产业发展为名，俘获了大量的扶贫资源，使得原本应该被扶持的贫困人口成为被排斥甚至被剥夺的边缘群体。这样的产业扶贫显然是不可持续的。

（三）易地搬迁并不必然带来稳定的脱贫致富，存在手段与目标错位问题

贵州作为全国脱贫攻坚的主战场，也是易地扶贫搬迁任务最重的省份之一。在"十三五"期间，贵州要完成130万建档立卡贫困人口的易地搬迁，同时还要对32.5万人口实施同步搬迁，以及因基础设施建设成本高而自行统筹资金搬迁35万人口，因此在整个"十三五"期间的总搬迁规模

将达到 200 万人。在如此短时间内完成如此大规模的人口搬迁，并通过搬迁让他们稳定脱贫致富，对贵州来说无疑是一个巨大的挑战。易地扶贫搬迁政策主要针对的就是生活在所谓一方水土养不起一方人的那些地方的贫困人口，但是目前的问题是：一是哪些地方属于一方水土养不起一方人的？实际上还能活下来，说明所有这些地方都还可以养得起人，只是这些地方的人穷了一些。二是即使存在这样的地方，但这些地方的人并不都符合贫困标准，那么是不是那些不符合贫困标准的人也非得搬迁？但是易地搬迁政策主要针对的是这些地方的贫困人口。既然这些地方也有非贫困人口，那么说明这些地方还是能养得起人。三是搬到哪些地方才能实现稳定脱贫致富呢？中央给出 5 种搬迁方式，但是贵州最后选择了城镇化搬迁方式，而 200 万人（至少 160 多万人）都搬迁到城镇，城镇能否为他们提供有质量的就业机会呢？所谓有质量的就业机会，就是指不仅有业可就，而且还能赚到至少足以维持家庭生计的收入。事实上，目前几乎没有一个城镇能做到。四是易地搬迁不只是简单的人口转移，实际上是社会和文化体系的重建，但是，这个重建是相当复杂而且需要许多公共政策、公共服务和基础设施支持，实际上，这方面的支持是非常有限的。

实际上，这些问题都由于在短期内要完成如此巨大人口的搬迁而没有受到充分的重视，政府把易地搬迁简单地等同于精准扶贫和脱贫，也就是说把手段当作目的，结果则留下对脱贫可持续的巨大挑战。实际上，搬迁对象也明白这样的挑战，所以，往往不愿意搬迁，但是由于地方政府出于行政压力而不得不采用各种方式动员搬迁对象搬迁，但是对搬迁后出现的问题则考虑不多，存在着有问题再来解决的心态，或者根本不去想以后的问题怎么解决。由此可见，易地搬迁变成一场声势浩大的政治运动，遮蔽了自下而上的合理性搬不搬的诉求，也会受到基层自发合谋软抵抗。比如，黔西南州的易地搬迁任务非常重，试图采取"共商、共识、共建、共享、共担"的"五共"法，蕴含着充分尊重人民群众的主体性、发扬协商民主的理念，这样的理念对于社会治理具有高度的价值和意义。但是在调研中我们发现，"五共"在其发源地更多只是一种推进某项具体工作任务的工具，当地说得最多的就是在易地扶贫移民搬迁中的运用，为了让贫困户搬出来，各级干部和他们"共商"了十几次甚至几十次。共商的要义在于双方平等协商，相互尊重对方的意见，在妥协的基础上达成共识。但是在诸如移民搬迁这样的工作中，"共商"其实就是"做工作"，经过数十次的软磨硬泡，让贫困户最终答应搬迁，这其实是软强制，最终政府工作的目标达到了，而贫困户的意见却没有被平等地尊重，未来如果在移入地产生问题，贫困户很难把它理解为平等共商、理性选择的结果而自负其责，而是理解为因政府动员使自己陷入困境，这为少数民族移民经济和社会文化适应中的政治与社会风险埋下了隐患。

（四）社会政策托底不足

社会政策对于农村扶贫和脱贫具有重要的托底功能，不仅在当下的精准扶贫和脱贫实践中，贵州已经构筑了覆盖全民、保基本、多层次的保障体系，对于精准扶贫中已经发挥重要作用，而且对于 2020 年之后在更高层次上防范社会风险、保障民生、提高生活质量具有支柱性作用。但是，我们在调研中也看到，目前的社会政策在资源投入、兜底水平、体制机制、治理水平、服务供给、人才建设等方面都存在许多不适应的问题，将影响托底的可持续性。

农村社会保障水平偏低，解决贫困问题的能力还有待提高。具体表现在这样几个方面。

第一，社会救助不充分以及范围过小。农村低保水平还是比较低的，低保户获得的低保收入还不足以解决他们的贫困问题。社会救助还不足以防范日常生活中发生的突发性风险，具体表现在支出型贫困救助尚未破题。支出型贫困是指家庭成员因医疗、教育等大笔刚性资金支出发生后，造成家庭基本生活的困难，属于急难型贫困。这一部分群体，不仅包括低保对象，还包括低保边缘群体和因特殊情况引起家庭生活困难的一般家庭。在现有社会救助制度框架内，支出型贫困家庭尽管能够从社会救助中获得帮扶，但因缺乏更全面的政策保障，往往救助不充分，有时甚至是杯水车薪，不能真正实现兜底保障。与此同时，目前的农村社会救助偏向于单一的物质和现金救助，还不能提供精神慰藉、心理疏导、技能培训等形式的救助，难以帮助困难群众提升自我发展能力，进而实现贫困群众的可持续脱贫。

第二，农村新型合作医疗保险虽然在一定程度上缓解了农民看不起病的困难，但是，目前存在着新农合赤字扩大，以及新农合报销目录限制过多等问题，从而降低了农民看病报销比例，在一定程度上影响农民参加新农合的积极性。当然最终会影响扶贫和脱贫的可持续性。

第三，新型农村养老保险虽然实现了全覆盖，但是保障水平太低，严重影响了农民参保的积极性。农民从新农保中获得的收入分为两部分：一部分是基本养老金，目前贵州大多只有77元左右；另一部分是个人缴费而获得的收入，绝大多数参保档次是100元，领取养老金的收益很低，每个月也就20～30元。由此可见，新农保基本上还不足以解决年老农民的基本生计问题。合理的社会政策是，养老保险应该解决绝大部分贫困问题和生计问题，只有出现特殊问题或事故，养老金难以兜底的时候，社会救助来发挥作用，而目前农村的情况却颠倒了，反而是社会救助在解决生计贫困上扮演主角。

第四，贵州农村社会服务体系基本上缺位，所谓"三留守人员"基本上得不到相应的社会服务，成为精准扶贫和脱贫工作所没能好好解决的问题。这里既需要政策和资源的支持，又需要社会服务组织和服务人员的支持，但是这些都是相当缺乏的。比如农村现在有敬老院，但是日常运行经费严重缺乏，管理人员和服务人员也奇缺等。至于为孤独儿童、孤独老人和妇女提供各种服务的情况基本上不存在。

第五，农村教育过度"城镇化"，社会经济发展滞后又制约农村教育发展，城乡教育公平性、可及性问题并没有得到缓解，不仅使得农民的教育负担没有减轻，反而有加重的态势，而且教育越来越远离农村，从而使得农村发展失去了教育的支持，直接影响农村可持续减贫和社会发展。

第六，农村住房保障还有待完善。国家开展了农村危旧房子改造、修复和重建工作，以改善农村住房质量。贵州许多农村都享受到这样的政策，但是，对于贫困村和贫困户来说，虽然亟须改造和修复乃至重建老房子，但是，政府给每户的修复、改造或重建房子的补贴只有3万元，这点钱不足以支持旧房修复、改造和重建，但是至少可以激励农民去改善住房条件，然而对大多数贫困户来说，这个补贴则成为"鸡肋"，食之无味，弃之可惜，因为3万元不足以修复或改造房子，更不能兴建新房子，用了这个政策，他们就得去借钱，这进一步加重了贫困户的债务，使得他们更穷，但是不用，他们又觉得可惜。所以，有的贫困户勉强使用了这个政策，结果可想而知，他们的负担越来越重，生活会受到进一步影响。而且经过修复或改造过的房子并没有在质量上有明显的提高。因此，解决住房保障问题，在贫困农村，依然是一个很迫切的任务。

除此之外，农村社会政策在具体实践中还存在政策之间不协调、体制机制障碍、工作机制和人才资源缺乏等问题。

（五）多元的社会扶贫主体（包括企业、社会组织、中央、国家机关和相关单位、东部地区政府等）之间存在着责任、义务和权利不清晰，行动逻辑各不相同的问题

彼此甚至在一些方面存在一定的冲突，与帮扶对象也有着理念和行动的差异，在一定程度上降低了帮扶的效果，甚至扭曲了扶贫政策。与此同时，社会扶贫主体存在着帮扶能力不够、主动性不足，而帮扶对象参与性缺乏，所以，社会扶贫结果则缺乏"社会性"，落地效果比较差，有的社会扶贫主体只是向社会或者说只是针对当地政府宣示自己参与了精准扶贫，不考虑是否真正能达到扶贫、脱贫效果，也就是说，只是走走过场而已。大部分社会扶贫主体（特别是中央和国家机关及各部门、沿海地区政府及各部门乃至个别企业）实际上缺乏主动参与农村扶贫和脱贫的内在动力和意愿，只是被要求参与扶贫和脱贫而已。

五 推进脱贫攻坚可持续发展的对策性建议

脱贫攻坚，是一项复杂的系统性工程，很难做到"毕其功于一役"，还是需要保持着久久为功的精神，做长期、细致、耐心和专业化的工作，尤其要充分发动扶贫对象的主观能动性，确保他们的主体地位，以及增强

他们的发展能力，才为上上策，才能做到可持续性。本书在深入调查和研究的基础上，针对贵州目前在精准扶贫和脱贫中以上所提出的一些问题和挑战，在此提出以下政策性建议。

第一，以党建为抓手，以社会建设和社会治理为基础，打牢脱贫攻坚的社会基础。党建工作需要解决理念、技能和目标问题。党建工作要真正树立为民思想，团结所有村民，巩固社会基础。在这个过程中，要改变形式主义做法，引入社会建设的专业化理念和技术，凡是基层党的干部都得接受社会工作和公共管理专业知识的培训，让他们掌握专业的社会工作方法，以此来与村民开展协商、交流，从而充分地调动村民参与公共事务的积极性，尤其要让建档立卡户与非建档立卡户都能参与到精准扶贫中，特别是参与基础设施建设、公共服务提供、社会公益事业以及村庄公共事务管理之中。基层党组织真的能够起到凝聚人心、动员村民积极性的功能，才能使党建与村庄发展和脱贫紧密结合起来，形成可持续的社会基础和力量。

第二，做好产业扶贫的生产性和市场性公共服务，为产业发展提供良好的技术培训、市场网络、市场规制、质量保证、风险防范等服务。党的十九大报告在乡村振兴战略中特别强调"构建现代农业产业体系、生产体系、经营体系，完善农业支持保护制度"，这一观点同样适合产业扶贫实践。现在的产业扶贫大多是有项目无产业，或者是有产业无体系，或者说有产业体系却没有生产体系、经营体系等。在产业扶贫中政府更要着重于农业支持保护制度的建构上，为农村提供发展的支撑体系。

第三，为易地搬迁构建系统的长效政策体系，尤其要重视安置点的社区建设、能力培训，寻找搬出地资源的开发与搬迁户的生计和发展之间的链接机制。建议不要拆除搬迁户的老房子，让他们在农村有一个立足之地，弥补他们在搬迁地的一些不足。同时，增加搬迁地类型，让更多的贫困户就近搬迁。对于那些已经搬迁进城镇的，政府除了解决他们的就业问题外，还要进行社区建设，让他们更多地参与社区公共事务，发展社区服务，与此同时，购买社会服务组织的服务，让它们帮助搬迁户学会城镇生活方式和规则，更好地融入城镇社会。

第四，强化社会政策在扶贫和脱贫上的作用，特别是在 2020 年之后，在反贫困上要从运动性治理转向常规性治理，让社会政策担当主导角色。一方面，增大在社会政策上的投入力度；另一方面，改进激励措施，让村民有更大的积极性支持和参与社会保障。具体地说，做强新农保和新农合，让新农保起到主要的生计保障作用；新农合发展与国家的健康建设紧密结合起来，不仅让农民看得起病，而且看好病，特别是要做好健康预防，减少发病率，降低因病返贫的可能性。

第五，让社会扶贫真正回归"社会"，给社会扶贫创造更大、更宽松、更好的政策、资源空间和平台。这里所谓的真正回归"社会"，就是指重新界定社会扶贫，将中央和国家机关及部门、沿海地区政府等对口援助单位从社会扶贫中剥离出来，重新划归为政府扶贫范畴，并从政策和体制上理清它们作为政府扶贫所应具有的责任、权力和参与机制，与此同时，要从政策上更加支持企业、社会组织乃至个人参与农村扶贫和脱贫中。

第一章

可持续农业产业脱贫

一 贵州产业脱贫工作现状及面临的问题

（一）贵州农业产业脱贫成效及农业产业脱贫工作举措

贵州的脱贫攻坚实践，形成了一揽子扶贫开发工作政策举措和很多好经验好做法，如"三变"改革、精准识别"四看法"、"十子工作法"、"六个到村到户"、"低保标准和贫困标准两线合一"、"塘约经验"、"五共工作法"等，多项实践得到了中央领导同志的充分肯定，引起了全国的广泛关注，被誉为脱贫攻坚"贵州样板"。

发展绿色优质农产品方面一直是贵州产业扶贫的重点，以往推进的扶贫产业"十张名片"，对于贵州的农业产业发展打下了一定的基础。为更好地发展农业，支持贵州脱贫攻坚成果的可持续，贵州将依托资源、气候、土壤优势，围绕全省农业产业脱贫攻坚行动大力推进产业发展，着力抓好蔬菜、茶、生态家禽、食用菌和中药材产业等特殊优势五大产业。

贵州是全国同时进入夏秋菜和冬春菜两大功能区的两个省份之一。计划到2019年，力争建成标准化集约化核心基地300万亩以上，全省蔬菜种植面积由1500万亩发展到2000万亩，产量由1800万吨增加到2600万吨。（1）茶产业。按照"两大中心""四个第一""五大工程"的部署，进一步做优做强。力争投产茶园面积600万亩，年产茶45万吨、产值500亿元、带动56万人脱贫。（2）生态家禽产业。通过产业扶贫引导，到2019年全省生态家禽出栏3亿羽，其中绿壳蛋鸡、乌骨鸡等地方品种占比达到60%以上，禽蛋产量达30万吨。（3）食用菌产业。力争用3年时间，贵州食用菌种植规模达到40万亩（40亿棒），产量达到240万吨。竹荪、冬荪等特色品种领跑全国，成为全国茶树菇、羊肚菌、灰树花、姬松茸、灵芝等珍稀品种食用菌的重要生产基地和野生食用菌的重要抚育基地。
(4)中药材产业。贵州正合理布局中药材产业,选择优势品种,结合扶贫攻坚连片推进,把贵州省建设成为全国中药材产业大省。到2019年,全省中药材种植面积达720万亩,总产值200亿元,总产量210万吨。

与此同时,在大力发展蔬菜、茶叶、生态家禽、食用菌、中药材等特色优势产业的同时,贵州省还将结合各地特别是深度贫困地区发展"一县一业"的经验做法,进一步做大做优做强精品水果、早熟马铃薯、薏仁米、酿酒用高粱、荞麦、特色生猪、优质肉牛肉羊、冷水鱼等区域特色明显的产业,加大冷链物流设施建设,提升农产品规模化、标准化水平,提高农产品品牌影响力和市场占有率,把深度贫困地区建成全省绿色优质农产品重要供应基地,把"一县一业"产业扶贫打造成为脱贫攻坚的"突击队"。(以上数据资料来源于贵州省人民政府网站)

(二)从可持续脱贫视角看过往产业扶贫工作中存在的问题

1. 扶贫部门、基层干部、党建扶贫工作人员的专业性不足

产业扶贫项目的决策与扶贫项目的治理需要科学化,既需要较强的技术手段和技术能力,也需要观念和工作机制创新,这对现在的扶贫部门和基层政府工作人员来说,构成了较大挑战;要把作为系统工程的扶贫工作做好,把产业扶贫项目实施好,真正支持到贫困乡村地区农业产业、乡村社会、农村环境可持续发展,既需要农业生产的科学知识,也需要市场经营管理能力,还需要农村社会工作方法支持。党建扶贫、干部挂包支持贫困农村也同样面临专业化严重不足的问题,没有大量并深入的能力建设支持,党建扶贫成效的可持续也将面临挑战。

2. 产业扶贫工作严重缺乏市场出口建设

发展产业是扶贫工作的重中之重,而产业发展的成果最终都是需要用市场来进行检验的。农业生产特别是大牲畜养殖、经济林种植等往往周期长,面临市场的不确定性很高,加之贫困农村地区信息、交通的限制和贫困群体市场能力的欠缺等因素,贫困农村产业发展的市场风险往往更高,这是笔者在过去调研过程中看到的很多产业扶贫项目难以见成效的重要原

因。当然，许多产业扶贫项目缺乏市场支持体系建设，一方面确实是因为扶贫工作队伍不熟悉市场工作，另一方面也因为"小生产、多环节、大流通、大市场"的中国农产品生产与市场格局带来的必然后果。正因为如此，很多扶贫项目将引入龙头公司作为市场体系建设的重要考虑，期望公司能承担市场引领的角色。但由于农产品市场本身存在的结构性问题和机制的不健全，往往使一些公司只会"挣政府扶贫项目钱"，缺乏带领农民到"市场挣钱"的动力与能力，卖种苗，卖设施、设备和技术，甚至套取政府补贴成为这类公司的常见运行模式。

3. 产业扶贫项目严重缺乏对贫困群体的能力建设

过往的产业扶贫项目，一直以来重视对农业产业的投入而缺乏对人力资本的投入，重视经济成长的投入但缺乏对社会发展的投入，重视"硬件"的投入而忽视"软件"的投入，重视"规模化"的发展而缺乏对农村组织发展和农民参与机制创新的支持，重视生产基础设施建设而较少对合作机制的关照，这也是当前扶贫开发工作存在的较普遍的问题。总体来说，缺乏对贫困群体的能力成长支持，缺乏对农村社会治理和社区协作的综合考量，也缺乏支持农村社会创新的措施和具体方法，难以从根本上解决农民发展能力脆弱问题。

4. 扶贫项目不重视生产性服务和农村社区服务

扶贫项目的规划和实施，主要考虑旨在以经济增长、货币收入增加为目标的产业扶贫项目，对于农村生产性公共服务的支持相对不够。基于贫困农村的现实，社会团结和社区合作基础上的生产性公共服务供给，大大依赖于农村的社区服务与社区照顾系统能否建立。农村社区服务与社区照顾系统，反过来又是增强甚至重建农村社会公共性、促进农村社区团结与社区合作、构建产业可持续发展的重要基础。现有的产业扶贫项目对农村生产性服务的支持非常缺乏，同时对于促进农村公共生活、增进农村社区团结和社区合作从而提升农村社区福利的项目基本没有涉及，一些项目甚至分化和瓦解了乡村社区的合作能力，反过来大大影响产业脱贫项目的可持续性。

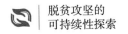

二 贫困问题与"三农"视野下的农业发展问题

（一）正确理解新时期的贫困问题及扶贫策略

贵州的脱贫扶贫工作，虽然取得了一些经验、达到了较好效果，但离党中央、国务院的要求和期待还很远，脱贫成效还需要极大努力来巩固，产业脱贫的推进更需要用创新方法去推进。为完成2020年全面实现小康的战略任务，切实深入贯彻落实党的十八大、十八届三中全会、十九大、十九届三中全会精神，切实深入贯彻落实习近平总书记讲话精神，推进贵州的可持续脱贫，我们需要在已有经验的基础上，冷静思考，勇于反思，勤于探索，加强创新，从大处着眼，举全省之力创新产业脱贫新路，探索产业扶贫工作新模式。

我们必须清醒地认识到，中国取得的举世瞩目的减贫成效，既归功于长期不懈的脱贫探索，更是在党的正确领导下发展经济，积极推动中国工业化、城市化发展所带来的结果。农业产业的比较收益越来越低，对于多数贫困地区而言，由于受资源禀赋、市场区位、技术能力、劳动力素质等方面的影响，从事农业生产越来越不能支持可持续生计，农民外出打工或经商是农民收入增加的最重要来源，对于贵州全省特别是贵州贫困地区来说更是如此。

从不同角度讲，新常态下如何理解贫困，如何理解脱贫工作，如何理解农村社会治理和经济发展的创新之路以推进可持续脱贫，对贵州的脱贫工作而言，是至关重要的。

1. 贫困问题是社会问题

贫困自始至终都将存在于人类社会。既有绝对贫困，也有相对贫困，发达国家、发达地区也有贫困问题就充分说明了这一点。贫困问题既体现为收入较低，也体现为公共品供给不足、社会流动机会供给不足、社会服务享有量不足，还体现为难以过上有尊严的生活、感受到相对被剥夺感等。新常态下的农村贫困问题，有可能衍生新的社会问题，成为社会公正的重大挑战，影响中国经济、社会的可持续发展，甚至对党、国家和民族整体利益带来重大影响。

2. 贫困问题是发展可持续问题

贫困问题既体现为贫困群体发展的公平性问题，也体现为贫困群体在发展过程中的主体性不足问题，同时体现为贫困群体的发展能力欠缺的问题；对于贫困群体而言，贫困不只是收入低、公共品与社会服务享有量的不足，还表现为生产、生活层面高度的脆弱性，自身发展能力严重不足等问题。所以，针对贫困群体而言，扶贫工作的要旨反而应该是增强其自身发展的能力、减少其生产生活的脆弱环节，降低其脆弱性，在产业脱贫工作推进方面，更需要支持农民发展产业的能力建设。党的十八届三中全会明确指出要解放和激发社会发展的活力，贫困群体的自我发展能力正是乡村社会活力的重要体现。

3. 反贫困是全球正义的重要内容

扶贫包括产业扶贫应该而且必须是全社会责任。贫困群体的脆弱性决定了其生活的易受损性，需要得到整个社会的关心与支持，在社会层面要建立保护和支持机制，所以，必然要求产业脱贫开发战略的制定既要建立全社会成员的参与动力和参与机制，也必须考虑促进社会合作与社会团结。只有在全社会团结和协作的基础上，产业脱贫工作才会有可持续的成效。反过来看，社会团结、社会合作、社会参与基础上的产业脱贫行动，正是有可能助力中华民族价值共识、行动共识再造，打造中华民族伟大复兴的社会团结基础的重要支撑点与落脚点。

4. 产业脱贫工作的一大挑战是专业性不足

农村产业脱贫工作是专业性要求非常高的工作，既包括农村经济的发展，也包括农民能力的可持续提升，还需要建立产业发展的社会支持基础，包括农村社会服务的组织和体系建设、乡村社会的治理、农民合作组织的推动。扶贫工作领域需要多学科、多领域共同参与，扶贫工作本身也必须是一个整合社会资源、协调社会参与、构建社会合作体系的过程，需要市场、管理、社会工作方法的全力支持。政府主导的产业扶贫工作往往是以项目为载体的，农业产业脱贫项目本身的治理也十分重要，项目规划、实施、监测、反馈调整、评估全过程需要扶贫工作队伍的专业项目能力。如何构建以贫困群体为本、以农村社区为本、可持续互动的项目决策和项目管理机制，也是产业脱贫工作可持续的重要组成部分。从另一方面来看，中国的现代化必须包含社会现代化，专业化是社会现代化的重要组成部分。扶贫工作具有不可替代的社会价值和政治价值，其专业化的发展，包括扶贫工作专业伦理建设，方法、工具系统重建，工作机制创新，监测评估体系完善，扶贫项目决策与公共参与，既是对中国社会现代化的重要贡献，也将对构建国家治理体系现代化有重要的探索价值。

5. 扶贫开发成效的可持续在于贫困群体发展能力的可持续

为什么很多贫困村、贫困乡镇扶贫扶了十几年二十年还没有成效？为什么很多地方会出现多项产业扶贫最终失败？为什么很多种植、养殖项目最后缺乏好的结果？为什么产品出来了、生产规模上去了，农民的收入反而得不到可持续的增长？归根结底在于贫困群体的发展能力没有得到提升，主体性没有得到足够重视，农民的主动参与并没有被推动甚至被尊重，只是项目的被动参与者。要探索可持续产业脱贫新路，创新脱贫机制，必须考虑将产业扶贫配合贫困群体的能力建设同步推进；必须通过政策和行动创新，建立贫困群体可持续能力系统，才能确保扶贫开发成效的可持续。

6. 脱贫工作可持续本身是新常态下国家治理能力现代化的体现

脱贫新路探索也是新常态下农村社会治理、农村经济发展可持续最重要的先行先试领域。经济增速放缓，新的就业机会供给增速同步放缓，城市对农民的吸纳能力慢慢减弱，流动农民返乡在一定时期内对乡村生活、农村社会服务能力、农村社会治理会形成较大压力。如何通过农村社会经济建设、农村产业发展、扶贫工作推进形成新的就业机会供给、新的经济增长点、新的社会服务体系建设，是当前农村工作需要考虑的重要内容。以可持续脱贫工作为先导，探索农村社区发展新模式，是新常态下扶贫工作担当更重要角色和任务的要求。

（二）新时期"三农"问题

1. 贫困地区农民问题

从当下推动可持续脱贫和乡村振兴工作的需要来看，农民问题也从以前主要的城乡二元结构下的身份问题转化为劳动力素质问题，发展能力问题，社会转型基础上的现代性适应与主动回应问题。对于贵州而言，农民受教育程度普遍偏低，贫困边远地区的农民在受保护的情况下接受市场训练的机会少，除农业外的生产技能较少，除乡村外的区域可持续生活能力低，这不仅大大影响其通过发展产业可持续脱贫的问题，在贫困群体脱贫搬迁等工作中也存在较大的隐患。

农民生活可持续面临的最重大挑战是，生活越来越多的地方需要现金支付，但是广大乡村地区却缺少就业特别是社区就业的机会，以往可以通过团结和合作解决的问题，如互相帮助建房，互相支持办婚丧嫁娶等事务，互相帮衬渡过短暂难关的情况正逐渐消失，随着现代化的不断深入推进，乡村社会内部的专业性分化也越来越普遍，通过现金支付各类服务和建设性工作也越来越常态化，带来的结果是，贫困群体往往会失去通过劳动互换支持生活的机会，又由于缺乏外出挣钱的能力，在社区的生活会更显孤立，其生活将变得越来越脆弱，通过自我行动得到持续改善的可能性将更加降低。所以，可以预见的是，随着现代化的不断推进，传统农村的互助体系消失后，贫困农民社区生活将更加脆弱。

2. 贫困地区农村问题

贫困乡村特别是贵州山区的贫困乡村地区，由于缺乏本地就业机会，未来相当长一段时间内，青壮年农民流动还将成为常态，农村社会结构失衡，以家庭为主要支持单位的诸如抚育、养老等问题还将持续存在。同时，农村的公共服务、社区服务和生产性服务体系的建设还将是一个长期的过程，即在未来相当长一段时期内，农村整体上的生活脆弱性还将长期存在。

据笔者调研测算，整个贵州外出务工、经商农民群体大约为900万人，每年务工、经商所得收入超过3000亿元，这笔务工、经商收入是整个贵州贫困乡村地区县域经济活力的最重要支持，不仅直接解决了数以百万计的家庭的可持续脱贫问题，也为地方服务行业、建筑运输行业、房地产行业带来源源不断的发展支持。正因为如此，外出务工成为脱贫的第一重大支持，但带来的社会问题却没有得到较好的回应，多数乡村事实上会更加凋敝，外出务工，外出购房，但老人和孩子留守，持续影响乡村生活的预期。

农业经营难以支持可持续生活，乡村生活价值缺失，青壮年群体基本在外，农民精英在地发展空间不多而选择外出，农村问题整体上还是体现于生活意义和生活价值供给不足、家庭生活持续脆弱、社区服务严重短缺等方面的问题。

3. 贫困地区的农业产业问题

人均1.4亩耕地的中国，粮食安全始终是必须面临的重大问题，这就注定了整个中国的农业主要必须是吃饭农业，大田作物（谷物和油料作物）必须成为农业生产的主打产业。从宏观的角度看，大规模的产业结构调整是不现实的，对于中国基于粮食安全的社会安全、经济安全甚至国家安全，都将是个巨大的挑战。但是，从总体上讲，由于整个中国农村人均耕地占有资源少，农民特别是贫困地区的贫困农民从事农业生产的整体规模较小，加上大宗农产品国际市场价格较低，所以，从事粮食生产虽然市场风险相对较低，但从投入产出的情况来看，如果以货币收入计算的话，收益却不是很高。

贫困地区特别是贵州的贫困山区发展农业产业主要的措施，一是上规模，二是调结构。但由于多数贫困地区人均占有耕地资源较少，贫困农户仅靠自己的土地资源和其他条件很难支持其规模化经营，上规模的前提就是土地流转，但贫困群体流转土地来经营的意愿和能力都较弱，所以，往往形成了对外来龙头公司或者地方能人甚至是村干部为主的土地流转模式，但这种流转方式，将农业生产中的收益也从贫困群体身上拿走，很难建立起好的利益链接机制，而如果希望通过户与户的合作来实现规模化经营，又面临乡村治理问题、组织力问题和农业产业经营本身的风险问题，往往又很难实现。

（三）贫困地区农业产业扶贫问题

1. 扶贫反而增困，着力于"脱贫"而非"解困"的可能后果

贫困和贫穷是不同概念，贫穷只是"贫困"一词中"贫"的意思，而"困"则主要体现于贫困群体不能够，或者不希望，甚至不愿意通过自身行动改变贫穷人生的状态。很多贫困地区扶贫多年一直未见成效，反而产生了所谓"等、靠、要"等问题群体，甚至还争当贫困户，究其原因，主要是贫困问题被简单化地理解成为"收入低下、缺乏、没有产业项目"等问题上，所以，扶贫行动的结果就变成为贫困群体规划产业项目，给予贫困群体产业项目，甚至强行推动贫困群体"实施"产业扶贫项目，把扶贫搞成"要你脱贫"甚至"逼你脱贫"。

政府主导产业扶贫，其本质含义是，在党的领导下，政府要主动承担扶贫的主要责任，不只是要解决贫困群体脱贫的问题，还要解决扶贫项目资金使用的效率和责任问题，更要支持贫困群体自身的发展意愿和发展能力的成长。但事实上，则往往演变成政府要做什么项目，规划什么产业，扶贫工作的主体对象变成了产业扶贫项目本身，包括如何做项目落地，如何进行项目监管，贫困群体自身的"脱困"行动则往往被忽略了。

一般来说，贫困群体不能以行动"解困"从而达到"脱贫"，往往因为能力弱难以行动、看不到行动结果即缺乏行动预期、对产业风险有担忧不愿意行动，而在普遍"给予""帮扶"的情况下不希望行动，从一定程度上讲，争当贫困户或者"等、靠、要"观念的形成，恰恰很大程度上是因为不合适的扶贫实践造成的，很多产业脱贫项目本身不仅没有解决贫困问题，反而更是让贫困群体对于"困"本身有了主动迎合。

2. 产业扶贫项目实施过程中的普遍挑战

过去，产业扶贫工作的问题一是放在了政府完全主导规划基础上的产业项目的给予；二是没有真正将着力点放在引导、支持贫困群体"脱困"行动上。各地规划的产业扶贫项目，理论上总有收入增加的预期，但往往没有和老百姓自己的生产知识、生产能力和生产意愿相结合，也没有真正和贫困群体一起讨论决定，在尊重贫困群体意愿基础上给予项目选择建议和发展支持。贫困群体接受项目时较为被动，某些甚至是"被迫"，把发展相关产业理解为"为政府做项目"，没有主动参与的意愿，讨价还价，甚至还有抵触，就变成很自然的现象了。

以调结构为主的产业发展，更是面临较大的困局和悖论。粮食生产解决不了致富与发展问题，所以，大力推进经果林种植和发展养殖业就成为脱贫产业的重要内容。这种方式却面临着三个层面的脆弱性。一是自然层面的脆弱性。农业生产受自然灾害、各种因素影响较大，不是当地长期自然选择的品种，其抗逆性相对也较差，更容易受自然、气象因素的影响。二是生产技术方面的脆弱性。产业调结构，调的是当地群众不曾种、养过的品种。由于受教育程度低，现代农业技术学习和掌握的难度大，而整个农村技术服务体系又不健全，特别是社区层面的生产性服务支持体系基本还是空白。新品种的生产，对于贫困群体而言，有很多技术风险是难以克服的。三是市场风险。整个中国的农业主要是内需农业，而多数农产品作为食品的需求是刚性需求，一方面影响着我们的粮食安全问题，另一方面对于生产者而言，却又隐藏着巨大的市场风险。多数贫困社区的产业调整项目都选择蔬菜和水果，或者家禽和家畜养殖，这些产品都是不适合贮存的，一旦产品供给过剩，对于贫困生产者而言，其打击则是毁灭性的。另外，一些大型食草动物的养殖和经果林的种植，都有较长的生产周期，而贫困群体的现金支付压力，又使其没有办法在没有其他收入支持的前提下管理好相关产业，所以容易出现"年年种树年年荒，年年种在老地方"的产业发展困局。

一般品种如牛、羊、猪的养殖，作为真正支持贫困群体发展的项目同样面临较大的问题。草畜如牛、羊的生长和繁育，需要相对较长的时间，普通贫困群体较难在相当长一段时间、没有其他现金收入的情况下持续饲养，所以将扶贫羊、扶贫牛杀了和吃了等现象时有发生，至于大量规划的养猪项目，虽然生长周期较短，但是对于饲料的现金支付压力，却是真正贫困群体不太容易能够承担的，并且像猪、鸡、鸭这类养殖品种，大型农业公司、饲料公司早就能够工厂化养殖，并有强大的信息能力、市场分析能力和技术能力，普通贫困户用普通方法养猪，事实上是和这些大型农业公司竞争，从长远的情况来看，其脱贫效果是可想而知的。

3. 并不是"尊重"群众意愿的产业扶贫项目就能成功

在精准脱贫方针的要求下，瞄准贫困户为行动单位的扶贫工作模式，在具体产业发展的项目上，开始主动听取群众的意愿，并尊重贫困群体的具体项目发展需求，主要从常规种植、养殖的基础上予以支持，特别是作为短线增收的产业扶贫项目，往往多数都定位在猪、牛、羊、鸡、鹅等品种养殖和蔬菜之类生长期短的种植品种上。这被视为尊重贫困群体的发展意愿，但往往这样的效果也不是很好，主要原因是畜禽的生长期短，贫困群体的竞争对手是大型饲料公司和养殖场，甚至是来自国外的同类产品，贫困户本身就缺乏相关市场与技术能力，相关品种一旦养殖较多，风险也自然加大。

至于食草动物，养殖商品畜和繁育畜是同步进行的，生产周期长，而且食草动物繁育能力相对较弱，往往不能解决短期内的农民收入需求，并且养殖一旦有一定种群数量，又要求农户相关的技术能力作为支持，但恰好一般产业扶贫项目对相关领域的工作支持是不够的。

4. 产业扶贫项目可能加大贫困人口生计系统的脆弱性

贫困地区的农业产业，往往主要是粮油作物的栽培，但恰好这类产品的市场价格很低，难以支持贫困群体脱贫；西方发达国家政府对农业特别是粮食生产有较优厚的补贴，致使大宗农产品在国际市场上价格相对较低，贫困地区的粮食生产本身，自然就难以成为脱贫行动的主要选择，把粮食调下去、经济作物调上来也成为产业脱贫行动的主要内容。

但事实上，适合于一个区域的农产品体系，往往有千百年的生产经历，当地群众已经在此基础上发展出一套生态智慧和完善的生计系统，并将相关粮食生产作为其可持续生计系统的主要内容。以贵州贫困地区的玉米种植为例，自从明代玉米引入之后，旱地、坡地的夏粮作物就主要是玉米了，在笔者调查黔西北的玉米生产消费来看，本地品种的玉米作为人的粮食和牲畜的主要饲料，玉米秸秆、玉米核则作为当地农村的重要生物能源，而玉米外壳又作为牲畜冬季饲草的重要补充，玉米作为粮食也有较好的耐贮性，就算出售，也不用太担心市场的波动。更为重要的是，玉米种植本身不需要劳动力太多的投入，农民在种好玉米后还有很多时间可以外出务工兼业，形成了相对有保障的生计系统。这些区域的玉米种植，其价值不是单纯和国际市场、国内市场的玉米价格进行比较。农民如果不种玉米，那就意味着粮食和饲料得以现金支出，冬季食草牲畜的草料来源风险加大，在能源的花费上也必须以现金支出的方式解决，区域的生计系统都将面临未知的挑战。而以黔东南为例，主要农作物是水稻，整个区域的苗、侗族传统文化的核心就是山地稻作农耕，一系列的节日、传统美食的加工、农事活动都与此相关，并且支持了以寨老治理为核心的传统乡村治理体系，同时保存了很多有较高种质资源价值的品种，这本身就有极大的文化价值、旅游产业的基础支持价值和食物安全价值，一旦因为"脱贫"而整体上放弃相关农业生产，其对有价值传统生计系统的影响将是巨大的。

而调减玉米等粮食生产之后的替代产业，往往集中于蔬菜、果木、花卉、茶叶、药材等领域。众所周知，农业产业本身进入门槛低，但千家万户的种植户之间却严重缺乏信息互通，导致贫困群体经过调整后的产品市场风险极高。另外，花卉、粮食、水果、蔬菜等产业，则需要大量的人工投入，如果加大力度进行项目推动，反而减少了当地农民外出寻找短期工、季节工的机会，而缺乏短期、持续现金收入支撑的乡村社区，着力推动"调减"之后的产业，其结果是可想而知的。更为重要的是，此类生鲜农产品，由于不耐贮存，短期内如果不能销售出去则只能白白遭受损失。而由于进入门槛较低，整个区域层面产业结构调整的背景下大量种植蔬果药茶，市场极易饱和过剩，大规模生鲜农产品如果销售不出去，则会产生灾难性后果，对于极端脆弱的农村贫困群体而言，其打击将是非常严重的，扶贫助农就可能带来伤农的结果。

农业供给侧改革视角下的产业结构调整，以玉米为例，有个基本假设，即农民的市场参与率较高，农产品市场化率也较高，所以，通过市场价格比较，要促进农业结构调整。但贵州相当多的贫困区域，农产品市场化率本身就低，农民的粮食生产主要是满足自我食物消费和畜禽养殖的需要，和外部市场进行价格对比来作为调产业的依据，是不成立的。所以，从农业供给侧改革的角度来看，贵州贫困山区扶贫产业发展的主要着力点须放在农业生产方式的重新组织、农产品品种改良和农业品牌建设上，而不是单单着力于调整产品结构上。

三 以新视角看待贵州农业产业扶贫可持续

贵州的农业产业发展与脱贫可持续机制的建立，需要从以下几个视角重新看待和审视。

（一）治理视角

为应对新常态下农村经济、社会发展面临的挑战，产业脱贫项目一定不能增加当地乡村社会的治理问题，必须能有效地促进当地社区、乡村社会的有效治理。可持续脱贫需要建立在乡村善治的基础上，农村产业发展本质上也需要社区参与，贫困地区农村产业脱贫的基础，是社区民主、社区合作与协作，是社区内通过对话与协商整合资源，共同发展的过程。所以，产业扶贫项目需要从如何提升农民的发展和社区参与能力，降低农民公共参与的门槛，增加农民的参与动力，降低其参与成本，确保不同群体在扶贫项目、农村社区发展参与过程中的参与收益，建立社区成员实质参与和有效参与的机制，在促进农村经济、社会发展的同时建立社区、农民合作组织对成员的约束能力，以应对新常态下农村发展和治理面临的挑战。

（二）能力与脆弱性视角

贫困群体之所以贫困，很大程度上体现于其自身综合发展能力（包括技术能力和信息能力、环境能力、文化能力等）、回应市场风险的能力、抵御自然灾害的能力、应对家庭重大变故（如疾病、受伤、丧亲）能力等不足，从而在生产、生活层面存在许多脆弱环节，导致贫困群体整体上的脆弱性。表现在扶贫工作上则是扶贫增收成效不明显，扶贫产业市场、技术风险大，因灾、因病、因学返贫概率大。从能力与脆弱性视角看扶贫与农村产业发展，实质上就是提升贫困农民、贫困社区发展能力，减少其生产、生活的脆弱环节、降低其脆弱性的过程。从提升能力，减少脆弱环节，降低脆弱性的角度推进扶贫工作，可以使扶贫工作目标更明确，扶贫工作管理更具系统性，扶贫工作成效更可以监测，扶贫项目更具灵活性与针对性，在发展产业的同时，更加聚焦于农村发展综合能力系统建设。

（三）宏观市场与微观项目视角

总体上讲，中国的农产品市场主要是内需市场，"小生产、多环节、大流通、大市场"是中国农产品市场的主要格局；农产品市场竞争主要是基于普通农产品的农户间竞争，相当多的农产品需求往往体现为刚性需求，小生产的盲目性往往导致除粮油产品外的农业生产市场风险极大，而大宗粮油作物生产对于南方特别是贵州贫困山区而言又不能解决增收问题。所以，各地的产业扶贫基本上都是走养殖特别是特色养殖、发展经济作物的路径，将产业结构调整作为重要内容来抓。个别地方产业调整确实带来了高回报，也正是因为这些高回报容易导致其他地方跟风学习，最后市场消化不了，反而带来农业生产灾难，或者将农村产业发展过分依赖于企业本地加工，但企业产品一旦面临外部市场波动，很有可能将风险丢给农民。总体上讲，缺乏本地优良品质和高科技特性的产业扶贫项目，即使在微观项目上成功，而一旦被复制，在宏观市场上往往失败得非常惨烈。从贵州的扶贫产业发展来看，新的产业规划应避免普通统货农产品竞争，建立生态品牌的生产过程管理和品牌运营支持机制，同时要用"政府创造市场"的思维重建市场支持体系，这才可能让产业扶贫从真正意义上解决农民收入可持续增长的问题。

（四）土地与劳动力合作视角

贵州贫困山区人均耕地少，很多地方农业生产不足以支持农户全家可持续生计，农村劳动力流动程度很高，乡村社会结构失衡，反过来又导致贫困地区土地丢荒严重，农业生产产出更低；不能流动的农民除少数精英外，多数是因各种原因不能流动而较为弱势的群体；农村"半劳力"较多的现状又不能满足规模化、农场化农业生产对产业工人的要求。从"资源—人口"的关系来看，农村自然资源已难以承受所有农村人口的可持续生活，大规模地推进农民工返乡从事农业产业发展肯定不现实。新的产业扶贫项目，需要在这样的前提下，面对农村劳动力、人均自然资源、留守群体现状与产业扶贫项目间的矛盾问题，更好地推进现有的农村土地资源与劳动力资源的有效结合。

（五）可持续环境与可持续社会视角

贵州是长江水系和珠江水系的重要水源涵养地，同时生态较为脆弱。作为水源涵养与水土保持工程的"退耕还林"与"天然林保护"政策的实施，从很大程度上会使贫困山区农村产业发展的土地资源和其他自然资源的利用受到限制。这就需要在既考虑耕地保护，更需要考虑资源与环境的可持续的基础上推进产业脱贫工作。所以，从扶贫产业的形态和内容上，生态产业发展至关重要，需要和依托自然景观和文化多样性的旅游发展相互支持，也要为生态文明基础上的工业化提供产业支撑。但反过来看，生态产业的发展需要品牌运行机制作支持，品牌的核心是品质，品质的核心则在于生产过程的控制与管理，作为产业的生态农产品生产的特殊性导致外部监管几乎不可能，所以，社区共同利益发展基础上的农村社区自律与互律机制建设，乡村社会发展的可持续与农民自我约束机制的建设，及可持续利用自然资源和能力的成长，对于宏观层面上的贵州农业产业发展和扶贫可持续来说，也是非常重要的一个考量。

四　产业脱贫可持续的战略认识和综合举措

（一）实现产业脱贫工作的可持续，需要建立新的重大战略认识

贵州的贫困面大、贫困人口多，贫困程度深、贫困群体脆弱性高，扶贫攻坚时间紧、任务重、责任大。贵州的长效脱贫机制建立和脱贫成效的可持续，不只是贵州3000多万各族儿女在省委、省人民政府的领导下齐心协力战胜贫困、奔向全面小康、实现发展的过程，更承担了为中国扶贫开

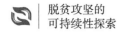
发工作探索新路、贡献经验的历史使命和光荣任务。这是党中央、国务院对贵州的殷切期待，也是习近平总书记对贵州省委、省人民政府和贵州人民的重要嘱托。

产业创新工作机制，重建扶贫战略，在经济发展、产业脱贫的同时，激发社会活力、抓好农村社会服务体系建设、农村社会治理创新，发展生态文明，真正通过扶贫新路的探索实现政治、经济、社会、文化、生态文明"五位一体"的协调发展，建构中国贫困山区可持续发展的经验支持系统，目前正当其时，也非常急迫。基于此，需要从以下不同维度考虑扶贫工作的战略转变：建立全社会协同参与机制。要真正从过去单一政府主导模式转变为政府、社会协同的工作战略，要建立政府、企业、专业反贫困研究机构、社会公益组织、各类专业技术人才共同参与的协同工作机制，以智力众筹、资源众筹工作模式，以社会创新、项目创新、工作机制创新策略重建扶贫开发战略。重视社会目标。要从过往政府扶贫只重视经济目标和生态目标，向政治、经济、社会、文化、生态文明"五位一体"的发展目标转变。产业脱贫工作如何推动社会目标，在政府工作中还欠缺经验和行动，要在产业脱贫项目工作中强化社会目标的实现，建立新的指标体系，要在扶贫项目规划内容中引入社会目标体系和工作内容。大力推动社区能力成长。针对过往扶贫注重基础设施建设、规模性农业产业发展等大项目投入、缺乏农村社区能力成长支持工作内容的现实，未来可持续脱贫工作需要更多着眼于推动当地社会经济活力成长、农村社区自我发展、自我服务的能力提升，建立地方经济发展的社会基础。建立人才队伍体系。针对过往扶贫工作中较为缺乏人才培养项目，也较为缺乏人才培养可持续机制，新的产业扶贫工作战略要重点考虑培养一批真正懂农业、爱农村、爱农民的专业扶贫干部队伍，建设一支反贫困专业社会工作人才队伍；培养一批有活力的农村产业发展带头人，建立一支农村社区服务与社区照顾人才队伍。重视市场机制建设。针对过往产业扶贫工作重在产业和基础设施投入，缺乏市场平台、市场出口建设的问题，新的扶贫战略要重点考虑农产品品牌管理运营机制和市场出口建设，建立支持地方农业产业发展的可持续市场能力、信息能力、技术能力。

（二）一手抓好生态产业、一手抓好基层党建、建设两个服务体系、三个专业化体系、四大能力工程，全面提升农村社区发展能力体系，全力推进贵州产业脱贫可持续机制建设

贵州的可持续脱贫和农村产业发展，需要以整体性思维、系统性工程、整合性推进的高度进行创新。

1. 确立生态农业作为贵州可持续脱贫的战略产业

发展优质高价的农产品。采取"人无我有、人有我优"的优质农产品战略，避开大宗统货的农产品市场竞争领域，提升农产品的市场价值和经济价值，是贵州贫困地区农民增收的主要渠道，也是贵州农村经济发展和产业扶贫应该甚至必须建立的产业策略。拓展就业渠道、扩大就业数量是贵州的扶贫开发和经济发展要解决的重要问题。常规农业不能满足现有的农村劳动力就业需要，生态农产品经营规模要求适量而行，一方面回应了贵州贫困地区农村劳动力和土地现实结构的问题，也是可持续山地农业的必然要求。发展生态农业相对于集约化农业而言，主要依靠劳动力投入，而且特别适合"半劳力"的就业和以户为生产单位的经营要求，可最大限度地保障产业扶贫项目的机会供给公平，同时实现劳动力和土地这两个农业生产要素的最优结合。

以生态产业发展促旅游开发，形成互补共生关系。生态产业发展要求培育家庭小规模经营与区域小规模经营的共嵌结构，这对于以农耕文化为主的贵州传统民族文化而言，有重要的保护价值，反过来也支持文化多样性。对于贵州大力发展乡村生态旅游亦具有重要的支持价值。

贵州生态农业的发展，要以农民自律、互律机制建设实现产品的质量控制问题，以发展社会企业解决农产品市场出口问题。通过农村社会建设，大力发展各类农村经济合作组织，支持经合组织推进成员共识，建立统一的技术标准和安全农资管理体系，建立基于生态产业发展需要的、村庄内合作为基础的、农民利益共识为前提的"自律与互律机制"，确保农业生产的过程得到控制，从而为生产高品质农产品打下坚实基础。同时要从"政府创造市场"的战略高度、举全省之力支持贵州的生态农业品牌的

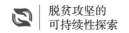
建设与传播，支持成立省一级专注于生态产业扶贫的机构来管理品牌、拓展外部市场渠道，建立基于大数据和电商平台的生态农产品销售系统链，彻底解决贵州生态产业发展的市场出路问题。充分与国家级媒体和各大商业机构合作，建设省级生态农产品的统一市场出口并建立区别于外部普通农产品甚至是不安全农产品的识别机制。要以贵州的自然环境、多样性且环境友好型的传统农业模式，农民自律和互律机制建设以解决生产过程控制即质量控制为品牌建设和传播的主要内容，打造"贵州生产、贵州出品"的统一生态农产品品牌和识别系统。

支持以户为参与单位、村为参与界限、农户间合作为基础的村庄合作。将土地合作和劳动力合作相结合，对土地收益与经营收益进行合理划分，既确保外出务工农民的长期土地收益和将来返乡后的生计支撑，又能支持留守劳动力特别是"半劳力"的本地充分就业和现实的利益回报，既解决了有限耕地得到充分利用的问题，又保障了农村劳动力的农业就业机会，同时也避免了大规模土地流转带来的社会稳定风险。更为重要的是，以户为单位合作发展生态农业，可以最大限度地避免生产风险。

2. 以党建扶贫为抓手，夯实产业发展的乡村治理基础

党建扶贫工作，不仅关系到产业发展的可持续问题，更关乎如何筑牢和夯实党的执政基础的问题，也关乎如何通过党建扶贫，促进农村社区公平、增进农村社区参与和社区团结、创新农村社会治理、生产社区福利的农村可持续社区发展问题。

如何更好地开展党建扶贫工作，夯实农村产业发展的乡村治理基础，需要正视以下几个问题：（1）党建扶贫工作要把重心落实到党建上来，要把工作思路定位于以"以党建促扶贫、以党建促发展、以党建促治理"上来，而不是把"协调"项目资源放在第一位；（2）党建扶贫工作要建立统一的评价机制，评价指标体系的重点应该放在基层组织的能力建设、基层党员后备队伍建设、基层组织的服务能力与党的方针、政策的贯彻执行能力提升、农村社区参与机制的建立、农村社区公平的促进、社会福利的生产与供给、农村公共事务管理能力提升等领域；（3）党建扶贫工作队的组建，需要更多地考虑其专业背景、参与意愿、工作主动性等方面，工作队成员的工作能力一定要强，态度一定要端正，要认真筛选，不能为组建工作队而组建工作队，要以高度的政治性和责任心来推进这一工作；（4）建立党建扶贫智力支持和能力建设工作体系，要引进专业性力量，开发统一的培训课程体系，编写党建扶贫工作手册，建设党建扶贫培训师资队伍，建立党建扶贫咨询平台、为各党建扶贫工作组在工作推进过程中遇到的问题提供咨询和支持；（5）党建扶贫要为农村培养一支"懂农业、爱农村、爱农民"的党员干部队伍，要能提供农村产业发展的技术、信息、市场等各项服务。

3. 构建生产性公共服务体系和农村社区服务体系

要改变过去只重农业生产性和基础设施投入的格局，建立全省范围内生产性公共服务体系，并建立以农民为主体的服务评价机制。生产性公共服务范围包括社会性和社区性两类，内容包括科技服务、就业培训服务、信息服务、市场服务、风险防范服务、质量安全服务、金融服务等。政府在生产性公共服务体系内，既要做好服务规划，又要保障资源供给，同时还要担当服务监测者的角色。政府做好生产性公共服务是确保贵州农村产业可持续发展的基础。

支持建立农村社区服务与社区照顾体系，回应全省农村普遍存在的青壮年大量外流、"三留人员"问题较为严重，农村社区公共性逐渐瓦解、社区公共事务管理空白、社区服务严重短缺等问题。

4. 推进扶贫工作队伍专业化能力成长

大力推进扶贫系统工作人员能力成长，包括扶贫部门、基层政府工作人员、党建扶贫工作队伍、"一村一名大学生"、西部计划志愿者、扶贫公益慈善机构人员等，积极培育和发展反贫困社会工作者、农村社会工作者等专业性力量，以专业化队伍协同政府工作的方式，将能力建设与扶贫行动研究有机结合，积极探索各种适应本土的工作模式，构建具有强大生命力和战斗力的方法和工具系统。

组织建设专业化。农村产业特别是生态产业发展要以农户合作为基础，党的基层组织和村民自治组织在其中应该发挥积极的作用；各类农村经济合作组织包括产业协会、农业专业合作社、农民合伙企业和社区小微企业，是支持生态产业发展的组织基础和社会基础；农村生产性公共服务和农村的社区服务体系的完善，也需要大量的能整合社区资源、促进社区合作的农村社区组织。这些组织的培育、能力建设与陪伴成长，都需要用专业的手法进行推进，这就要求对扶贫系统，基层政府工作人员开展大量的能力建设工作。

工作手法专业化。支持农村社区合作并协助村庄解决合作中的难题，同时要支持农民的"自律与互律机制"建设，支持农民合作组织和企业间形成共利共荣的合作机制，建设并监管农民公平参与机制，都需要专门的工作方法即农村社会工作与社区工作方法。大力推进农村社会工作人员队伍建设，率先同专业性反贫困社会工作机构合作，与专业性团体建立协同工作关系。

扶贫项目开发与管理专业化。新规划、开发的产业脱贫项目，必须将支持生产性公共服务和社区服务与社区照顾体系构建、农民合作能力成长支持与合作组织建设、农产品的市场机制建设等进行系统考虑；将产业发展与农村社会治理和社会建设、可持续生态与文化支持结合起来；大力提高扶贫项目规划的策略性与专业性，也要研究效果指标考核体系，建立扶贫项目短期与长期监测评估机制。同时，要加大培训力度，支持各市、县扶贫办及基层政府工作人员与专业性组织的合作，提升扶贫项目的管理及监测能力。

5. 大力推进四大能力建设工程

实施"可持续脱贫人才队伍工程"，大力推进扶贫开发人才体系建设。积极建设有专业能力的政府扶贫工作人才体系，包括挂包单位干部、第一书记、扶贫办及乡镇工作人员等；大力推进专业性反贫困社会工作、农村社区工作等社会工作人才队伍建设；下大力气培育农村社区发展带头人队伍，包括村支"两委"干部、农村技术能人、市场能人等，建立陪伴支持机制，并支持其能力持续成长。

实施"农村社会组织培育工程"，完善机制、创新方法，大力培育支持扶贫和农村社区发展的社会组织。一是用专业方法大力培育农村经济合作组织如合作社、合伙性社区小微企业、专业技术协会、农村社区照顾与社区服务组织、农村文化组织，建立陪伴成长机制，支持其能力持续成长；二是大力发展农村社会工作机构，培育专业化社会扶贫力量，以政府购买服务、协同工作模式，支持建立"政社互动""三社联动"的反贫困行动格局；三是省、市、县三级层面成立"农村社区发展与社区服务支持中心"，中心以专业性社会工作人才为主，在各乡镇建立工作站，以项目合作资金向其购买服务的方式协同政府指导、支持各村的农村产业发展和社区服务工作，并建立第三方监测、评估机制。

实施"农村社会创新工程"，积极解放和激发农村经济、社会发展和社会创新活力。一是推动各地设立社会创业创新资金，鼓励返乡大学生、返乡青年结合本地农村产业发展的社区创业；二是鼓励各地建立社会企业发展专项资金，以创新机制支持社会企业的成长与地方产业发展相结合，特别是基于互联网、电商平台的创新市场发展机制的建立；三是大力推进生态农业发展自律联盟建设、支持"城乡互动""社区支持农业""企地合作"等生态农业发展模式；四是大力推进"资源众筹""智力众筹"等社会创新工作模式，创造社会参与扶贫和农村产业发展的机会和空间、完善社会参与机制。

实施"反贫困智库建设工程"，积极推进扶贫创新的智力支持系统建设。一是整合高校与科研机构力量，建立反贫困智库支持平台，形成"任务小组"工作模式，为项目决策做好服务，当好参谋；二是支持建立扶贫专家支持工作机制，协同党委、政府工作，完善各类案例体系、方法与工具体系、项目管理技术支持体系、农产品品牌发展和市场支持方法体系；三是以各级党校为基础，建立可持续脱贫智库支持系统，建立智库平台支持各级政府可持续脱贫机制建设；四是依托智库平台建立专门化产业扶贫与社会建设研究基地，重点研究产业扶贫机制创新的理论与方法论问题、具体的方法和工具系统的开发问题、经验整理与系统化整合问题等。同时，在研究和实践探索的基础上，编写扶贫开发工作指导手册，开展各类扶贫项目的示范性评估与监测等，支持产业扶贫工作向专业化、系统化、集成化的方向转化；五是依托智库平台开发专门的课程系统，建立本地培训师资队伍。

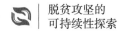
6. 支持贫困社区的能力成长，实现产业脱贫可持续

发展生态产业支持全省的扶贫开发工作，需要彻底转变过去产业发展只重硬件投入、重生产补贴的思路，将产业脱贫可持续的工作重点放在贫困人群的能力成长方面，以"解困"为主要着力点，支持贫困农村地区脱贫成果的可持续。

贫困农村地区扶贫开发的可持续推进及扶贫开发成果的可持续，在于贫困村庄、贫困人群的自我发展能力的可持续提升；以组织化、合作程度提升作为乡村能力系统成长核心。村庄可持续发展能力系统需要以外部资源投入作为杠杆，把村庄视为整体单位，以农民自我成长为主要目标，通过软投入和机制建设，撬动村庄的合作能力，使得村庄可以整合自身资源共同发展。村庄能力系统包括以下方面。

治理能力，包括组织、协调能力，学习能力，村庄公共事务管理能力，公共决策机制与能力，村庄组织的问责能力，公平与公正能力，矛盾化解能力等。文化能力，包括村庄公共生活营造能力，文化反思能力，农村文化生活的自我供给能力。福利能力，包括村庄初级保障机制，社区互助机制，社区安全与相互保卫，村庄特殊群体服务能力等。技术能力，即技术可持续更新和技术社区内传递能力。信息能力，即市场信息获取与信息传递能力。市场能力，即议价能力和沟通能力、生产质量自我控制能力等。资源与设施能力，包括自然资源系统可持续支持能力，基础设施对发展的支持能力，村庄资源的整合能力。环境能力，包括环境与卫生意识的得升，可持续资源利用能力，生活环境与卫生的自我改善能力和村庄应灾能力等。

农民的信息、市场、技术能力及环境能力可以通过培训并支持乡村精英为产业发展服务的方式来获得；生态产业发展的基础设施能力则需要通过政府的投入来解决，并且如果以村庄组织、协调、管理能力发展为先导，政府还可以通过基础设施建设投入为杠杆，撬动贫困乡村地区基于产业发展的其他能力系统的成长。

在生态产业发展过程中，农民的组织、协调、管理能力是基础，在此基础上，推进农民自律与互律机制及农民履约能力建设，建立生态农产品的质量控制机制，为生态农产品的品牌建设打下品质管理的核心基础，并解决规模化生产组织问题。具体而言，可以以村为单位建立农产品产业发展协会，不同的产业发展协会之间形成协作联盟。产业发展协会的主要任务是根据外部市场要求和协作联盟的决议，安排农民的生产，并为其提供技术服务，同时进行协会区域内的质量管控，并建立农民的互律机制。协会的主要职能是技术服务职能、协调职能，生产组织职能、生产过程控制职能，同时，协会还将承担成员的部分福利职能。协会协作联盟的主要职能是生产分配职能、市场谈判职能、产业链发展职能等，并将和合作的社会企业共同持有生态农产品品牌，以确保农户的利益。

在生态产业发展过程中，为确保产品品质与风险控制，则需要推进参与农户共识，建立生态农产品发展的农村联合保险机制，由于农业生产的弱质性特点及生态产品对农药、化肥、除草剂严格控制使用的要求，以及追求生态农产品品牌运营的生产机制的需要，为产业带内的农民建立联合保险机制，可以以政府出资一部分，农户出资一部分的标准进入联保。联保管理机构由协会联盟、农民代表、合作企业、政府部门人员共同组建，并建立评估机制。在农业生产过程中，如果出现自然灾害等因素减产或者绝收，或者是病虫害等问题不能违规使用农药必须毁损而导致损失时，通过联合保险予以赔付，建立生态产业发展的抗风险能力，从而更加保障产品的品质基础。

参考文献

［1］贵州省人民政府网站，http：//www.gzgov.gov.cn/。

［2］贵州省扶贫办网站，http：//www.gzfp.gov.cn/。

［3］贵州省农业委员会网站，http：//www.qagri.gov.cn/ztzl/nycytp/201803/t201803 20_3215190.html。

［4］《农业产业脱贫攻坚贵州省将力推五大产业》，http：//gz.sina.com.cn/news/2017 - 09 - 09/detail - ifykusey5975342.shtml？from = gz_cnxh。

［5］毛刚强：《论发展社区福利与农村减贫》，《贵州民族大学学报》（哲学社会科学

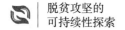

版）2016 年第 2 期。

［6］毛刚强、王春光、孙兆霞、曾芸：《社会建设、生态产业发展与产业扶贫开发模式创新对策建议报告》，吴大华等编《社会可持续与环境可持续——生态文明与反贫困论坛（2014）》，社会科学文献出版社，2015 年 6 月。

［7］毛刚强：《开放式扶贫必须解决农村社区治理问题》，吴大华等编《生态文明与开放式扶贫——生态文明贵阳国际论坛（2015）》，社会科学文献出版社，2016 年 6 月。

［8］中共镇远县委：《镇远县"可持续基层党建 + 创新城乡社区治理 + 长效脱贫机制建设"实施意见》，2017 年 11 月。

［9］贵州民族大学社会建设与反贫困研究院：《中国移动帮扶望谟县项目规划》，贵阳市馨筑妇女发展中心，2016 年 1 月。

第二章

可持续教育扶贫的
政策与实践

在贵州的脱贫攻坚实践中，始终强调"扶贫先扶智"的发展理念，将教育扶贫作为大扶贫战略的重要组成部分。面对教育发展起点低、任务重、资源相对短缺的困境，贵州走出了一条"穷省办大教育"的发展之路。贵州的教育扶贫实践并不限于各级教育本身的发展，还注重发挥教育的减贫功能，强调教育助力大扶贫战略的推进，实现教育与经济、社会等诸领域的协同发展。教育本身就是一种减贫机制。习近平总书记指出，"抓好教育是扶贫开发的根本大计""治贫先治愚、扶贫先扶智"。这些表述都反映了教育扶贫在宏观扶贫战略中的核心位置，它具有先导性的作用，教育扶贫的效果将决定脱贫攻坚战役的成败。

　　教育扶贫包含了两个层面的含义：一是作为目标表述的教育扶贫，它主要指针对教育领域自身的扶贫政策与行动；二是作为一种方法和手段的教育扶贫，即通过教育来实现其他诸领域的扶贫目标。因此，教育扶贫首先意味着推进教育自身的发展，在贵州教育整体欠发达的背景下更是如此。贵州作为全国贫困人口最多、贫困面积最大、贫困程度最深的省份，政府薄弱的财政实力导致了教育投入的欠账与教育发展的滞后。根据多维贫困的理论，收入不再是衡量贫困的唯一指标，它也表现在教育、医疗、权利等多个维度。教育的欠发达状态本身就是贫困问题的一种反映，因此教育的改善具有重要的扶贫意蕴。除此之外，也要关注教育扶贫如何助力大扶贫战略的问题，发挥教育的带动作用。

　　贵州省在教育扶贫方面付出了极大的努力，取得了重要的成绩，当然也仍然面临着一些困境。有必要对贵州教育扶贫工作中出现的一些好经验、好办法进行梳理和总结，使贵州经验为其他省市的脱贫攻坚提供参考和借鉴；同时也要发现问题，寻求改善贫困治理的方法和路径，尤其是提前考虑 2020 年后脱贫攻坚成果的可持续性问题。本文引入了可持续发展的视角，强调从制度和机制的角度思考如何保障脱贫攻坚成果的可持续性。

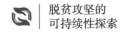
一 贵州教育扶贫的现状与问题

党的十八届五中全会将农村贫困人口脱贫作为全面建成小康社会的底线目标，明确到 2020 年我国现行标准下农村贫困人口实现脱贫，贫困县全部"摘帽"，解决区域性整体贫困，强调"实施脱贫攻坚工程""坚决打赢脱贫攻坚战"。贵州成为我国脱贫攻坚的主战场、示范区和决战区，尤其是 14 个连片特困地区更面临着任务最重、难度最大的问题。在新时期，教育扶贫作为一种最长远的民生问题，成为破解贫困地区发展困境的关键。尤其对连片特困地区来说，"人口素质偏低与公共服务滞后并存"是发展所面临的核心矛盾。通过实施教育扶贫战略，在推进公共服务均等化、提高人口素质、带动区域性整体发展方面具有重要意义。但是，从总体上看，贵州教育面临着发展起点低、任务重、资源相对短缺的困境，亟须从政策和制度层面对问题进行回应。

（一）教育发展基础薄弱，历史欠账多

贵州作为一个欠发达省份，教育基础相对薄弱，很多教育发展评价指标均低于全国平均水平。以义务教育的发展为例，2000 年的时候，全国已经基本普及了九年义务教育。而贵州仅有 36.78% 的地区达到了普及九年义务教育的目标，直到 2007 年才全面完成。随着两基攻坚、县域义务教育均衡等一系列教育发展工程的推进，贵州的基础教育面貌得到了快速的改善。在学前教育方面，2013 年，贵州的毛入园率略高于全国水平，达到 70%。主要的"短板"体现在高中以上阶段的教育普及率，其中高中阶段毛入学率为 68%，低于全国平均水平 18 个百分点，并且中等职业教育招生占高中阶段教育招生总数的比例达到 48.02%，高于全国平均水平 2.96个百分点；而高等教育毛入学率为 27.4%，显著低于全国平均水平（34.5%）。这些数据反映了贵州教育发展的总体水平较低，尤其是教育发展质量不高。

各类教育的发展和提升依赖于政府的资源投入，但是贵州总体上的欠

发达状态极大地限制了政府财力和资源投入的能力。纵向比较来看，贵州教育的发展取得了长足的进步，尤其是近十年来政府不断加大教育投入。在"十二五"期间，全省教育总投入达 3430 亿元，是"十一五"时期总投入的 2.6 倍；教育财政性经费年均增长达到 20.69%，增速位列全国第三；2016 年，全省教育经费总投入 1035.02 亿元，其中财政性教育经费892.42 亿元，占 GDP 的 7.59%；公共财政教育经费892.25 亿元，占公共财政预算支出的 19.71%。但是，横向比较来看，贵州省的教育支出仍然低于全国平均水平。以 2016 年为例，贵州省普通小学和初中的生均公共财政预算教育事业费支出高于全国平均水平，除了这两项指标之外，包括中职、普通高中和高等学校的生均支出水平均显著低于全国平均水平；在生均公用经费支出方面的差距则更加显著，所有教育阶段均落后于全国平均水平。

（二）教育结构失衡，农村教育过度"城镇化"

当前贵州基础教育面临的主要矛盾是"城市挤""乡村弱"。一方面，伴随着城镇化的进程，大量农村人口向城市转移，在一定程度上造成了城市教育资源的紧张，突出反映在县城的大班额问题上；另一方面，农村小学普遍存在生源流失、班额过小等问题。以 Z 市下辖的某贫困县为例，县城的三个小学普遍存在班额过大的情况，其中实验小学平均班额达到 72人，最大班额有八九十人。为应对这种情况县里开始筹建第四小学，但是教育部门也坦言，学校扩建的速度始终赶不上生源增加的速度。而在 B 乡镇，6 所村小总共只有 537 名学生，平均班额不到 16 人。"城挤"和"乡弱"的格局反映了教育结构的失衡，它的根源在于过度城镇化的农村教育发展政策导向。20 世纪 90 年代末以来的农村学校布局调整政策，推动了大规模的村小撤并进程，使得传统的"一村一校"逐渐转变为"一镇一校"的教育格局，严重地影响了农村学校的地理可及性。而更为关键的因素则在于城乡教育差距问题，农村学校在师资、设施和设备等各方面均存在劣势，使得很多农村家长送孩子去乡镇或者县城读书，这种趋势又进一步强化了农村学校的生源危机和生存困境。而在国家大力推进县域教育均衡的背景下，控制大班额现象以及改善乡村教育共同构成了评价教育均衡的核心指标。这使得地方政府在基础教育发展的政策选择中面临着一种两难困境：究竟是优先扩建县城的学校还是投向乡村学校。由于农村学校普遍规模过小，在面临资源约束的条件下，地方政府往往倾向于通过进一步的撤并来实现教育资源的优化配置，这在客观上加重了农村教育的危机。

幼儿园和初中阶段教育的发展也呈现类似的"去农村化"的特征。贵州省启动了新两基攻坚，其中普及幼儿园教育是一项重要的目标。但是，农村地区的幼儿园大都建在乡镇上，这使得村里的孩子必须要到镇上就读，对于山区农村来说，上学路途过远是一个突出的矛盾。政府对初中教育的布局也不断强调向县城集中，使得"离村""离镇"上学日益成为一种常态。各级学校布局的改变，也在客观上重塑了农村儿童的教育经验，并将产生更为深远的社会后果。

（三）农村优质教育供给不足，教育的隐性负担过重

2016 年出台的《关于坚决打赢扶贫攻坚战确保同步全面小康社会的决定》，提出"把教育作为'拔穷根'的治本之策，让贫困子女都能接受公平有质量的教育，阻断贫困代际传递"。贵州作为欠发达地区，区域差距和城乡差距的存在，使得农村贫困人口面临着双重的不利处境。从反贫困的角度看，通过教育阻断贫困的代际传递，前提是降低教育成本，使贫困群体能够获得优质的教育服务。就义务教育阶段来说，中央采取了一系列政策措施来减轻贫困群体的教育负担，比如义务教育"两免一补"政策、农村营养午餐政策等。但是，政策主要针对的是教育的直接负担，对于教育的隐性负担关注不足。如前所述，农村教育面临过度城镇化的问题，具体表现为幼儿园、小学到乡镇，初中及以上阶段教育进县城，并导致农村教育的全面寄宿化。虽然国家实行了寄宿生补贴政策，但是在幼儿园和小学低年级阶段，学校并不能完全替代家庭的作用。以课题组调查的 W 县为例，县教育部门原本希望通过乡镇学校的寄宿制建设，来消除"租房陪读"的现象。W 县的一个乡镇，在中心完小的寄宿楼具备接纳能力的情况下，在校生中仍然有近1/4 由父母（或其他亲属）在校外租房陪读。原因

在于，孩子年纪过小缺乏足够的生活自理能力。在"租房陪读"的情况下，农村家长不仅需要承担房租等日常支出，还因为无法兼顾农业或者外出打工而带来的收入减少。与此相类似，农村幼儿园教育的普及，在改善儿童教育的同时，也可能对家庭收入产生负面影响。

另外，除了正规的学校教育之外，贫困群体缺乏有效的学习和技能培训渠道。虽然政府投入了大量的人力物力，试图为贫困农民提供各种技能培训的机会，但是实施效果并不好。课题组调研的过程中，基层政府经常反映农民缺乏积极性，甚至要通过名额摊派的半强制手段来迫使老百姓参与。这也从一个侧面反映出，贫困群体的需求和服务供给之间的矛盾，或者说文化、技能培训的有效供给不足的问题。

总的来看，贵州的贫困问题直接表现为教育发展的基础薄弱、结构失衡以及隐性负担问题。教育扶贫具有双重含义，包括教育体系自身的发展以及通过教育来实现其他诸领域的扶贫目标。在中央的政策表述中，教育扶贫被视为最长远的民生问题。事实上，教育扶贫的重要意义更体现为它在总体脱贫攻坚战略中的核心地位，这就需要引入系统的视角，即不再把教育看作一个孤立的系统，而是强调它与经济、社会、政治等其他社会子系统之间的联系。以农村义务教育为例，只有同时改善教育的质量以及可及性，才能够为来自不同社会背景的孩子提供一个相对公平的起点，促使城乡社会朝向更加均衡的方向发展；此外，学校教育除了增加人力资本的功能外，也是公民教育的重要载体，它能够培育公民意识、塑造新型公民，从而增强和改善未来的国家治理和政治参与。当然，教育并不限于正式的学校教育，终身学习的倡导就要求社会每个成员为适应社会发展和实现个体发展的需要，进行贯穿于人的一生的、持续的学习。仅从技能培训的角度来看，它能够培育劳动技能、促进劳动生产率的提升，并通过收入的增加带来直接的减贫效果。在这个意义上，教育本身就是一种减贫机制。习近平总书记指出，"抓好教育是扶贫开发的根本大计"，"治贫先治愚、扶贫先扶智"。这些表述都反映了教育扶贫在宏观扶贫战略中的核心位置，它具有先导性的作用。因此也可以说，教育扶贫的效果将决定脱贫攻坚战役的成败。

教育扶贫必须首先致力于教育自身的改善。但是，同时也要认识到，教育发展未必会自动带来经济、社会层面的进步，更深层的教育扶贫需要从制度和机制层面进行探索，将教育发展与经济、社会等其他子系统有机地联系在一起。更重要的是，教育扶贫不仅是打赢脱贫攻坚战的重要手段，它更是为了实现同步全面建成小康社会的目标。在这个意义上看，教育扶贫的目标并不局限于一组固定的数字或者指标，而是要追求一种可持续的发展和进步。

"可持续发展"是20世纪80年代兴起的一种发展观，它是基于对工业经济生产方式的反思，强调实现人、社会与自然的和谐、协调发展。就当前中国的发展来说，可持续发展仍然具有重要的指导意义，它与习近平总书记倡导的"绿色发展""生态文明"具有内在的一致性。对于有着"青山绿水"的贵州来说，可持续发展理念也能够为脱贫攻坚提供方向性的指引，比如发挥后发优势的路径与可能性问题。在2015年的联合国峰会上，世界各国领导人通过了2030年可持续发展议程，它包含17个可持续发展目标，以"在全世界消除一切形式的贫困"为核心目标。消除一切形式和维度的贫困被认为是实现可持续发展的必然要求。其中的第四个目标为"确保包容和公平的优质教育，让全民终身享有学习机会"，强调教育是实现其他诸多可持续发展目标的关键，通过优质教育才可能打破贫穷循环，从而减少不平等现象。事实上，当前我国的脱贫攻坚实践当中也始终贯穿着可持续发展的理念，并且在2020年全面建成小康社会的目标也大大超前于2030年可持续发展议程。因此，从可持续发展的视角来重新审视贵州的经验，不仅对其他省市的脱贫攻坚战役形成参考，其更深远的影响在于，还有可能提炼和总结出可持续发展的中国经验，为更多的发展中国家提供借鉴。

二　可持续教育扶贫的政策举措与成效

在贵州的扶贫攻坚战略中，教育扶贫工作始终被视作优先任务，旨在充分发挥对促进人民群众脱贫致富、区域经济社会发展和生态文明建设的重要作用。并且，教育也是"五个一批"的重要组成部分，即发展教育脱贫一批，阻断贫困的代际传递，其中教育扶贫的重点放在集中连片特困地区和建档立卡贫困户。针对贵州省教育基础薄弱的基本问题，政府采取了一系列措施，推动各阶段教育的全面发展，并积极探索通过教育发展带动其他领域的机制与方法。

（一）启动"四项突破"工程，推动各阶段教育的协同发展

贵州作为西部的欠发达省份，教育发展的基础相对比较薄弱，尤其是农村地区的教育发展更是面临着区域和城乡的双重差距。落实"扶贫先扶智"的理念，就需要优先发展教育、补足短板。2015 年 10 月，贵州省的扶贫开发大会下达了"1 + 10"配套文件，提出要大力实施精准扶贫精准脱贫"十项行动"，其中教育扶贫行动的内容包括："大力推进'四项突破'工程和教育'9 + 3'计划，加快推进义务教育均衡发展和基本普及十五年教育。继续压减 6% 的行政经费用于支持教育，各级教育经费继续向贫困地区、基础教育倾斜。"教育扶贫行动计划涵盖了教育发展的各个阶段，提出了针对性的发展目标，并明确了具体的实施与保障机制。

贵州省的教育"四项突破"工程启动于 2011 年，主要内容包括"学前教育、农村寄宿制学校建设、高中阶段教育、高等教育"这四项教育突破工程，旨在解决学前教育入园难、义务教育水平低、高中阶段教育资源短缺、高等教育规模小等问题。2013 年，贵州省人民政府发布了《关于实施教育"9 + 3"计划的意见》，提出了巩固提高九年义务教育和实行三年免费中等职业教育的目标。这两项工程是指导这一时期贵州教育发展的纲领性文件，将义务教育的巩固和提升作为核心目标，同时也强调整个教育体系的延伸与拓展。围绕教育扶贫的目标，政府在教育经费安排上要求"确保 70% 以上经费安排向贵州省武陵山片区、乌蒙山片区和滇桂黔石漠化片区三大集中连片特殊困难地区倾斜"，显示了优先补足教育发展短板的决心。根据《贵州省三大集中连片特殊困难地区教育扶贫工程实施方案》所提出的目标，到 2015 年，全省三大贫困片区以县为单位，学前三年毛入园率达到 70% 以上，小学生辍学率控制在 1.8% 以内，初中生辍学

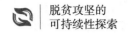
率控制在 2.8% 以内，九年义务教育巩固率达到 85% 以上，高中阶段毛入学率达到 85%，普职比达到 1：1，高等教育毛入学率达到 30%。到 2020 年，三大贫困片区基本公共教育服务水平接近全国平均水平。

除了义务教育的巩固和提升之外，教育发展的另一个重点是向学前和高中阶段进行教育延伸。其中学前教育发展的主要目标是增加教育供给、提高入园率。截至 2015 年，贵州省建成山村幼儿园 1358 所，新增幼儿专任教师 5050 人，新增在园幼儿 10.6 万人，在园幼儿数达 130.5 万人，学前教育三年毛入园率达到 80%，较 2010 年提高了 25 个百分点，并且超过全国平均水平 5 个百分点，提前完成中长期规划目标任务。教育普及任务的另一端是提高高中阶段毛入学率，尤其是通过实行三年免费中职教育来延长受教育年限、提高劳动力素质与技能。相关政策主要集中在扩大中职学校办学规模以及提高人才培养质量方面：贵州省政府用集中攻坚的方式改善中职学校办学条件，累计投入 150 余亿元，建成 600 余万平方米各类建筑，新增教师超万人。构建了"一体两翼多节点"布局；截至 2015 年底，全省共有中职学校 227 所（其中技工学校 18 所），在校生 85 万人。高中阶段教育毛入学率提升到 86.1%（比 2010 年提升 31.1 个百分点，现普职比为 5.7：4.3），基本达到全国平均水平；全省基本实现初中毕业学生都能进入高中阶段学校学习。

（二）注重质的发展，进行硬件、师资、保障条件等全面提升

"两不愁、三保障"是脱贫攻坚的底线目标，保障义务教育是这一目标的重要组成部分，因此继续巩固和发展义务教育也成为一项先导性和基础性的任务。在新形势下，贵州省提出了新两基的发展目标，即"实现县域内义务教育基本均衡发展和基本普及十五年教育"。实现县域内义务教育均衡的核心是提供公平的优质教育，它反映出各级政府向教育差距宣战、强化教育公平的决心。此外，义务教育阶段的发展目标也由"有学上"转向"上好学"，并且在发展取向上强调从外延发展转向内涵发展。

具体来看，政府不断强化义务教育阶段的资金投入，改善办学条件、提高信息化程度、强化师资力量。依托"全面改薄""城镇中小学校建设"

"农村寄宿制学校建设工程""营养午餐计划""特岗计划"等一系列教育发展工程，农村教育的面貌发生了显著改变。根据贵州省教育厅的数据，2014年以来，22个县通过政府投、企业融、银行贷、平台公司交钥匙、无偿划拨土地、部门帮扶等多种不同方式，累计投入302亿元，新建学校137所，改扩建学校1571所，新增学位33.4万个，新增校舍面积461万平方米，新增实验室、功能室4700间，新增教学仪器设备价值9.3亿元，新购置计算机10.3万台，新增图书1800万册。2011~2014年，贵州省共建成农村寄宿制学校3000余所、学生宿舍400余万平方米、食堂14955个。2015年、2016年两年，贵州省级财政每年投入10亿元，支持各地实施"全面改薄"，还设立了农村寄宿制学校学生宿舍建设专项资金，累计投入12.8亿元。并且积极推动校园信息化建设，从2014年起每年投入2000万元用于教育信息化建设，还采取"教企合作"模式调动社会资金。至2014年6月底，全省乡镇以上13612所中小学实现互联网接入，完成47067个班级多媒体教学终端设施建设。截至2016年底，贵州省共有37个县通过"义务教育发展基本均衡县"国家督导评估验收，说明全省义务教育的均衡发展程度进一步提高。

此外，师资是农村教育发展的短板，制约了城乡教育均衡发展的实现。贵州省重视农村教育队伍建设问题，专门出台了《贵州省乡村教师支持计划实施办法（2015~2020年)》，强调向贫困地区乡村学校倾斜的政策导向。具体举措包括：（1）利用"特岗计划"，建立农村学校紧缺薄弱学科教师补充绿色通道，重点加强农村学校紧缺薄弱学科教师的补充力度。近三年，贵州省共招聘特岗教师2.7万名，招聘数量连续几年位居全国第一，并且特岗教师的转接率达到90%。其中，桐梓县、碧江区、瓮安县、龙里县每年招聘教师数量均占本县当年招录计划的50%以上。（2）强化乡村教师培训，引导优秀校长和骨干教师向乡村学校流动。通过跨校聘用、学校联盟、对口支援等多种途径，推进学校校长、教师定期轮岗交流，将城镇教师职称晋升与乡村学校任教经历挂钩；推进"三区"教师支教计划，安排城乡校长教师到贫困地区农村学校开展一定期限的支教和挂职，鼓励城镇退休教师到贫困地区乡村中小学支教讲学。（3）提高乡村教师待

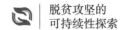

遇，加强后勤保障。近年来，贵州省共争取国家资金 45.8 亿元，用于边远艰苦地区农村学校教师周转宿舍建设，建成周转房、公租房 13.75 万套，惠及农村教师 20 万余人，切实改善了乡村教师工作和生活条件。并对乡村教师进行生活补助，其中集中连片特困地区乡村教师的补助标准为村级小学、教学点不低于 300 元/月、其他学校不低于 200 元/月的生活补助。

（三）完善学生资助政策，拓展贫困子女教育机会

广义的教育扶贫不限于教育领域自身的发展，它更强调通过教育去带动经济、社会等多维度的发展。要使作为一种减贫机制的教育发挥其潜能，必须首先回到教育和贫困关系的讨论中去。事实上，教育与贫困之间呈现出一种复杂的关系，教育既有可能成为减贫的手段，但也可能出现"因教致贫"的问题。对学龄儿童来说，教育主要作为一种对未来的人力资本投资，其家庭成为教育成本的主要承担者。尤其是高等教育昂贵的学费，往往成为农村家庭的沉重负担，有的家庭因而出现"因教致贫"的情况，或者导致学子因为无力负担教育成本而辍学。我国虽然实行了义务教育免费制度，但是 20 世纪 90 年代末以来大规模的农村中小学撤并，在很大程度上降低了教育的地理可及性，导致的寄宿费、交通费等生活成本也在客观上加重了农村家庭的教育负担。教育扶贫的有效性首先取决于对贫困发生机制的认识和理解，对问题的正确诊断才能形成针对性的解决方案。贵州省提出的"精准扶贫四看法"成为一种具有地方性的贫困识别机制，其中的第四条内容为"四看家中有没有读书郎"，关注了教育致贫的可能性。"四看法"作为一种地方性的政策创新，成为教育扶贫发挥作用的基本前提，也有助于从源头上回应贫困问题。

从"五个一批""1 + 10"配套文件到"六大脱贫攻坚战"，教育扶贫始终被作为贵州大扶贫战略的重要组成部分。2016 年出台的《贵州省教育精准脱贫规划方案（2016～2020 年）》，更是进一步制订了八大教育精准脱贫计划，提出"以集中连片特困地区（贫困地区）和建档立卡贫困户为重点，实施学生精准资助惠民计划、职业教育脱贫富民计划、办学条件扩容改善计划、教育信息化推广计划、教师队伍素质提升计划、农村和贫困地

区招生倾斜计划、教育对口帮扶计划、特殊困难群体关爱计划"。这八大计划大体上涉及三个主题：学生资助、职业和技能培训、教育发展。除了前一部分已经讨论教育领域内的发展，这一部分将重点关注前两个主题，也即教育如何助力大扶贫战略的问题。

实施精准资助是为了解决农村贫困教育家庭的负担问题，不让贫困农户因学返贫、因学致贫，不让农村贫困学生因经济困难失学。事实上，学生资助是与教育发展的种种举措紧密衔接的，因为各级政府对贫困农村地区的教育投入倾斜，只有通过将更多贫困学生吸纳到教育体系当中才能最大限度地发挥其扶贫效益。目前，贵州省按照"精准资助、应助尽助"的原则，不断完善学生资助政策体系。具体的政策包括，对高中以上的贫困学生实习资助，其中就读普通高中和中职学校的给予"两助三免（补）"，普通高校学生实行"两助一免（补）"政策。2015 ~ 2016 学年首批农村建档立卡贫困户子女资助对象 16.17 万人，其中普通高中 10.786 万人、中职学校 1.397 万人、普通高校 3.987 万人。截至 2017 年，贵州全省累计下达各级各类学生资助资金预算 51.20 亿元，受益学生 349.1 万人次。学生资助除了资助面广、资助力度大的特点之外，还不断改革和完善资助方式，将"收费补助两条线"转变为"先免后补"的方式，提升了资助的时效性。

（四）强化职业和技能培训，助力贫困地区人力资本提升

通过加强职业和技能培训，教育扶贫直接助力地方的人力资本提升和产业发展。《贵州省教育精准脱贫规划方案（2016 ~ 2020 年）》和《贵州省教育脱贫攻坚"十三五"规划实施方案》都把职业技能培训作为教育脱贫的重点任务。按照"一户一人一技能"的目标要求，即每户至少有一人接受中职以上学历教育、接受职业技能培训后转移就业、接受农业产业化技能培训挂靠一个龙头企业（合作社），逐步消除农村"零就业"贫困家庭，旨在通过教育培训直接带来家庭经济的改善。开展了一系列的培训项目，如"农村劳动力培训阳光工程""雨露计划""科技致富二传手"等项目，拓宽农村劳动力接受培训的渠道、探索多元化的农村发展路径。还有针对不同群体开展的培训，比如"农村贫困妇女培育行动"，对"持家

女""家政女""锦绣女"进行培育，着力提升农村贫困妇女综合素质；"贫困村致富带头人培养行动"，则是党员创业带富能手、农民专业合作经济组织负责人、专业大户、返乡创业农民等，旨在为全省9000个贫困村培育致富带头人队伍。还建立多种激励机制，强化主体的参与，为培训对象提供各类培训补助、生活补助等。

在职业教育发展方面，从空间布局、专业设置、就业服务等多方面进行提升，实施职业教育输血式扶贫和造血式扶贫。按照"一体两翼多节点"的总体要求，构建以清镇职教城为核心，以毕节、黔东南、遵义、铜仁等市（州）职教园区为中心，以其他市（州）和调整保留的县级职业学校为节点的空间布局，推动中职学校办学规模的扩大与办学效益的提高，主动根据市场需求和社会经济发展来设置专业，不断加强产教融合、校企合作，努力形成结构合理、紧扣产业、各具特色的专业体系。开展现代学徒制试点建设，推动职业教育体系和劳动就业体系互动发展，推动校企合作，深化产教融合，订单式、学徒制等校企联合培养类职业教育优先招收建档立卡等贫困家庭子女。启动实施职教圆梦行动计划，秉承"职教一人、就业一个、脱贫一家"的理念，针对建档立卡等贫困家庭子女单列招生计划，确保他们至少掌握一门实用技能。政策向特困地区倾斜，从2015年起连续三年，在10所省属优质职业院校举办全免费"威宁班""赫章班"，面向威宁县和赫章县总计招收6000名学生，并优先安排就业或升学，带动两县6000个贫困家庭脱贫。

（五）创新"校农结合"模式，直接带动贫困群体增收

除了教育领域自身的发展之外，教育扶贫也积极推动农村产业发展、农民增收，黔西南州营养餐"校农对接"的案例就是教育助力大扶贫战略的一项重要创新实践。以往学校营养餐的零散采购方式难以控制食品质量与安全，而村庄的农产品销售则面临市场销路不稳定的问题，通过学校食堂与农户的直接对接，实现了学生吃上放心餐和农民增收致富的"双赢"。各地开展了试点模式的探索，比如黔西南州"贫困户＋合作社＋配送中心＋学校"模式、贵州民族大学"菜园子直通菜篮子"模式、安顺西秀区

"绿野芳田农户+合作社+购销平台+学校"模式和黔南民族师范学院"定点采购、产业培扶、基地建设、示范引领"模式等。截至2015年8月底，黔西南州实施营养改善计划的1216所学校中，共有813所完成校农对接签约，比例达到66.86%。全州营养餐经费用于助农扶贫部分达3427.04万元。2017年秋，贵州省全面启动"校农结合"工作以来，全省学校食堂累计采购贫困地区贫困户生产的常用农产品5.97万吨，金额达到6.5亿元。"校农结合"促成了各级各类学校后勤市场与省内农产业市场的精准对接，有效地带动了贫困地区农户的持续增收和稳定脱贫，也激发了他们发展产业的动力和积极性。

除此销售合作模式之外，贵州省的高校还不断发挥学科优势和科技优势，直接参与贫困地区的产业发展规划，组织动员专家教授、科技服务团、博士服务团等专业力量，深入贫困地区一线，寻找科研与地方资源禀赋的结合点，推动科研成果的落地转化，帮助贫困地区寻找新的产业增长点。并且，政策也鼓励高校助力贫困地区农村第一、第二、第三产业融合发展，在延伸农业产业链、拓展农业多功能、发展农业新业态等方面提供支持。通过提供信息服务、支持搭建电商平台等方式，帮助贫困地区拓展产品市场，打造品牌产品。在平塘县的卡蒲毛南族乡，"校农结合"从农产品收购向产业帮扶、基地建设、人才培训等方面拓展，内容涉及旅游、产业、科研等多个方面。黔南民族师范学院与卡蒲毛南族乡签订了产购协议，并与县乡政府共同建立了卡蒲"校农结合"农产品微信平台，建成了农产品质量检测实验室等；围绕新项目选育引进、新技术推广示范等方面开展合作，着力在农副产品深加工业、现代农业、特色产业等方面寻找突破口，大力扶持黑猪、肉牛、蛋鸡养殖和无公害蔬菜种植，助推产业发展，打造绿色无公害农产品。平潭县的"校农结合"基地已覆盖全县各个镇乡，累计带动5000多贫困人口，社会效益明显。

三 可持续教育扶贫的贵州经验

实施脱贫攻坚战略以来，贵州省的各级教育均取得了长足的发展与进步，走出了一条穷省办大教育的图强之路。从可持续发展的角度来看，除了促进教育自身的发展之外，贵州教育扶贫的经验还在于通过教育助力大扶贫战略的推进，即教育与经济、社会等诸领域的协同发展。因此，有必要对贵州教育扶贫的经验进行总结，不仅确保教育、社会发展的各项成果得以持续，更重要的是进一步探索可持续发展的制度与机制，使得教育扶贫的各项经验也能够服务于小康社会的建设和发展。我们将主要从施政理念、政策契机和制度创新这三方面来进行贵州经验的总结与概括。

（一）明确目标导向，充分动员各级政府力量

贵州教育发展始终面临着起点低、发展任务重、资源相对短缺的困境，但是政府秉持了优先发展教育的理念，并且把教育扶贫作为打赢脱贫攻坚战的先导战略。贵州在教育扶贫方面所取得的成绩是与政府明确的目标导向密切相关的，具体表现在以下两个方面。

1. 建立完善的政策体系，在政府行政体系中开展自上而下的动员

2011 年以来，贵州省政府出台一系列政策文件，针对不同的发展阶段，明确了教育扶贫的目标、任务与路径。2013 年，省人民政府出台了《关于实施教育"9 + 3"计划的意见》，提出巩固提高九年义务教育和实行三年免费中等职业教育的目标任务；同年的《贵州省三大集中连片特殊困难地区教育扶贫工程实施方案》，则从大扶贫的角度，进一步阐述了教育扶贫与区域发展的关系，并设置了具体的发展措施与手段；2015 年，省人民政府《关于基本普及十五年教育的实施意见》，是对"9 + 3"计划的拓展，将教育发展的重点转向学前和高中阶段教育的普及；2016 年，《贵州省教育精准脱贫规划方案（2016 ~ 2020 年）》，围绕"发展教育脱贫一批"的任务，提出了八大教育精准脱贫计划。省级政府出台的这些文件，从总体性和全局性的角度对教育扶贫的诸领域进行了规划，为县市各级政府的政策实践提供了导向和指引的作用。县市等各级政府往往根据省级政府的计划与意见，出台更为具体的实施方案，从而为基层的教育扶贫实践设置明确的任务与执行时间表。通过这样的过程，抽象的教育发展和扶贫理念被落实为具体的、可操作的政策目标。行政体系内部的有效动员是贵州教

育扶贫的重要经验之一，一方面强化了自上而下的目标传导，发挥省级政府的统筹作用，确保各项政策目标能够得到有效的落实；另一方面，也为自下而上的政策反馈与调整留出了空间，在制定各项实施方案和细则的过程中，基层政府具有一定的能动空间，能够引入地方性、本土化的解决方案。

2. 强化教育资源投入，既追求量的增长，也强调整体结构的优化

贵州教育的巨大发展得益于各级政府对教育发展的重视，以及持续的资源投入。从总量和增数的角度看，整个"十二五"期间，贵州全省教育总投入达 3430 亿元，是"十一五"时期总投入的 2.6 倍；财政性经费年均增速排名全国第三位，达到 20.69%；教育支出占公共财政支出比例年均占比 17.94%。全省公共财政教育支出增长始终高于财政经常性收入增长，其中 2015 年增长 18.14%，增幅在全国排第四位。2016 年，全省教育经费总投入 1035.02 亿元，其中财政性教育经费 892.42 亿元，占 GDP 的 7.59%。公共财政教育经费 892.25 亿元，占公共财政预算支出的 19.71%。并且，政府还集中资源在教育基础设施改善、学生资助方面加大投入。2012 年 11 月开始，贵州省全面实施农村义务教育学生营养餐计划，截至 2017 年累积下达营养膳食补助专项资金 145.20 亿元，每年受益的农村中小学生人数达到 380 万。2015 年和 2016 年，贵州省级财政每年投入 10 亿元，支持各地实施"全面改薄"。设立农村寄宿制学校学生宿舍建设专项资金，累计投入 12.8 亿元。省级财政对每套教师公租房补助 7000 元，累计投入 5 亿元。

贵州各级政府发展教育的决心不仅体现在资金投入的数量上，更反映在教育资金保障机制的创新和探索方面。从 2013 年开始，贵州省每年压缩行政经费 5% 用于教育投入，举全省之力来加快解决教育发展的问题。2013 年贵州省本级财政节约 6000 万元，市（州）级节约 2 亿元，县级节约 7 亿元，总计 9.6 亿元，用于支持全省义务教育和职业教育。2015 年开始，党政机关行政经费压缩的比例提高到 6%，继续压减 6% 的行政经费用于支持教育，并强调各级教育经费继续向贫困地区、基础教育倾斜。穷省办教育的另一个经验是，调整资金使用方向，优化教育资源配置。具体的做法主要是，顺应城镇化和异地搬迁的形势，合理配置城乡教育资源。以农村义务教育学校布局调整为例，更加强调教育体系的科学规划、资源的整合与有效利用。除此之外，还积极鼓励、调动社会各界参与教育扶贫工程，引导各类企业、社会团体、非政府组织和有关国际组织开展各种捐资助学活动。

（二）把握政策契机，用足用好各项中央政策

党的十八大以来，在全面建成小康社会的目标指引下，扶贫开发工作被提升到治国理政的新高度，强调要广泛凝聚社会各界力量，推进实施精准扶贫方略。而贵州作为我国贫困人口最多、贫困面积最大、贫困程度最深的省份，又是扶贫攻坚的主战场。贵州脱贫攻坚的力度与成效直接影响着同步全面建成小康社会目标的实现，因此也可以说，新一轮的脱贫攻坚战役为贵州实现跨越式发展提供了重要的战略机遇。2011 年，时任贵州省委书记的栗战书在接受《农民日报》记者采访时说，"扶贫攻坚是贵州'第一民生工程'"。2016 年，时任贵州省长的孙志刚也强调，"举全省之力、集全省之智，决战脱贫攻坚、决胜同步小康"。在这样的背景下，全面领会和贯彻中央关于扶贫开发的总体精神，并将它落实为地方政策实践，就具有关键性的意义，核心是要用足用好中央的各项政策，把握扶贫开发的战略契机。

在省级层面，贵州强调以政策导向、资金分配等手段引导全社会投入脱贫攻坚战役当中。以连片特困地区的教育扶贫为例，省市县各级政府抢抓发展的机遇，一方面，建立教育经费保障的长效机制，如提高财政支出总额中教育经费所占比例、确保"三个增长"等；另一方面，积极向国家相关部门争取支持，加强对各项教育和扶贫经费的统筹，强调经费安排向三大集中连片特困地区倾斜。在学校基础设施提升方面，充分利用中央各项专项政策。2015 年，贵州省利用国土资源部门地质灾害治理政策，争取到中央补助资金 3.8 亿元，用于 238 所学校的地质灾害治理。

在县级层面也涌现了一大批把握政策契机、实现教育跨越式发展的案例，"威宁特岗教师"是其中的典型案例。"特岗计划"始于 2006 年，旨

在加强农民义务教育教师队伍建设，是一种教师补充的创新机制。截至2015年，贵州全省招聘特岗教师近8万人。威宁县作为贵州省首批纳入"特岗计划"的6个县之一，第一年就占用了国家级特岗33%的指标，到2014年累计招聘特岗教师10339人。通过"特岗计划"的实施，威宁县有效地改善了教师队伍学历结构、性别结构、专业结构和学科结构不合理等问题。并且，全县的义务教育基础也得到了全面巩固，全县初中学生由2005年的5.4万人增加到2014年的11.9万人。小学适龄儿童入学率由2005年的98.24%提高到2014年的99.2%，初中毛入学率由2005年的85.72%提高到2014年的98.62%，义务教育巩固率由2005年的65%提高到2014年的87%。对于威宁这样的贫困县，教育发展底子薄弱、历史欠账大，经济欠发达又使得地方政府缺乏进行教育投入的资源保障，因此很难依靠自身力量从根本上改变教育面貌。"特岗计划"促进威宁教育发生了质的改变，关键就在于用足用好中央的政策，把握发展的契机。

（三）创新扶贫机制，推动教育社会协同发展

贵州在教育发展上面临着补足欠账和实现赶超的双重任务，而资金成为一个关键的约束条件，各级政府为了保障教育自身的发展以及教育扶贫的各项任务，在资源保障方面进行了积极的探索。除了常规的政府财政投入机制以外，还注重动员各方面的资源、进行了多样化的制度和机制创新。前文谈到的压缩党政经费就是一个典型的案例，它不仅为教育发展注入了资金，更彰显了各级政府发展教育的决心。2014年发布的《关于以改革创新精神扎实推进扶贫开发工作的实施意见》，把机制创新摆在突出的位置，强调改革财政专项扶贫资金分配机制，并鼓励县级政府探索以奖代补、先建后补、民办公助、财政专项扶贫资金购买社会服务等办法，有序引导社会力量参与扶贫开发。政策的核心在于充分调动政府以及社会的各项资源。我们围绕清镇职教城的案例来讨论贵州各级政府在职业教育发展方面的机制创新。职业教育作为贵州教育"拔穷根"的核心机制，一直是教育扶贫的重点领域，但是仅仅依靠财政投入难以支撑职业教育的快速发展。清镇职教城的建设探索出了"学校筹资先建、财政贴息贷款、上级专

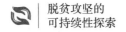
项奖补、老校置换还本"的模式，经过4年的建设，已有19所职业院校进驻，学校及配套设施建设完成投资127亿元，师生人数达到7万人，平均就业率更是高达95%以上。按照规划，到2017年，清镇职教城将实现"32115"目标，即人才培养覆盖现代农业、新型工业、现代服务业3大产业，入驻院校达到20所，为省内1000家大中型企业培养输送技术技能人才，在校学生达到15万人。它已经成为贵州特色现代职业教育体系的核心，对全省职业教育的发展起到了良好的带动和示范作用。

此外，贵州省在教育扶贫方面还广泛动员各种社会力量的参与，积极探索政府与社会的协作机制。具体举措包括：引导各类社会团体、企业和有关国际组织开展捐资助学活动，畅通社会捐资助学渠道。大量的公益助学或志愿服务项目，通过资源输入或者服务提供的方式促进了贫困地区的教育发展，比如"雨露计划·圆梦行动""春晖助学计划""金秋助学行动""春蕾计划""蒲公英计划""国酒茅台·国之栋梁""习酒·我的大学""研究生支教团"等。以"田字格"助学项目为例，自2010年成立以来，通过"一对一资助""接力支教""田字格小学建设"等方式，致力于贵州乡村教育的发展与改善。2017年，"田字格"与正安县教育局合作，启动了"田字格兴隆实验小学"项目，旨在为山区儿童的教育寻找一个新模式。由于传统的支教模式只能作为农村教育资源的一种补充，不足以从根本上改变教育的面貌。"田字格"进行了直接办学的尝试，在教材设计、学校管理及校园建设等方面推动创新，并强调"教师培训"和"可复制性"，通过实践来检验和改进教学方法，直至摸索出一套行之有效的新教育之路。贵州省政府为各类社会力量的参与提供了政策空间，支持了多元化的教育发展路径尝试，激发了社会活力。

四 政策讨论与建议

总的来看，推行脱贫攻坚战略以来，贵州省在教育扶贫方面取得了令人瞩目的成绩，不仅推动了各级教育的跨越式发展，并且教育发展还带动了经济社会层面的快速发展。但是，必须认识到，贵州省教育扶贫存在着过于急进的问题，可能会对脱贫攻坚的可持续发展产生负面影响。毕竟，脱贫攻坚与 2020 年全面建成小康社会并不是终极的目标，而是通往新发展阶段的起点。在 2020 年打赢脱贫攻坚战之后，如何避免返贫、如何为持续发展注入新的动力都是值得关注的问题。

（一）教育扶贫中的可持续发展问题与困境

如前所述，教育扶贫的可持续发展不仅限于教育体系自身的有序发展，还涉及政策体系可持续性，能够在提升主体能力、促进社会团结、维护社会公正等方面发挥作用。分别围绕这三个方面，对当前教育扶贫政策实践的可持续性问题进行考察。

第一，政府在短时间内集中力量发展教育，试图实现"跨越式"发展，但是未能从制度和机制的层面保障政策的可持续性。当前贵州正处于扶贫攻坚的决战期，面对时间紧、任务重的困境，贵州各级政府展示了强大的动员能力，比如通过政府间关系的调整、强化激励和考核，还注重动员市场、社会等多主体的参与，教育扶贫所取得的成效与这些经验密不可分。但是，运动式的发展往往面临着政策可持续性的困境，如果只关注政策的短期效应，不考虑长时段的政策延续性，则有可能导致 2020 年后返贫问题。以 C 县的"特岗计划"为例，其成功的经验在于把握了政策契机，因而在很短的时间内补充了大量的教师资源。但是在三年服务期满接转之后，新招聘的特岗教师工资由县财政负担，使得地方财政不堪重负，2015 年仅解决教师工资支出就达 6.6 亿元。短时间内大幅增加的财政负担，严重地影响了地方教育可持续发展的前景，或者引发其他领域的资金短缺。必须重视制度和机制层面的可持续问题，将扶贫攻坚过程中涌现的一些创新性做法吸纳到常规体制中，通过常规化、制度化的过程来确保成果的可持续性。

第二，在主体能力建设方面，尤其是贫困群体覆盖和职业技能培训方面存在短板。教育扶贫的核心任务就在于，通过教育来提升贫困群体的能力，具体的手段包括延长公民的受教育年限、强化职业和技能培训等。值得肯定的是，从各级教育改善、学生资助、职业技能培训等方面，贵州省政府搭建了服务于精准扶贫户的教育扶贫体系，但是政策对贫困边缘户的关注不足，容易出现政策的"悬崖效应"。另一个问题则是，职业技能培训方面的有效供给不足。政府投入了大量的资源去开展各项培训，贫困群体却缺乏参与的积极性、培训效果不佳。根源在于，职业技能培训的供给与需求不匹配。相关政策的执行过程中，应该充分考虑到贫困群体的基本素质、能力和需求，并在培训组织和动员方面对其进行调整。此外，教育扶贫过于偏重技能和经济的维度，对文化和科技领域的重视不足。

第三，在促进社会团结、维护社会公正方面，还有很大的政策改进空间。无论是正规的学校教育体系还是职业技能培训方面，教育扶贫的直接受益对象都是个体，即通过个体的能力提升来实现脱贫的目标。教育扶贫政策帮助社会中最贫困的群体改善境遇，从总体的社会结构角度来看，有助于促进社会的平等化，进而对社会团结具有积极作用。但是，贵州当前的教育发展仍然面临着结构性的不平等，尤其反映在城乡教育差距以及过度城镇化的农村教育发展导向，由此带来的结果是社会分化的加剧。以农村学校布局调整政策为例，大规模的乡村学校撤并在客观上弱化了农村教育，现实的城乡教育差距加剧了农村生源的流失，并使得农村教育陷入恶性循环。并且，幼儿园、小学资源集中于县城和乡镇，也进一步加剧了农村社会的空洞化，从而制约了农村社会发展的内在活力。

（二）基于可持续发展视角的政策建议

1. 调整教育资源配置方式，实现教育的城乡均衡发展

教育本身就是一种重要的可持续发展机制，它有助于打破贫困的代际传递，阻断社会不平等的再生产。但是，要使其真正成为一种平等化机制，就必须强化教育本身的公平性，从而为来自社会各阶层的孩子提供一个公平的起点。因此，这就意味着贵州的教育发展必须将连片特困地区尤其是农村教育放在优先的位置，向资金保障、师资配置等各方面进行倾斜。但是，在当前的教育扶贫实践中存在一个误区：将资源投入等同于教育发展。教育发展包含软件和硬件两个维度，缺一不可，投入导向的政策对于改善硬件具有显著效果，却未必能够快速带来软件的提升。但是，师

资、学校管理等方面才是决定教育质量的关键。如果只着眼于硬件建设，则会导致教育发展流于表面，甚至遮蔽了实质性的城乡教育差距问题。应该承认，在城镇化以及异地搬迁的背景下，学校布局与教育发展规划需要做出相应的调整，要使教育发展适应于总体的社会进程，但核心在于"度"的把握，即如何平衡城镇与乡村关系的问题。同时也必须认识到，公平是教育发展的核心价值，它不只针对教育质量而言，教育服务的可及性也同样是一个重要的评价指标。围绕可持续发展的目标，教育发展必须统筹考虑城乡关系，过度追求教育的城镇化或者超前发展，有可能损害当下农村儿童的利益，也可能因此窒息乡村发展的活力。

2. 改善农村教育生态，推动教育与社会的协同发展

如前所述，教育体系自身的进步和发展是教育扶贫的一个基础性目标，从大扶贫战略的角度来看，教育是实现社会发展的手段和途径。正如教育扶贫的贵州经验所展示的那样，促进教育与社会之间的良性互动和协同发展是成功的关键。以连片特困地区为例，经济社会的欠发达状态与教育发展滞后之间往往是互为因果，一方面，经济落后使得发展教育面临着更加严峻的资源约束；另一方面，教育的滞后又限制了地方经济社会发展的潜力。贵州通过树立"扶贫先扶智"，有效地打破了发展的困局。但是，单纯的资源投入并不必然带来农村教育的发展。在人口流动背景下，留守儿童等议题为学校教育带来挑战，很多地方村级小学条件改善与学生流失是一个同步发生的进程，类似的状况说明教育问题的部分解决方案在教育之外。因此，在进行教育改善的同时，更应该拓宽政策视野，去发现教育和社会之间的广泛联系，为促进教育和社会发展寻找多元的解决方案。另外，教育扶贫应该重视发掘贵州的比较优势，探索一条符合社会实际、具有地方性特征的发展道路。在大力倡导生态文明的今天，贵州的青山绿水就是最大的比较优势，因此教育扶贫实际上面临着双重任务，既要帮助一部分农村劳动力向外转移，也需要思考如何强化农村教育的根基，从而留住乡愁、促进农村社会自身的可持续发展。

3. 尊重教育发展的客观规律，避免过度的行政干预

教育扶贫是以学校教育体系的健康平稳发展为基础的，脱离这一前提，教育助力大扶贫战略会成为空中楼阁。必须对教育扶贫实践中过度的行政干预保持警惕，尽量减少对基层日常教育秩序的影响。以课题组调研的某乡镇学校为例，普通教师除了日常的教学任务之外，每人还要结对帮扶三个贫困户，承担教育扶贫相关的政策宣传工作，甚至临时性地被抽调到乡镇或者村里去协助填写资料表册之类的工作。另外，基层政府也往往把留守儿童包保、职中入学动员等各类任务按人头分配给教师。过于繁杂的行政性事务以及责任，容易导致基层教师的倦怠，伤害他们的工作积极性，并对教学质量产生负面影响。因此，无论是政策设计还是执行环节，都应该尊重教育发展的基本规律，过度动员只会产生适得其反的效果。应该尊重教师的主体性与能动性，强化正向激励，提升他们在教学实践中的获得感与意义感。

第三章

生态脱贫与可持续发展

一　生态扶贫：贵州脱贫攻坚与可持续发展的关键词

生态环境的脆弱性一直是贫困生成的重要机理，生态问题总是与贫困问题相伴而生。我国的贫困问题具有较强的地域性的特点。我国十四个集中特困地区包括六盘山区、秦巴山区、乌蒙片区、滇贵黔石漠化区、滇西边境山区、大兴安岭南麓山区、燕山—太行山区、吕梁山区、大别山区、罗霄山区、西藏、四省藏区、新疆南疆三地州。这些地区都是生态脆弱性高的地区，由于自然条件恶劣、自然灾害频仍、地处偏远、信息闭塞等原因，乡村贫困的发生率高且同质性强，农民群体中具有普遍的生计脆弱性，一次灾害、一场疾病或一次农产品市场的价格波动都可能使一些本已越过贫困线的家庭再次返贫。

贵州省位于我国西部云贵高原东部，地处长江、珠江上游分水岭地带，贵州作为长江、珠江上游重要生态安全屏障的战略定位，生态区位十分重要；同时，作为全国石漠化面积最大、类型最多、程度最深、危害最重的省份，生态环境十分脆弱。贵州位于世界三大喀斯特区域之一的中国西南岩溶地区中心腹地，山地、丘陵和喀斯特面积比重大。喀斯特地区土层薄、肥力低、水土易流失、耕地匮乏、环境容量小，它同沙漠边缘地区一样，被环境学家称为脆弱环境，对环境因素改变反应灵敏，维持生态自身的稳定性差，生物组成和生产力波动性较大，自然环境易于向不利于人类利用方向演替。贵州省作为我国贫困人口数最多、贫困面积最大、贫困程度最高的省份之一，总体原因可归结为贵州省的区域自然和地理环境较为恶劣、民族地区发展程度不同、农业基础条件薄弱、农村公共基础服务滞后、扶贫投入水平与实际需求量差距较大等。

良好的生态环境是最具有普惠性的公共产品和民生福祉。西部生态脆弱地区是脱贫攻坚的主战场，生态扶贫与生态脱贫也是西部各地精准扶贫的重要举措。中央政府和地方政府在生态建设、生态补偿等领域的公共投入重点向深度贫困地区的建档立卡贫困人口倾斜。退耕还林扶贫、生态效益补偿扶贫、生态护林员、生态移民、生态产业发展等工程的实施有效地促进了贫困人口增收。

精准扶贫战略之下，脱贫攻坚与可持续发展是一体两面的。所谓"可持续发展"，即"既满足当代人的需求，又不对后代人满足其自身需求的能力构成危害的发展"。可持续发展就是协调人与自然之间的关系和人与人之间的关系，以体现公平性原则、可持续性原则，协调性原则，最终达到自然的可持续发展，经济的可持续发展和社会的可持续发展（肖显静，2006）。党的十八大以来，我国的生态文明建设取得了巨大的成效。首先，以绿色发展为核心的新发展理念成为全党全国的自觉共识。发展是解决我国一切问题的基础和关键，发展必须是科学发展，必须坚定不移贯彻创新、协调、绿色、开放、共享的发展理念。习近平总书记提出的"绿水青山就是金山银山"的"两山理论"成为可持续发展观的基本原则。党的十九大报告进一步明确了"坚持人与自然和谐共生。建设生态文明是中华民族永续发展的千年大计"。其次，人与自然是生命共同体，人类必须尊重自然、顺应自然、保护自然。人类只有遵循自然规律才能有效防止在开发利用自然上走弯路，人类对大自然的伤害最终会伤及人类自身，这是无法抗拒的规律。我们要建设的现代化是人与自然和谐共生的现代化，既要创造更多物质财富和精神财富以满足人民日益增长的美好生活需要，也要提供更多优质生态产品以满足人民日益增长的优美生态环境需要。必须坚持节约优先、保护优先、自然恢复为主的方针，形成节约资源和保护环境的空间格局、产业结构、生产方式、生活方式，还自然以宁静、和谐、美丽。

生态扶贫与生态脱贫包含了两大核心思想：第一，在贫困地区必须实施可持续型、环境友好型扶贫开发项目。扶贫开发项目在地方的落地与发展，必须和当地的生态环境和自然禀赋相契合；同时必须是不能对当地的自然环境造成损害。第二，生态扶贫与生态脱贫将生态环境看成一种能够得到有效利用的扶贫资源加以开发，从而实现当地经济的发展，人民生活水平提高和保护生态环境的高度统一。综合来看，生态扶贫与生态脱贫本身就是贵州探索和践行可持续发展战略的切入点和重要抓手，是在发展中求保护，在保护中求发展，是环境与发展及和谐与平衡，是人与自然充分、良性、平衡互动下的制度创新、产业创新和文化创新。贵州正在突破传统思维和传统发展模式，努力做到"宜居、宜游、宜业"，走一条"山水美百姓富"的新发展路径。如何把生态优势变成可持续发展优势，让贫困地区的绿水青山成为助推百姓致富的金山银山，是贵州脱贫攻坚与可持续发展面临的基本问题。

2018 年 1 月，为切实发挥生态扶贫的重要作用，贵州省制定了《贵州省生态扶贫实施方案（2017~2020 年)》，大力实施大生态战略行动，坚持生态优先，绿色发展，坚持绿水青山就是金山银山；与建设国家生态文明试验区紧密结合，实施生态扶贫十大工程，即实施退耕还林扶贫工程，实施生态效益补偿扶贫工程，实施生态护林员精准扶贫工程，实施重点生态区位人工商品林赎买改革试点工程，实施自然保护区生态移民工程，实施以工代赈资产收益扶贫试点工程，实施农村小水电建设扶贫工程，实施光伏发电项目扶贫工程，实施森林资源利用扶贫工程，实施碳汇交易试点扶贫工程。

生态扶贫与生态脱贫作为贵州脱贫攻坚与可持续发展战略的第一关键词，在具体的政策实践上贵州从以下三个方面入手建构了新时代生态文明建设的基本框架。第一，制度建设层面，通过生态文明建设试验区的政策探索，建构绿色政府、完善自然资源的可持续利用体制，为生态文明提供制度保障。第二，生态扶贫与生态脱贫的核心在于生态产业的发展。生态产业化，产业生态化是生态脆弱地区脱贫攻坚的必由之路。第三，生态脱贫还是一个文化创新的过程，是挖掘当地民族文化与传统生态知识，激活自然资源的社区治理传统，以及进行一系列文化再创造的过程。

二 生态扶贫的制度创新：贵州生态文明建设试验区

2017 年 10 月，为贯彻落实党中央、国务院关于生态文明建设和生态文明体制改革的总体部署，推动贵州省开展生态文明体制改革综合试验，建设国家生态文明试验区，中共中央办公厅、国务院办公厅印发《关于设立统一规范的国家生态文明试验区的意见》。习近平总书记强调，贵州要守住发展和生态两条底线，正确处理发展和生态环境保护的关系，在生态文明建设体制机制改革方面先行先试，把提出的行动计划扎扎实实落实到行动上，实现发展和生态环境保护协同推进。李克强总理指出，从贵州实际出发，走出一条新型工业化、山区新型城镇化和农业现代化的路子，在发展中升级，在升级中发展，实现产业崛起和生态环境改善的共赢。在贵州建设国家生态文明试验区，有利于发挥贵州的生态环境优势和生态文明体制机制创新成果优势，探索一批可复制可推广的生态文明重大制度成果；有利于推进供给侧结构性改革，培育发展绿色经济，形成体现生态环境价值、增加生态产品绿色产品供给的制度体系；有利于解决关系人民群众切身利益的突出资源环境问题，让人民群众共建绿色家园、共享绿色福祉，对于守住发展和生态两条底线，走生态优先、绿色发展之路，实现绿水青山和金山银山有机统一具有重大意义。

结合生态扶贫与生态脱贫，贵州生态文明建设试验区形成了复合型、多维度、重实效的制度支撑系统。

（一）建构绿色政府，建立绿色评价考核体系

地方政府作为可持续发展战略的主要推动者建立绿色评价考核制度，加强生态文明统计能力建设，加快推进能源、矿产资源、水资源、大气、森林、草地、湿地等统计监测核算。2017年起，贵州省每年发布各市（州）绿色发展指数，开展生态文明建设目标评价考核，考核结果作为党政领导班子和领导干部综合评价、干部奖惩任免以及相关专项资金分配的重要依据。研究制定森林生态系统服务功能价值核算试点办法，探索建立森林资源价值核算指标体系。在六盘水市、赤水市、荔波县开展自然资源资产负债表编制试点，探索构建水资源、土地、林木等资源资产负债核算方法。2018年编制全省自然资源资产负债表。2018年建立经常性审计制度，全面开展领导干部自然资源资产离任审计。加强审计结果应用，将自

然资源资产离任审计结果作为领导干部考核的重要依据。完善环境保护督察制度。强化环保督政，建立定期与不定期相结合的环境保护督察机制，2017 年起每 2 年对全省 9 个市（州）、贵安新区、省直管县当地政府及环保责任部门开展环境保护督察，对存在突出环境问题的地区，不定期开展专项督察，实现通报、约谈常态化。完善生态文明建设责任追究制，实行党委和政府领导班子成员生态文明建设一岗双责制。建立领导干部任期生态文明建设责任制，按照谁决策、谁负责和谁监管、谁负责的原则，落实责任主体，以自然资源资产离任审计结果和生态环境损害情况为依据，明确对地方党委和政府领导班子主要负责人、有关领导人员、部门负责人的追责情形和认定程序。对领导干部离任后出现重大生态环境损害并认定其需要承担责任的，实行终身追责。

（二）打造生态保护与扶贫脱贫的制度链接

第一，对住在生存条件恶劣、生态环境脆弱、自然灾害频发等地区的农村贫困人口，利用城乡建设用地增减挂钩政策支持易地扶贫搬迁，建立健全易地扶贫搬迁后续保障机制。对迁出区进行生态修复，实现保护生态和稳定脱贫双赢；通过统筹就业、就学、就医，衔接低保、医保、养老，建设经营性公司、小型农场、公共服务站，探索集体经营、社区管理、群众动员组织的机制，确保贫困群众搬得出、稳得住、能致富。

第二，贵州自主探索通过赎买以及与其他资产进行置换等方式，将国家级和省级自然保护区、国家森林公园等重点生态区位内禁止采伐的非国有商品林调整为公益林，将零星分散且林地生产力较高的地方公益林调整为商品林，促进重点生态区位集中连片生态公益林质量提高、森林生态服务功能增强和林农收入稳步增长，实现社会得绿、林农得利。2018 年在国家级和省级自然保护区、毕节市公益林区内开展试点。以盘活林木、林地资源为核心，推进森林资源有序流转，推广经济林木所有权、林地经营权新型林权抵押贷款改革，拓宽贫困人口增收渠道。

第三，建立政府购买护林服务机制，引导建档立卡贫困人口参与提供护林服务，扩大森林资源管护体系对贫困人口的覆盖面，拓宽贫困人口就

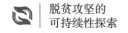
业和增收渠道。制定出台支持贫困山区发展光伏产业的政策措施，促进贫困农民增收致富。开展生物多样性保护与减贫试点工作，探索生物多样性保护与减贫协同推进模式。

第四，推进开展贫困地区水电矿产资源开发资产收益扶贫改革试点，探索建立集体股权参与项目分红的资产收益扶贫长效机制。深入推广资源变资产、资金变股金、农民变股东"三变"改革经验，将符合条件的农村土地资源、集体所有森林资源、旅游文化资源通过存量折股、增量配股、土地使用权入股等多种方式，转变为企业、合作社或其他经济组织的股权，推动农村资产股份化、土地使用权股权化，盘活农村资源资产资金，让农民长期分享股权收益。

第五，实施农村人居环境改善行动计划，整村整寨推进农村环境综合整治。探索建立县城周边农村生活垃圾村收镇运县处理、乡镇周边村收镇运片区处理、边远乡村就近就地处理的模式。通过城镇污水处理设施和服务向农村延伸、建设农村污水集中处理设施和分散处理设施，实现行政村生活污水处理设施全覆盖。2017年制订贵州省培育发展农业面源污染治理、农村污水垃圾处理市场主体方案，探索多元化农村污水、垃圾处理等环境基础设施建设与运营机制，推动农村环境污染第三方治理。建立农村环境设施建管运协调机制，确保设施正常运营。逐步建立政府引导、村集体补贴相结合的环境公用设施管护经费分担机制。强化县乡两级政府的环境保护职责，加强环境监管能力建设。建立非物质文化遗产传承机制和历史文化遗产保护机制，加强传统村落和传统民居保护。

（三）建立示范带动的实践机制：从"毕节试验区"到"贵安新区"

1988年，以"开发扶贫、生态建设、人口控制"为主题的贵州毕节试验区建立，目的就是破解"经济贫困、生态恶化、人口膨胀"的艰难困境。毕节试验区一开始就不是以单纯的经济增长为目标，而是将经济效益、生态效益、社会效益结合起来作为一个整体目标展开的综合性社会发展试验。这种试验的指向，是将生态建设与开发扶贫共同推进，使生存与生态从"对抗"走向"共赢"。近 30 年来,毕节试验区开发扶贫成绩显著,生态建设大步跨越,人口、资源、环境与经济社会和谐发展。毕节试验区科学发展新思路,为西部贫困地区实现跨越式发展指明了正确的前进方向,也为当代中国的科学发展提供了生动的实践写照。

时至今日,贵安新区成为唯一承担生态文明示范区战略使命的国家级新区。2013 年 1 月 31 日,在贵安新区规划建设领导小组会议上,陈敏尔省长指出:贵安新区"贵"在哪里?"贵"在生态环境、"贵"在人文条件、"贵"在后发优势;贵安新区"安"在哪里?"安"在人民安居乐业、生态环境安全、社会和谐安定;贵安新区"新"在哪里?要在生态文明建设、文化旅游业发展、体制政策、城市风貌上求特色。2014 年,国家在贵州省中部 1795 平方公里土地上批准设立贵安新区,以期在这里探索一条发展内陆开放型经济,建设生态文明社会的新路。

贵安新区的 14 条河流、131 个湖泊、515 个水塘、219 个地下泉眼、535 个山头全部纳入了综合治理保护,让城市水系串成"珍珠项链",所谓"一城山水全城景,十河百湖串珍珠"。同时,贵安新区投入 47 亿元建设"海绵城市";建设 5 座高标准处理排放的污水处理厂;推进清洁能源,率先在全省实现村村通天然气;新能源公交车比重超过 50%……环保建设"组合拳"推进了生态文明建设。截至目前,新区共完成植树造林近 5 万亩,绿化率提高了 7 个百分点。不仅如此,贵安新区还在产业选择上坚持"环保为先",从空间管控、行业准入、环境容量等方面提出行业准入要求,近几年拒绝了计划总投资超过 20 亿元的不符合环保要求的项目。严格的"环保门槛",不仅没有吓退投资者,反而成为高品质新区的金字招牌。苹果、高通、华为、腾讯、阿里巴巴、百度……知名企业纷至沓来。贵安新区入驻世界 500 强企业 20 家、中国 500 强企业 14 家、民营 500 强企业 4 家。绿水青山就是金山银山。在生态环境质量持续向好的同时,生态文明建设红利不断释放。

(四)政府主导的生态建设和生态修复面临的问题

我国大部分地区的生态建设与生态修复主要来自中央政府以及地方政

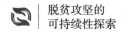
府申请的转移支付和项目投资，贵州也不例外。政府作为生态建设的单一
投资主体存在以下弊端。

第一，生态建设与生态修复的资金以"项目制"形式运作，各部门条
线通常从自己的职责范围和部门利益出发，难以形成统筹协调的顶层设计
和整体性规划，对生态系统的整体性缺乏完整系统的考虑。各部门的资金
运作和补偿范围也存在信息壁垒、导致补偿资金交互重叠的现象。政府投
入的生态建设和生态修复标准普遍偏低，无法满足实际的生态修复需求。
政府包办生态建设的方式，不利于生态脆弱地区贫困群体主体性的发挥，
不利于贫困群众转变生产生活方式，探索环境友好的绿色生计模式，无法
解决在保护中求发展，在发展中求保护的问题。

第二，生态补偿体制不健全，生态服务提供者与受益者之间缺乏有效
的利益链接机制。生态补偿是根据生态系统服务的价值、生态保护成本、
发展机会成本，综合运用行政和市场手段，实现生态服务受益者付费、保
护者得到合理补偿。我国的生态补偿在各地区的实践采取以资金补偿为
主，政策补偿和实物补偿为辅的补偿方法。生态补偿也通常与生态建设工
程嵌套在一起，生态建设工程结束后，生态补偿资金也就停止了。政府几
乎包干了所有的生态补偿支出。也就是说，政府承担了为生态服务付费的
责任，生态服务的实际受益者与保护者之间完全脱节，不能解决生态保护
的可持续性问题。区域之间的生态补偿缺乏规范性的制度设计，跨区域跨
省的补偿方式难以形成有效方案。"受益者付费，保护者补偿"的责权一
致的市场化生态补偿机制尚未形成。

第三，易地扶贫搬迁迁出区可持续土地利用和生态减贫缺乏可持续激
励机制。精准扶贫以来，易地扶贫搬迁政策显出良好的生态效益、社会效
益和经济效益。易地扶贫搬迁的迁出区通常是生态区位重要、自然条件恶
劣的区域，农村移民的迁出缓解了人口与资源、环境的矛盾，促进了迁出
区域的生态恢复、保护和建设，提高了生态系统的稳定性，有利于遏制迁
出区生态恶化的趋势。因此，易地扶贫搬迁也被称为"生态移民"。移民
搬迁后，原有的宅基地进行复垦，而原有的承包耕地和山林地，通过土地
流转推进规模化经营，发展经果林、特色农产品种植、特色畜禽水产养殖

等项目。通过盘活"三块地",使搬迁户按照对"三块地"的应有权属关系分享收益,获得稳定收入来源。但是,在实践中,易地扶贫搬迁迁出区的土地利用和土地收益存在以下问题:第一,搬迁户绝大多数搬迁到了城镇集中居住,远离原有承包地,在土地流转之后他们通常对原有承包地的利用缺乏参与和监督。土地流转收益相对有限,生态移民的减贫效益并没有充分发挥出来。第二,生态迁出区的土地规模化经营通常依托龙头企业等新型农业经营主体,基于土地权属的租赁性质,难以保障其在土地经营中一定采取环境友好的土地利用方式。特别是在贵州喀斯特地貌区等具有特殊性的生态环境下,土地的规模经营面临着较大困境,难以实现预期的经济效益,扶贫效果的可持续性堪忧。第三,政府面临着移民迁出区承包地和山林地的可持续经营巨大的环境监管压力,往往因为地域广大、山高沟深而难以保障有效监管。第四,移民迁出区的宅基地复垦虽然可以在指标上实现"土地增减挂钩",但由于许多土石山区的房屋缺乏复垦条件,拆除房屋成本高昂,且易发生次生灾害和建筑垃圾二次污染,其生态效益和社会效益都偏低。

三 生态产业:绿色扶贫与绿色发展

(一) 生态农业

生态环境退化与经济贫困恶化是许多国家贫困地区面临的两大困局,也是联合国 2030 年全球可持续发展议程极为关注的重要内容。将对这二者的治理结合起来,以生态产业扶贫带动精准扶贫,成为贵州减贫脱贫的"新常态"。事实上,作为典型的山区省份,贵州耕地破碎,自然灾害频发,生态环境脆弱,但同时,这里也具有立体气候明显、生物资源多样、生态环境良好的优势。提出了"后发赶超""弯道超车"的贵州毫不犹豫地拥抱了生态友好型、环境友好型产业。2015 年,"大力发展以绿色有机无公害为标准的现代山地高效农业"写进了贵州省政府工作报告。2015年 5 月,《中共中央国务院关于加快推进生态文明建设的意见》出台,2

个月后，贵州省委、省政府制定了相关的实施意见，其中明确了要实施经济绿色转型工程，构建生态友好型、环境友好型的产业体系。从源头上保护生态环境，最根本的是要加快经济转型发展步伐。要充分发挥资源和生态优势，因地制宜选择好发展产业，推动生产方式绿色化和产业结构优化升级，显著提高经济绿色化程度，实现经济发展和生态环境保护双赢。

按照国家主席习近平"生态就是资源，生态就是生产力"的指示，贵州发展既要补贫困的"短板"，又要做好"大数据、大旅游、大生态"的"长板"。推进生态产业化、产业生态化，让绿色发展创造红利、生态资源产生效益，是当前贵州发展中急需提交答卷的重要课题。贵州已经有充分利用山地资源的各级农业示范园区769个，这些园区与现代加工业、物流业、生态观光业有机结合，培育引进了一批龙头企业，大力发展农产品精深加工，实现农产品加工业总产值增长20%以上。贵州省的"三变"新模式，即"资源变股权、资金变股金、农民变股民"的发展新模式，有力地推动了山地特色高效农业的发展，助力贫困户稳定脱贫。

在因红军"四渡赤水"经典战役而闻名的赤水市，82%的森林覆盖率让越来越多贫困群众分享了"生态红利"，走出贫困境遇。曾经边远贫困的村寨，通过发展"山顶种楠竹、山腰种猕猴桃、山下养鱼"的立体生态农业，变成了远近闻名的小康村。以前这些偏远村庄穷在没有致富产业，近年来村里通路后，村民售卖竹原料，种植核桃、猕猴桃等经果林，收入大幅增加。

在贵州西北乌蒙山腹地的赫章县双坪乡福来厂村，"土地整治＋产业发展"的理念推动当地将被"土法炼锌"污染的205亩工矿废弃地进行系统整治，并种上华农菌草，是一场生动的生态治理助力扶贫的绿色实践。在沿河土家族自治县的谯家镇，煤炭资源曾位居铜仁市前列，因煤而兴曾是谯家镇人的骄傲，但也给当地的生态带来了问题，随着生态文明建设的深入，当地绝大部分煤矿政策性关停。生态修复、生态治理和产业发展同步进行。煤老板把自己的闲置土地重新利用，种高粱、种玉米，开办起烤酒厂；当地贫困群众也开始发展茶叶、烤烟、核桃、畜牧等绿色产业；实现了从"地下"走向"地上"，从"黑色"走向"绿色"。

提高农业附加值和就业吸纳能力是贵州绿色农业发展的两大目标。随着居民收入水平和食品安全意识的提高，安全优质农产品的消费力量正在日益壮大，如社区支持农业的快速发展，有机食品的兴起等。贵州具备发展绿色农业的天然生态优势，2017 年的"中央一号"文件强调农业供给侧改革，提出在精准扶贫中"激发贫困人口脱贫致富积极性主动性，建立健全稳定脱贫长效机制"农业供给侧结构性改革是贵州实现包容性绿色发展的重要突破口，应进一步调整产业结构，发展特色鲜明的山地特色绿色高效产业。首先，优化农产品品种，以标准化发展为主要思路，统一农产品品种"规格"成熟度，实现标准化生产。其次，打造体现贵州生态价值的农产品品牌，通过品牌化提高产品的附加值，实现可持续的价值创造。再次，当前贵州进入"高铁时代"，县县通高速等交通条件的改善使得交通不便的贫困地区的天然优质农产品能够有机会分享高端生鲜市场的红利。高效的生鲜农产品冷链运输建设和农村电子商务的发展是重要出路。最后，贵州生态系统具有较高的文化价值，推进农业一二三产业融合，大力发展附加值高、就业吸纳能力强的农业园区、观光农业、生态农业等，可有效矫正农业产业偏离度高的问题。

（二）生态旅游

旅游扶贫是贵州脱贫攻坚的突出亮点。以良好生态资源为基础，融体育、旅游、文化、健康等为一体的综合活动，已成为贵州脱贫攻坚的重要载体。

贵州是世界岩溶地貌发育最典型的地区之一，特殊的地理环境造就了贵州省广泛分布的地貌奇观。喀斯特地形地貌和亚热带季风气候，使贵州山地旅游资源类型多样、景观丰富，而且人文历史文化悠久深厚，形成极具特色的山地文化旅游资源。尤其近年来，贵州生态环境保护与建设取得显著成效。2015 年，全省森林覆盖率已达 50%。9 个市州中，有 5 个市州的森林覆盖率已经超过了 50%，最高的黔东南州达 65.03%，黔西南州为 52.66%。随着生态环境条件的不断改善，各地努力将良好的生态资源优势转化为独特的生态产品，农旅结合、茶旅融合的生态旅游产业、生态农产品及深加工、生态大健康产业等方兴未艾，并成为贵州加紧脱贫攻坚、实现同步小康的重要抓手。发展山地旅游，帮助贫困群众脱贫致富，符合生态优先、绿色发展的理念，是精准扶贫的有效途径。预计到 2020 年，贵州将通过发展旅游，为农村贫困家庭劳动力提供 50 万个就业岗位，带动 100 万贫困人口脱贫。

　　以黔西南州的望谟县为例。由于历史原因、交通原因等，望谟的旅游基本上一片空白。2017 年，望谟县委、县政府制定了"十三五"旅游规划，打造"五个望谟"，即绿色望谟、温暖望谟、锦绣望谟、多彩望谟、港口望谟。"五个望谟"不仅是望谟县的发展目标也是旅游文化工作以及旅游文化扶贫的总目标和框架。第一个是"绿色望谟"，望谟从地理上是在云贵高原向两广丘陵过渡的一个斜坡上，有三千多平方公里土地，海拔最高的和海拔最低的地方落差超过 1500 米。这在贵州省和全国来说都是比较罕见的。正是因为这样，每一个乡镇、村寨的"绿色"就是望谟最大的资源。第二个是"温暖望谟"，因为望谟很热，在文化旅游方面不与全省的旅游市场去抢，贵阳、六盘水、毕节、兴义等都是打造的凉爽夏季旅游，但是冬天可以到望谟来，不用去海南岛，山好水好民间风情浓厚的地方就叫温暖望谟。第三个是"锦绣望谟"，这部分主要打造丰富多彩的民族文化、民族风情。望谟是中国布依族的语言标准音的示范基地。作为布依族聚集的一个县，布依族文化保留得非常好，从民族语言、民族服饰、习俗等角度，望谟都是保存得最好、面积最大的地方，在望谟的大街小巷包括领导都在说布依语，民族风情保留得非常好。第四个是"多彩望谟"，就是自然景观，望谟的峡谷、溶洞、天坑、瀑布等自然景观多样而丰富。只是旅游市场没有成型的话没有条件去开发。但是并不意味着望谟没有好风光。最后一个是"港口望谟"，望谟的定位是以浙江为中心点，把水路经济发展起来，这块发展起来不仅仅是对于旅游发展方面有帮助，还对望谟的经济、扶贫等方面都有巨大帮助，沿江的水果种植都可以成为景区的一部分。通过自然景观、文化景观、农业景观的生态融合，望谟的生态旅游实现了旅游经济发展与生态保护和脱贫攻坚的"三赢"。

四　生态扶贫与文化创新：可持续发展的内生动力

生态扶贫与生态脱贫并不是一个简单的生态建设的过程，更涉及地方社区到社会建设与文化再创造。生态多样性的保持与文化多样性的存续是密切相关的。在外源性的输入构成反贫困干预的核心机制时，无论是脱贫攻坚的可持续性问题，还是可持续发展战略本身，贫困地区、贫困乡村以及贫困者自身的主体性的发挥都是成败的关键。可持续发展一定是内生型发展。如鹤见和子所说，内生型发展是"适应于不同地域的生态体系，根植于文化遗产，按照历史的条件，参照外来的知识、技术、制度等，进行自律性的创造"。内发型发展在此主要强调发展过程中的自主性、协调性以及可持续性，其要点可以概括为：小地区范围、当地人群的主体性、当地人群基于传统开拓出发展的途径、发展与自然环境的协调、必要的外部资源以及政策支持（鹤见和子，1989）。

（一）本土生态知识与农业文化遗产

可持续发展首先应该摒弃的是"发展主义"意识形态中的进化论的逻辑所制造的文化贬抑。承认和尊重多样的本土文化的价值是探索有利于可持续发展的本土生态知识体系的前提。面对人类生存环境中不断增长的不确定性，只有文化多样性和文化的多元发展才是人类最好的保障。其次，文化的生命力与"共同体"的生命力相辅相成。在西方工业资本主义带动的全球链条已经肢解了无数传统社区的社会文化结构。探索能够为维护地方性社区共同体的自主性提供更多保障的制度体系或许是可持续发展研究中一个不可回避的核心问题。

少数民族文化相当接近于"生态文明"，这种文化事实上与当地的生态环境相安无事地共生了数百上千年。这样成就的背后，必然有相当深刻的认识和成熟的技术体系。而贵州从江侗乡稻鱼鸭系统无疑就是其中一个成功的范例。由于这一农业文明体系的自治系统和内在的平衡机制维护了农业的可持续发展，具有现代农业不可比拟的优点，早在2002年就受到许多中外专家的关注。2011～2013 年，从江侗乡稻鱼鸭系统先后入选全球重要农业文化遗产（GIAHS）保护试点和第一批中国重要农业文化遗产。从江侗家人每年沿袭稻鱼鸭农耕 6 万余亩。

农业可持续发展体系需要基于"文化互译"的技术创新体系。一方面，地方社群在长期历史中积累的传统生态智慧在技术创新的驱动下可以焕发新的活力。另一方面，政府的基础设施投入和专业技术部门的技术服务应充分结合当地的生态与文化特点，因地制宜、不搞"一刀切"。基于生态文明的新型农业现代化需摒弃"传统"与"现代"的二元对立，在自然资源管理的具体实践中因地制宜、各取所长。"社会建设"的根本也在于激发地方社群文化再创造的能力。总之，国家治理能力的生态维度并不是将自然环境作为国家监管的对象，而是国家有效地组织社会关系、引导社会能量，进而重塑人与自然的和谐关系。

（二）自然资源社区自主治理的公共传统

对于我国许多西部山区，乡村的贫困治理与经济可持续发展很大程度上是与森林、草场、湖泊等公共自然资源的有效治理和永续利用联系在一起的。为了避免在森林、草场、地下水等公共自然资源的管理中"政府失灵"与"市场失灵"，乡村自然资源的社区自主治理具有广阔前景和实践可能。在贫困的社区，林业、畜牧业、农业的混合发展成为必然，这更凸显了乡村社区自主性与能动性的重要。

以贵州黔东南清水江流域的贫困山区为例，这里是我们南方的重点林区之一。自明代起，生活在清水江流域的侗族和苗族便"以林为生计"，形成了"靠山吃山、靠山养山"的生计传统。清代以来，随着人工营林业的兴起，这里形成了发达的以木材为主的商品经济。苗侗民族在杉木种植中摸索出了"混农/混林"的技术经验，更发展出以"清水江文书"为中心的关于山林合作经营、边砍边造、持续利用的民间公共行为规范。新中国成立后，天然林资源成为国有资源，而清水江流域人工林的历史属性也被忽视。产权定位的偏差带来了森林资源的"哄抢风"和"分利风"，任何一级的行政力量都可以滥用森林，大炼钢铁时期大片地毁林炼钢。国家对林区实行"高额税费",层层下达税费指标,森林无法休养生息。计划经济时期消耗的大量森林资源给林区可持续发展造成亏空,这种亏空需要林区县在市场经济条件下负债补偿,导致了林区经济的贫困。集体林权改革之后,当地人发展了油茶林、核桃林、楠木林等经济效益好的树种,并发展了林下经济。在对接大市场的过程中,苗侗人民长期传承的村落文化,合作议事的公共规则表现出强大的生命力,许多林业合作社成为当地产业脱贫的重要主体。国家在产权安排上给予了合理的制度供给,清水江流域长期稳定的家族公共管理制度和民间习惯法等规范体系是保障当地人工林可持续经营与发展的基础。"合款"和"议榔"作为侗苗两个民族地域性的社会组织,是森林作为共有财产得以实现共同参与基础上的社区共管的制度基础和文化基石(徐晓光,2014)。

(三)国家地理标志的挖掘与开发

国家地理标志产品是无形文化财富的有形表达。截至2017年,贵州省获得国家地理标志产品保护的产品已达118个,数量居全国前列。经初步统计,目前,贵州省地理标志产业直接销售产值近500亿元,其中有84个地标产品被红军长征途经的48个县(市、区)摘取,产品类别涉及酒类、茶叶、中药材、果蔬、粮油、畜禽、加工食品、工艺品8大类产品,涵盖了贵州省绝大部分特色优势产业。以酒、茶、初级农产品、中药材等特色产品为主体,加上近几年新批准保护的安顺蜡染、罗甸玉等传统民族产品和工艺品,贵州省地理标志保护产品的结构日趋多样化,彰显了黔山秀水文化资源特色。地标产品在促进贵州区域产业发展、延伸产业链条、提高产业竞争力等方面发挥了十分重要的作用,特别在推进该省精准扶贫、助力县域经济转型发展中更是发挥了不可替代的作用。比如,修文猕猴桃、德江天麻、正安白茶、湄江茅贡米、兴仁薏仁米、从江小香猪等农产品,在获得地理标志认证后,产品的销售价格大幅攀升,有效地带动了当地贫困家庭的增收。地理标志产品与大扶贫产业的深度融合,为贵州省精准扶贫开辟了一条有效途径,让资源优势转变为经济优势、发展优势正在日益显现。

地理标志产品在旅游业发展中起了重要助推和催化作用。如贵州茅台酒通过多年不懈努力，已成为民族品牌精品。在其带动下，随着茅台镇杨柳湾、1915 广场、醉园、茅台国际大酒店等项目陆续建成投入使用，旅游要素和功能配套设施加速完善，茅台酒镇景区格局基本形成；黔南州积极挖掘都匀毛尖茶文化内涵，在都匀经济开发区打造中国茶博园，实景展现了都匀毛尖茶的历史和文化。瓮安县建中镇投资建设茶旅一体化项目，把茶园打造成景区，实现了茶产业与旅游业融合发展。此外，六盘水地理标志产品水城猕猴桃成为乡村旅游的景点，农家乐、休闲山庄等随处可见，进一步扩大了猕猴桃产业的附加值，多渠道增加了农民收入。

地理标志产品是绿色产品，这是地理标志产品制度所规定的，通过产地环境保护和质量标准控制，有效实现保护范围内生态恢复与地力上升，形成良性循环，从而加快绿色生态产业发展。如贵州茅台酒、习酒等地理标志产品从原材料高粱种植到产地环境控制，按照规范化生产，以标准化实现产地环境保护，包括产地生产用水及水环境保护、植被生态保护、工业污染治理等；关岭火龙果、关岭桔梗等地理标志产品，不仅拓宽了农民的增收渠道，更综合治理了石漠化现象，实现了"产地环境保护—生态恢复—地力上升—生产发展"的环境保护循环，推动了经济与生态环境的可持续发展。地理标志产品推进石漠化治理的同时，通过发展草地畜牧业、种植花椒及金银花等适合喀斯特地区的特色农产品，使日益严重的石漠化环境得以改善，走出了一条经济效益、社会效益、生态效益俱佳的特色农产品发展绿色之路。黔西南州贞丰县的"顶坛模式"，就是种植花椒治理石漠化的典型案例。顶坛花椒根系发达，植株健壮，枝叶茂盛，可大大增加植被覆盖率，是典型的绿色经济。顶坛花椒获批地理标志产品保护后，将产地范围内荒坡、台地、退耕地作为花椒种植园区。大量地理标志产品按照生态系统的生态承载量规律促进了绿色产业发展，实现生物多样性保护的同时，又推进了生态环境的可持续性保护。

五　生态扶贫与贵州可持续发展经验

综上所述，我们可以说贵州在精准扶贫的实践中探索出了独特的生态脱贫与可持续发展的经验。整体来看,生态脱贫是以习近平总书记的"两山理论"为基本出发点,通过制度创新、产业创新和文化创新同时调动政府、市场与社会多元能动性的过程。

第一,生态扶贫的基本保障是制度建设。生态扶贫是可持续发展观和生态文明战略与脱贫攻坚的结合点。贵州是一个大胆进行制度创新,在前进中摸索,在摸索中提高,在提高中升华的典型地区。生态文明试验区的建立成为其制度创新的重要支撑和抓手。制度创新的核心是政府角色与功能的转型,建构绿色政府,将可持续发展绩效融入政府工作的评价体系,同时发挥政府的高效监管职能,推动完善自然资源管理与保护的制度体系。党建扶贫是贵州精准扶贫的重要经验,通过发挥乡村党支部的核心作用来激发乡村发展的内生动力,也为生态脆弱地区探索因地制宜的可持续发展治理提供了制度保障。

第二,生态扶贫的关键环节是生态产业。可持续发展是发展与保护的统一。生态脱贫的实践可以说为贵州的产业调整带来了契机,贵州也抓住了这个历史性机遇。立足贵州的自然资源禀赋,着力打造生态农业和生态旅游两个产业方向。生态农业与生态旅游是与乡村发展和乡村振兴联系最密切的两个产业,也是扶贫效果最显著的两个产业。产业发展中的创新型规划与带动模式真正使生态成为贵州经济发展的宝贵资源。"把生态做成产业,把产业做成生态",贵州以"三变"改革为引领,积极探索创新主体引导,强化投入保障机制,采取参与式扶贫、带动式扶贫、股权式扶贫等多元方式,走出一条机制新、产业强、百姓富、生态美的脱贫攻坚新路子。

第三,生态扶贫的动力来源是社会建设和文化创新。生态扶贫不仅仅是一个生态建设和经济发展的问题,更是一个社会建设和文化创新的问题。贵州的生态多样性与其文化多样性是相辅相成的。贵州在脱贫攻坚中既注重硬件的基础设施也注重软件的公共投入,走出了一条以"文化"促进"生态",以"生态"激活"文化"的新路。生态建设和生态修复面临着巨大的资金缺口,政府作为单一投资主体的生态建设模式难以持续。地方政府应积极推广PPP模式,引导和鼓励社会力量参与生态建设,撬动社会资本，多渠道筹集资金，支持生态建设。民间环保组织也是参与生态建设的重要社会主体，特别是在实践层面能够更深入地推动区域生态系统的整体性规划，以及环境保护与反贫困干预的结合。地方政府应创新与民间环保组织的合作形式，加强引导，促进社会组织的力量在生态扶贫和生态脱贫中发挥更积极的作用。

可持续发展一定是内生型发展。脱贫攻坚的可持续性也有赖于当地人自主性的发挥。从国际经验来看，以社区或社区内的团体合作来促进自然资源管理在全球范围内受到肯定。农民田间学校、农民研究团体在许多非洲国家、拉美国家陆续出现，这些方法充分尊重农民的主体性，并鉴别出农民中的创新者来提升本土知识水平，许多行之有效的水土保持技术、病虫害防治技术、作物种植技术等绿色发展的经验取得了环境保护和农民增收的双赢。贵州的精准扶贫实践充分发挥了基层党建的优势。在生态扶贫与生态脱贫中，党建的作用需要与当地内生可持续发展充分结合，真正走出农民主导的因地制宜的可持续发展之路。生态扶贫是一个发掘地方内生性资源，积极建构乡村自主性，激活乡村内生动力的过程。乡村的内生动力之源在于推动农民的广泛社会参与和文化创新。

参考文献

［1］〔日〕鹤见和子：《"内发型发展"理论与实践》，胡天民译，《江苏社会科学》1989 年第 3 期。

［2］徐晓光：《清水江流域传统林业规则的生态人类学解读》，知识产权出版社，2014。

［3］肖显静：《坏境与社会：人文视野中的环境问题》，高等教育出版社，2006。

［4］基于集体行动和产权地国际农业研究磋商组织项目编《资源、权利和合作：促进可持续发展地产权和集体行动》，谭淑豪、张巧云等译，中国农业出版社，2013。

第四章

金融扶贫与贫困地区的
可持续发展

一　国家能力与金融扶贫

党的十八大以后，习近平总书记在我党历史上第一次提出"到 2020 年确保我国现行标准下的农村贫困人口实现脱贫，贫困县全部摘帽，解决区域性整体贫困"的战略任务。2017 年习近平在主持召开深度贫困地区脱贫攻坚座谈会中，着重提出要发挥政府投入的主体和主导作用，发挥金融资金的引导和协同作用。以往扶贫开发中的资金，主要以财政转移支付为主。在程序上，通过"项目制"和一般性转移支付形式划拨地方政府自主申报项目，中央、省级政府通过评估，层层下拨"戴帽"扶贫资金；另外还有一部分作为弥补贫困地区财力不足而转移支付，即一般性转移支付。2015 年以后，中央提出"精准扶贫"计划之后，财政转移支付方式也有所变化，以产业扶贫资金为例，省级政府通常会按贫困人数、贫困面等指标下拨一揽子资金，地方政府根据需要可在基础设施、扶贫项目中间互相调剂，这就给予了地方政府很大的自由权。地方政府可以统筹条线上的资金统筹安排扶贫项目，吸引金融资本参与扶贫开发，这是本轮财政投入方式的重要变化。

财政与金融作为公共资源的资金池，其发挥的作用应该有所不同。财政的首要目标是保障社会成员整体的利益诉求，实现公共资源的公平配置，同时在一定程度上兼顾效率，而金融作为市场部门，理应以资源配置效率最大化为目标。发达国家在二战后都建立了政策性金融机构，引导金融资源投向重大国家项目，从这一点上看，政策性金融也在一定程度上考虑到了公平问题。改革开放以后，我国以间接税为主，中央和地方财政汲取能力不足，而民间储蓄能力却持续高涨，流入金融部门的货币资源远高于税收汲取的资源。在中央政策层面，开始逐步放宽对金融领域的控制，以此弥补逐步降低的财政资源。从这个意义来讲，中央政府加强对金融的控制，就是为了使金融部门代行财政的一些职能。而从地方政府行为看，地方政府也在紧紧抓住辖区内的商业金融资本，弥补地方财力不足。[①]

纵观我国改革过程中不同阶段，金融代行财政的功能一直没有实质性的弱化。

第一阶段：1978～1992 年，地方政府对银行强力干预阶段。在这一阶段，银行与地方国有企业一样，均为地方政府的附属物，听从地方政府的行政调配。由于银行处于地方行政分权管辖范围之内，对于地方金融资源掌控能力非常强，通过直接的干预，各个银行分支系统向地方银行发放了大量的贷款。也就是在这一时期，金融系统预算软约束问题非常普遍，各大银行系统普遍存在负债问题。

第二阶段，1993～1997 年，基于前一阶段的银行行政化问题，1993 年以后国有银行进行了商业化改革，加强了风险控制能力。同时，这一阶段正值分税制时期，地方税源进一步降低。对于地方来讲，一方面，税收资源降低；另一方面，地方财政负担并没有减轻。在这种背景下，地方银行开始强化对地方商业银行的控制，努力使其替代国有商业银行的职能。在行政体系中，地方商业银行对于地方政府的依附性更强，其主要的管理人员大多为地方政府指派，所以地方商业银行在某种程度上演化为地方政府的准财政部门。在这一时期，地方政府通过地方金融部门聚集的资本，进行了大规模的基础设施兴建。

第三阶段，1998 年之后，金融部门全面收紧。这一阶段，银行体系进行了全面的垂直管理制度改革。国有商业银行大额信贷审批权限上收，由此地方政府进一步失去了对国有商业银行的干预能力。但是，由于中国纵向考核的人事制度，地方政府仍然热衷于 GDP 锦标赛，为了完成地方任务指标，地方政府转而建立地方融资平台，以此为杠杆，向各大商业银行获得贷款（巴曙松、刘孝红、牛播坤，2005）。[②]

---

① 周立：《改革期间中国金融业的"第二财政"与金融分割》，《世界经济》2003 年第 6 期。
② 巴曙松、刘孝红、牛播坤：《转型时期中国金融体制中的地方治理与银行改革的互动研究》，《金融研究》2005 年第 5 期。

如何评价从中央到地方对于金融资源财政化的利用，从积极意义角度看，过去几十年，中国地方经济飞速发展、基础设施的普及依靠政府大力投入，而政府资金的主要来源并不在财政，而在金融资源上。王绍光曾经提出"国家能力"的概念，亦即国家（中央和地方政府）将自己的意志、目标转化为现实的能力。国家能力具体包括汲取财政能力、宏观调控能力、合法化能力和强制能力（王绍光、胡鞍钢，1993）。在发展过程中，政府面临各种挑战，需要不断强化国家能力，尤其是国家汲取社会资源的能力。从理论上讲，汲取资源的路径有两种：一种是税收制度；另一种是金融制度。中国的税收制度屡经改革，但并没有建立起收集民间财富的有效途径。相比之下，金融体系却保持着强劲的聚拢资金的能力。为了快速推动经济发展，中央和地方都不约而同地将攫取之手伸向了地方金融资源，使其承担一定的财政能力。由于有强大的"国家能力"做后盾，过去几十年，我国一直没有发生系统性的金融风险。在新的历史时期，精准扶贫作为一项重大国家战略，仍然面临着资金不足的问题。为了推行这一战略，在新时期，这种"国家能力"在"扶贫攻坚"战略中又得到再次体现。

从中国20世纪80年代以来的扶贫政策来看，金融扶贫政策逐步演进，1982~1993年，扶贫开发才开始引入信贷扶贫政策；1994~2000年初步探索金融扶贫模式；2001~2013年金融扶贫政策体系初步形成。

2014年人民银行等七部门联合发布了《关于全面做好扶贫开发金融服务工作的指导意见》，《指导意见》根据《中国农村扶贫开发纲要（2011~2020年）》和《关于创新机制扎实推进农村扶贫开发工作的意见》要求，从健全金融组织体系，创新金融产品和服务、夯实金融基础设施、优化金融生态环境等方面确定了扶贫开发金融服务的十项重点工作。具体包括：一是进一步发挥政策性、商业性和合作性金融的互补优势；二是完善扶贫贴息贷款政策，加大扶贫贴息贷款投放；三是优化金融机构网点布局，提高金融服务覆盖面；四是改善农村支付环境，提升金融服务便利度；五是加快推进农村信用体系建设，推广农村小额贷款；六是创新金融产品和服务方式，支持贫困地区发展现代农业；七是大力发展多层次资本市场，拓宽贫困地区多元化融资渠道；八是积极发展农村保险市场，构建贫困地区风险保障网络；九是加大贫困地区金融知识宣传培训力度；十是加强贫困地区金融消费权益保护工作。

习近平在主持召开深度贫困地区脱贫攻坚座谈会中，着重提出要发挥政府投入的主体和主导作用，发挥金融资金的引导和协同作用。2013年到当下，我国已经开始全面深化金融扶贫，并注入精准扶贫等新思路。

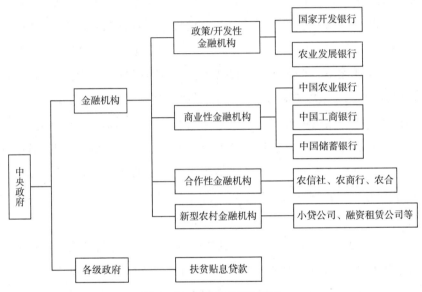

图 4－1　金融扶贫组织结构

资料来源：引自杜晓山在"一带一路"减贫论坛生态旅游扶贫专题的发言。

金融扶贫与财政资金无偿使用不同。

首先，财政资金通过税收筹集，再根据地方财力进行转移支付，不需要地方偿还；而金融资金属于有偿资金，无论借款主体是地方政府、企业还是贫困户个人，都需要在一定时期进行偿还。所以，无论地方政府、企业还是贫困户家庭，都需要考虑资金的使用效益问题。特别是在产业扶贫上，由于金融资本的引入，产业投入方向更需审慎，金融部门也参与到产业决策中，有利于资源投入的科学决策。

其次，在具体政策实践上，金融部门也会更注重市场规律，引入一些大型的涉农龙头企业进行投资。这种方式有几方面的好处，一是龙头企业具有雄厚的资本，银行本身可以降低风险；二是龙头企业相对于小农户而言，对市场信息掌握更加准确，对投入方向把握也更加科学，有利于资本的保值增值。在此轮精准扶贫地方实践中，贫困区县大型"龙头企业"并不多见，很多地方政府为了快速发展农村产业，由政府出资兴建了许多涉农"平台公司"，这些平台公司对上可以绕开地方政府不能向金融机构融资的限制，地方政府通过平台公司进行融资，平台公司执行政府的意图；对下可以代理地方政府管理农村合作社，协助地方政府开展农村产业扶贫计划，建立全产业链的支撑系统，从前期种植、养殖到后期销售、还贷，完成整个农业产业化的经营过程。

再次，金融资本的引入，可以推动农村进行一些深层次的改革探索。比如，在贵州六盘水地区，地方政府最初实践了"三变"改革，"资源变资产、资金变股金、农民变股东"。从制度设计上，农民的资产收益有可能得到盘活，这对于特困群体是非常有意义的。在金融制度创新上，以往农民承包土地不能在金融部门进行抵押，未来农民的土地使用权和其他权利也可以进行抵押。另外，在金融部门改革过程中，避免不了大的商业资本进入农村，在土地确权以后，也可以通过金融部门的背书，保证农户的个人利益。

最后，对于贫困农户，当下很多小额信贷对贫困农户开放，在产品设计上，要求资金跟着贫困户走，精准到贫困户个人。对于贫困户来说，可以通过资本入股的方式增加个人的收入。同时农村金融部门可以以此为契机，建立农村的征信体制，建立诚信档案，对于未来金融体系的革新也将具有重大意义。

二 贵州省地方政府金融扶贫工具及经验做法

贫困地区基础设施建设和产业发展上均需大量的资金投入，从当下贫困地区地方政府实践看，在基础设施建设上主要以政策性金融筹资为主；而在产业发展上，资金筹资更加多元，既包括财政贴息项目，也包括政策金融、商业金融、小额信贷等多种方式。

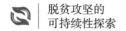
1. 政策性银行贷款

"十三五"期间，中央明确用五年时间对建档立卡贫困人口实施易地扶贫搬迁，力争在"十三五"期间完成 1000 万人口搬迁任务。在筹资方式上，采取由国开行和农发行在国家政策确定限额内发放易地扶贫搬迁贷款，其中国开行投资了 8700 亿元，承担 832 个贫困县县域基础设施建设的筹资任务。

课题组通过对西部 S 县进行的调查发现，县域生态移民搬迁资金主要来自两家政策性银行贷款，预算 6 亿元，目前发放 3 亿元，资金上还是存在缺口。根据当地移民局干部反映，"第一个是补助的问题，按人均 2 万元，地方每一年也是根据中央的脸色在'下菜单'，中央给多少钱，我们就干多少事，所以地方没有自己的自主权，也拿不出多少钱来做事情。国务院扶贫办、国家发改委与中央财政部三块资金来支撑扶贫生态移民。土地的补助是市与县来出，省里面对于技术补助 1000 元，剩余的 5000 元是市里面占 30%，县里面占 70%。所以我们的易地扶贫搬迁资金是拼盘资金，得不到保障，补助还很低，由此造成基础设施不配套，市县的财力很薄弱。2013 年，上面也说是在整合保障住房资金以及农村危房改造资金，出了文件就是落实不了的。目前我们还有 2000 多万元的资金没有落实，现在省里面也没有资金了，就是让我们自己想办法。所以现在的第一个问题就是'十二五'期间回头看，资金得不到保障，农民自己还要倒贴 5 万元到 10 万元左右。"

另外，贫困地区生态环境恶劣，基础设施薄弱，大量基础设施亟待投资兴建。比如课题组调查的西部 S 县，在扶贫攻坚过程中，同时需要修建防洪抢险工程，地方向农业发展银行申请中长期贷款 2 亿元，预期依靠未来财政涉农资金进行偿还。同时，农村通村通组路还存在很大缺口，县里向国开行贷款 9.5 亿元，以第一笔涉农资金为抵押，贷了 9.5 亿元。"十三五"期间地方需要修建多条通村组路，修砂石路，而省里要求更高，"十三五"期间希望修通村通组沥青路。对地方政府来讲，涉农资金额度是政策性银行贷给贫困地区的一个前提条件，目前基础设施建设主要采取地方政府购买服务形式，严格按照采购法相应规定将采购资金纳入政府财政预算管理，不要求地方政府出具还本付息承诺。采购资本总额不超过年度一般公共预算支出的 10%，且不超过年度可统筹整合财政涉农资金的 20%。但从地方财政涉农支出负担看，既要兴建基础设施，又需发展产业。而涉农资金总额有限，地方财力单薄，单独依靠地方涉农资金偿还贷款，对地方来讲也是沉重的负担。

2. 国家专项重点建设基金

在基础设施建设上，西部贫困县市除了政策性银行贷款外，还可以申请国家专项建设基金。国家的考虑是用少量的资本金来撬动银行的贷款，但是地方做下来没有达到预期的效果。地方政府主要通过城投公司、交投公司等推进基础设施建设。根据地方平台公司反映，"在实际运作中，地方出 15%～20% 的资本金以基金的形式为抵押，这个只是作为资本金，这个项目真正去银行贷款又会有些难度，因此地方政府基金项目到去年基本上就停止不做了。原因在于很多工程拿下来之后叫你开工，报得又急，项目不成熟，资本金到了 20%，其余资金不能贷，政府又要叫启动，启动又没有了资金，只做了资本金以后，工程就做不下去了"。同时，有些政策银行不支持基础设施建设方面的内容，而商业银行对地方融资平台公司放贷，审核比较严格，不是有抵押就可以放贷，还要看负债率、资金流和净收入，负债率高也贷不了。

以课题组调查的 S 县为例，该县通过农发行争取到国家专项重点建设资金，分七个批次七个项目，总共投入 2.72 亿元。七个项目包括城镇供水、排水项目，小城镇建设，综合性职业高中，客运站，A 棚户区改造，B 棚户区改造。这七个项目地方都委托给平台公司来承接，七个项目中每个项目 20% 的资本金都已经到账。其中供水项目是个打包项目，做个单体，6.8 亿元包括全县的供水工程站。融资平台经理反映，"我们供水工程做了几千万元，总的基金是 8000 万元，我们做两个镇的供水工程，没有贷款就做不下去。当时基金会在省里面开会，我就提了这个问题，'到了资本金，银行不贷款怎么办？'他们也不知道，只是说先用了再说。职业综合高中我们已经在建了，这个是从商业银行已经有贷款了，客运站也是有的，棚户区改造也是有贷款的，贷款都是审核，部分银行都已经放了。有

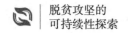
些最后还需要找政策性银行来贷款"。现在存在的主要问题是，融资平台
公司的项目运作存在大量的资金缺口。

3. 融资代建与融资租赁

虽然目前有国家政策性银行贷款和专项重点建设基金，但对贫困地方
政府来讲，基础设施建设仍然存在大量缺口。为此，部分区县政府选择融
资代建、融资租赁等市场化的融资模式。以调研区县为例，为兴建某项基
础设施，地方总投资 12.3 亿元，其中，国开行投放 3.5 亿元，而国开行对
地方政府是有要求的，地方需要打 9500 万元过去，20% 打到国开行指定的
监管账户上，国开行才放贷下来。这个时候地方缺口资金达 2.8 亿元，为
了能尽快落实项目，地方不得已就采取"融资代建"的筹资方式。

所谓"融资代建"，即承接工程的单位需要自己去寻求贷款，帮助政
府填补资金缺口。这其中，地方政府、平台公司、承建单位和外部金融单
位之间构成了一个复杂的关系。地方政府急于开展项目，承建单位亟须想
办法融资填补缺口，平台公司的负责人讲，"建设单位想做这个事情，我
们说可以，你必须给我融资 2.8 亿元。到位以后才可以做，它自己去找融
资租赁公司，融资租赁公司说必须得找到合适抵押物来做这个事情。我们
又回头求助政府寻求抵押支持"。目前，地方政府之所以采取融资租赁，
主要是地方贷款量比较大，资金已经出现周转困难，一家融资租赁公司不
足以提供贷款总量时，要联合多家融资租赁公司，有些只能贷款 3000 万
元，有些能贷款 5000 万元，又联合租赁公司去找几家小的融资租赁公司用
来贷。相当于一家融资租赁公司牵头，三家融资租赁公司每家出一点。融
资租赁本身就比政策性银行、商业性银行成本高，同时又涉及多家融资租
赁机构，对于地方政府来讲其实是具有一定风险的。

目前西部地区大规模易地搬迁之后，如何维持贫困农户的生计是个更
大的问题，这个问题处理不好，会威胁到地方的和谐稳定。从调查来看，
这个问题已经显现出来，从课题组调查的贫困县地方干部反映，"部分易
地搬迁没有同步考虑产业和就业问题，虽然上面下了文件说农业部门负责
产业，社保部门负责就业培训和整合资金，但是在现实中是整合不了的，
因为文件下达到部门，部门就认为是移民部门的事情。老百姓搬迁了之后

担心的是就业生活问题，现在老百姓没有看到希望，所以现在有很多老百姓不想搬迁。现在房子建好了，但是幸福指数在下降，因为大家一年基本上都在外面打工，真正在家里住的就过年那几天。那他们为什么要出去打工，因为建房子有债务，生活无来源。在搬迁地安置大概有 50% 的没有收入。搬迁仅仅是改变了他们的生活方式，但是没有改变他们的生产方式"。基于此，地方政府也着力发展产业项目，以期帮助贫困人口可持续性脱贫。

4. 地方财政与扶贫项目贴息

建立农业示范园区是西部地区目前采用比较多的产业扶贫方式，在资金筹措上，按照"政府引导、市场运作，县级为主、省市扶持"的方式。以西部某蔬菜扶贫产业示范园区资金筹措方式为例：一是充分利用省委、省政府高度重视现代高效农业示范园区建设和省扶贫办启动现代高效农业扶贫示范园区的时机，争取财政扶贫资金 3000 万元。二是加大县级整合力度，统筹安排政府专项、工业发展、科技、林业、水利、城建等资金的使用，实行"三集中"，集中资金，集中投向扶贫示范园区建设重点领域和项目。整合发改、交通、国土、农业、林业、水利、电力、科技、环保等相关涉农项目资金 9100 万元。其中整合县交通、农业局交通道路、机耕道建设资金 3000 万元；整合县发改局、水利局水利基础设施建设资金 2000 万元；整合县发改局、新农办、国土局基本农田建设资金 2000 万元；整合县财政局"一事一议"资金 1000 万元；整合县农业局农技体系建设资金和农产品安全资金 500 万元；整合县电力局资金 500 万元，整合县人事局、农业局培训资金 100 万元。三是引导金融机构加大对扶贫示范园区建设的资金投放。以扶贫项目贴息和扶贫贴息方式，加大对扶贫龙头企业和项目实施农户的支持力度。四是制定有利政策，引导企业筹集资金发展园区经济。引导社会资本 6900 万元投向园区。五是农户、合作社自筹及以劳折资1.1 亿元（含辐射带动 10 万亩）。

5. 人民银行支农再贷款与精准扶贫"特惠贷"

精准扶贫"特惠贷"是指运用人民银行支农再贷款在贫困地区实行优惠利率，引导金融机构降低贫困农户融资成本的政策优势，采取扶贫贴息补助、建立贷款风险补偿等措施，专门为建档立卡贫困农户提供"5 万元以下、3 年期以内、免除担保抵押、扶贫贴息支持、县级风险补偿"的低利率、低成本贷款，帮助贫困农户"换穷业"。

在资金筹措上，"特惠贷"的贴息资金主要从每年切块到县资金中安排不低于 15% 的资金，用于贴息，不足部分由省分配到县的扶贫专项资金和县财政增加财政专项预算中解决。风险补偿基金也是由地方财政承担，县级财政每年预算本级一般公共预算收入增量的 10% 作为扶贫专项资金，将其中 50% 注入风险补偿基金，为建档立卡贫困户提供贷款风险补偿，滚动使用。县人民政府投放的风险补偿基金与承贷金融机构发放的"特惠贷"资金按照 1∶10 的比例进行投放，第一次投放风险补偿基金 1000 万元，金融机构发放的"特惠贷"资金不得低于 10000 万元。

在具体项目实施上，调研县主要通过"A 扶贫产业平台公司"来推进。融资任务主要由平台公司来通盘考虑，在资金筹措上，A 产业平台公司从银行融资 3000 万元作为农户去银行申请的抵押担保金。同时，合作社也可作为个体去银行融资，需要抵押担保时，平台公司来做担保。担保不足的情况下，A 产业平台公司再去找上级平台公司想办法。平台公司在农村直接对接的是合作社，公司以合作社名义向农商行申请资金买牲畜，初期是以农户个体贷款，农商行确定贷给农户，农户需将钱放给合作社，银行确定个体签订贷款合同。目前很多农民不愿意签订合同，贫困地区农户不愿意背负贷款，同时也不能承担投资失误带来的风险。而项目对农户有一定的要求，必须是建档立卡贫困户才有申贷资格。因此，平台公司需要做精准扶贫户的工作，争取获得贫困户的信贷指标。

关于风险承担，公司在和合作社谈判的过程中，第一，明确政府建立"风险补偿基金"，风险其实已经转嫁给政府。第二，地方政府通过考察判断某个养殖项目相对种植行业风险更小，即便中间出现意外，损失也不大，地方也匹配了相关扶贫政策资金到产业里面，匹配的相关项目和资金作为一个养殖风险兜底的措施。第三，政府跟保险公司也有一些措施，针对每一头牲畜有保险兜底。第四，相关资金、相关建设补助、产犊补贴，实际都会发放到农户手里，农户养殖过程中，即便发生风险，风险都不在农户头上。综合调研考虑，地方政府有把握发展这类产业，同时可将风险降到最低，即便出现风险，也可通过政策和项目来兜底。

总之，地方成立产业平台公司，既有公司性质，又承担部分行政审批职能。尤其资金监管方面，乡镇组织和发起合作社，合作社面对散户，乡镇面对合作社，乡镇再和公司落实相关补助和牲畜的分发，而相关的产业项目都由扶贫产业平台公司来操作。

6. 省内建立扶贫攻坚专项基金

省内建立了脱贫攻坚投资基金，这是以完成脱贫攻坚任务为投资方向、以财政性资金为引导的多元化投融资市场主体。基金投资人出资额由省财政 2016～2018 年分三期安排，投资人由金融机构、工商企业、投资机构、社保基金等组成。基金充分考虑脱贫攻坚的具体要求和发展实际，重点用于基础设施建设、产业发展、社会事业发展与公共服务、生态建设和环境保护等方面。

在地方实施过程时，"省内由 c 公司发起的一个基金，作为基金的发起人，地方平台公司作为受托企业。c 公司是省里的基金公司，贵州发了 3000亿元的基金，由 c 公司来发起，有几个银行来认筹，银行出 85%，地方政府出 15% 来运作这个事情。15% 当中县级出 60%，省里出 40%，县级相当于出资 9%，共同组建基金。这个是省统筹做的一个大基金，3000 亿元的基金分到各个地州市，平均每个县分了 3 亿至 4 亿元"。

基金到地方县市就由地方平台公司托管，目前有 50 多个项目进入地方区县发改委的项目库。项目选定之后，直接贷给企业，平台公司和银行共同监管企业。在程序上，企业先向发改委申请，相关资料进库，银行再从这个库选，甄别哪些项目适合投资，然后再由企业提供相关资料，通过风控评估，将名单提供给受托企业。平台公司成立投资决策委员会，由分管财政副县长、财政局、行业主管部门、受托企业、银行 7 人组成投资决策委员会，对项目进行表决。2/3 人认可，做出一个决议给银行，银行就根据基金额度放给涉农企业。目前，地方平台公司可以以基金为资本金，向贵阳银行、工商银行、农商行、农行来申贷。

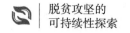

7. 商业金融资本：融资租赁

综上所述，目前贫困县地方政府项目多种多样，从短期看，形势一片大好。但是到偿债期，地方政府经常出现无资金可以调动的局面。这个时候，地方政府可能就会采取一些成本较高的商业性金融资本填补缺口、渡过难关。以课题组调研的 S 县为例，"2016 年，地方政府通过融资平台向农商行贷款 3300 万元，补充存量债务，置换缺口资金。农商行单笔贷款最大 3300 万元。每笔资金要到期了，就从农商行贷款来还款，拆东墙补西墙。用新贷款还旧贷款。一个新的项目拿下来，通常 1 亿元的资金，拿出5000 万元来还债"。如果商业银行贷款限制严格，在偿债期也可能转向融资租赁公司，比如某地在生态移民搬迁项目中，需要 3 亿元的周转资金，就只好去融资租赁企业寻求贷款，据平台公司经理讲，"融资租赁放贷比较快，使用也稍微灵活。有些是用项目抵押，有些用土地抵押。以前我们只是做政府的融资平台，融钱给政府用"。

三 金融扶贫工作成效

中央制定了 2020 年之前全面脱贫的任务目标。目标分解到各个市县。地方政府以"战斗""指挥部""春季攻势""秋季攻势"等阶段性任务指标的形式，将扶贫攻坚当成一项政治任务来完成。

"省委、省政府高度重视脱贫攻坚投资基金有关工作，把用好扶贫产业基金作为 2017 年打好脱贫攻坚战中的最重要的一项任务。省政府专门成立了以志刚省长为组长、远坤副省长为副组长的省脱贫攻坚投资基金管理领导小组。各级党委、政府，特别是县级党委、政府，要把脱贫攻坚作为'一号工程'、'一把手'工程，亲自抓、抓到底，下大力气抓好抓实抓到位；要签责任书、立军令状，挂图作战、明确责任，对认识不清、措施不力的干部要进行约谈，严重的还要交由监察部门查处问责。总之，各地各部门要迅速行动起来，以'钉钉子'的精神，一级抓一级，层层抓落实，尽快把项目实施起来，把资金使用出去，强力推动这项工作取得实质性成效。"（引自省级领导在脱贫攻坚投资基金产业子基金培训会上的讲话）

从整体上说，省的脱贫攻坚任务压力最大。2015 年底，全省仍有农村建档立卡贫困人口 493 万人、9000 个贫困村、66 个贫困县，分别占全国的 8.8%、7.0% 和 7.9%，贫困发生率 14%，比全国高 8.3 个百分点。

表 4 - 1　"十三五"时期年度贫困退出目标

	2016 年	2017 年	2018 年	2019 年	2020 年
减少贫困人口数（万人）	100	100	70	65	巩固提高（政策兜底 158 万人）
贫困村退出（个）	1500	2300	2700	2500	
贫困县退出（个）	6	20	22	18	脱贫巩固

表 4 - 2　全省"六个一批"脱贫任务

单位：人

市州	实际数	扶持到户到人			其中扶持到人		
		易地扶贫搬迁一批	产业和就业一批	社会保障兜底一批	教育资助一批	医疗救助一批	生态补助一批
贵阳市	14859	2042	512	12305	1799	8094	0
六盘水市	416500	56532	226519	133449	44881	45974	31500
遵义市	558300	145231	228509	184560	64129	128253	17300
安顺市	343069	78405	166005	98659	24147	30817	10400
铜仁市	583200	168339	191846	223015	88405	108363	8300
黔西南州	434059	171742	103703	158565	44270	36715	1500
毕节市	1154500	229280	583307	341913	133807	101414	85200
黔东南州	843200	267124	318657	257419	99314	82221	42000
黔南州	582900	185866	228092	168942	60693	58962	5900
贵安新区	1408	139	0	1269	273	395	0
合计	4931995	1304700	2047150	1580096	561718	601208	202100

在扶贫攻坚中，同一级别的地方政府按照扶贫攻坚完成的指标进行排名。排名靠前的地方在资金倾斜上会有额外的奖励，在地方政府官员绩效上也将有额外的奖励。相反，考核较差的将会受到惩罚和批评。考核末尾

的地方官员也会被谈话。对未完成脱贫攻坚目标的单位和个人，年终考核
实行"一票否决"。对于扶贫工作中易地搬迁未完成搬迁任务的县市实行
大排名，这对于地方政府官员带来非常强烈的压力。

在这种压力下，中央开放了很多政策空间，地方能否完成任务指标，很
大程度上落在地方领导是否有能力落实具体政策。在资金不足的情况下，考
验地方领导是否有能力获得预算外资金，完成任务指标。以往计划经济时
期，"有能力要上，没有能力创造能力也要上"就是这种逻辑。在巨大任务
指标和政治压力下，地方只能借助社会资本、金融资本的力量来完成。

表 4 – 3   2017 年贵州减贫摘帽奖励资金分布

单位：万元

单　位	总计	县"减贫摘帽"奖励资金	当年"摘帽"县班子奖励资金	当年"摘帽"乡（镇）班子奖励资金	非重点县乡（镇）"摘帽"奖励资金	国定标准贫困县"摘帽"奖励资金

单　位	（减贫摘帽奖励资金依据黔党办法〔2011〕1 号、黔扶领办〔2011〕8 号执行）					
	总计	县"减贫摘帽"奖励资金	当年"摘帽"县班子奖励资金	当年"摘帽"乡（镇）班子奖励资金	非重点县乡（镇）"摘帽"奖励资金	国定标准贫困县"摘帽"奖励资金
全省	54880	42000	400	120	10360	2000
贵阳市	1000	0	0	0	1000	0
遵义市	8930	4000	0	0	2930	2000
安顺市	3690	3000	50	10	630	0
黔南布依族苗族自治州	8250	6000	50	20	2180	0
黔东南苗族侗族自治州	10790	10000	150	40	600	0
毕节市	6940	5000	50	20	1870	0
铜仁市	7600	7000	0	0	600	0
黔西南布依族苗族自治州	5360	5000	0	0	360	0

2015 年，贵州省金融扶贫规模持续加大。省农发行专项设立 600 亿元
信贷计划，帮助 130 万贫困人口易地搬迁。农行贵州省分行计划投入 650
亿元，重点支持贫困村基础设施建设打通"最后一公里"。截至 2016 年
末，全省精准扶贫贷款余额 2620 亿元、当年累计发放 1283 亿元，其次，

通过金融制度创新，贵州省提出了几项新的发展模式：一是通过六盘水地区的实践，贵州省率先提出"三变"模式，"资源变资产、资金变股金、农民变股东"的"三变"改革被纳入 2017 年中央一号文件。通过金融手段，保障贫困农户的利益，使其既可以获得基于资产的收益，又可以获得劳动报偿，为其稳定脱贫增收创造了条件。二是创新组织方式，通过建立"金融 + 贫困户 + 龙头企业"等方式，创新性地融入了市场手段，把各方利益主体纳入统一的平台之内，有助于市场信息的及时捕捉，保证了农产品的产销渠道。三是稳步推进了扶贫小额"特惠贷"项目，积极运用扶贫再贷款，发放"5 万元以下、3 年期以内、优惠利率、财政贴息、免抵押担保"的"特惠贷"，解决农民发展资金不足的问题。

在易地搬迁上，贵州省以"同步小康"为目标，即六个小康——小康路建设；小康水建设；小康房建造；小康电建设；小康讯建设；小康寨建设。政策性金融对准的对象仅仅是"建档立卡"人口，具体化到扶贫工作中，目标的弹性就非常强。贵州省以六个小康为目标，涉及的就不仅仅是建档立卡人口，还包括了 21 万同步搬迁人口，同步搬迁人口并不在政策性金融的范畴内，也不是中央规划的政策性目标，这是地方在中央扶贫目标基础上的自选动作。以易地扶贫搬迁为例，除了中央预算内投资、地方政府债券之外，还需要额外筹资 189 亿元的金融资本完成同步搬迁，而实际需要的金融资本数额可能比这个数字更大。

表 4 - 4　贵州省"十三五"期间易地扶贫搬迁资金筹措表

单位：亿元,%

资金来源	总投资	所占比例
中央预算内投资	104	11
地方政府债券	126	13
专项建设基金	68	7
低成本长期贷款	455	47
农户自筹资金	58	6
其中：建档立卡 搬迁人口	26	

资金来源	总投资	所占比例
同步搬迁人口	32	
省级财政统筹相关资金	94	10
其他融资资金	69	7
总　计	1032	100

四　金融扶贫的风险及贫困农村发展可持续性问题及政策建议

贫困地区经济实力弱,发展产业、兴建基础设施捉襟见肘。于是,融资平台成为地方政府的重要抓手。绕开了现行体制与政策的障碍(国家有关预算法律不允许地方政府直接举债),借助融资平台,可以实现政府利用金融资本兴建基础设施和发展产业的目标。在这种模式下,地方政府通过财政性资金注入、土地收益、国有资产存量以及赋予特许经营权等方式对融资平台进行扶持,在地方政府承诺确保还本付息前提下,获得国家开发银行及国有商业银行的打捆贷款。实际上,融资平台是从2001年就开始在东部地区出现了,当时主要是为了解决地方财政能力不足以承担城市基础设施建设问题。我国基础设施投资、建设和运营主要是政府的职责,由政府投入、政府建设、政府运营,由于受财政收入和融资手段的制约,加之政府直接投、直接建、直接运营的低效弊端,这一体制越来越不能满足经济发展对基础设施能力日益增长的需要。在贫困地区尤其如此,那里地形复杂,修一公里公路的成本通常上亿元,是平原地区的20~30倍,单单靠条线的扶贫资金,该省大部分地区的通村路很难快速铺展。

2016年精准扶贫项目提出以后,借助精准扶贫的政策东风,融资平台迅速崛起。地方政府成立融资平台已经从省一级到乡镇一级,而融资平台的任务已经不局限于兴建基础设施,从原来可能盈利的项目,转向长期的不管有没有盈利的项目,只要与产业扶贫相关的项目,都可以通过融资平台来融资。

为了保障融资平台的顺利融资,地方政府通常采取"1+N"的经营模式，以一个综合的融资平台为核心，另设多个侧重不同经济领域、不同层级的专业融资平台。这样既可以拓宽融资渠道，又能规避商业银行对于一个融资平台年均仅可申贷一次的限制。而银行也愿意给地方政府项目融资，对银行而言，只要政府的现金流不出现问题，政府背景的贷款相对来说具有一定的安全性和收益性。在地方政府与市场的合力下，地方融资平台的盘子越做越大，只要能贷到资金做项目，是否能归还债务已经不是当地政府考虑的问题。目前融资的风险已经显现出来，

（一）金融扶贫工作呈现出来的问题

第一，地方融资规模膨胀迅速，远远超过地方政府财政支付水平。以调研 S 县政府为例，当地政府财政收入仅为 5 亿元，而融资借贷的资金已经达到了 60 亿元。地方政府注入融资平台资金 1000 万元，可以撬动 1 亿元的资金，杠杆率高达 1 : 10，远高于一般企业杠杆率，地方平台资金数额越大，撬动的杠杆资本越高，这样带来的风险是难以估量的。20 ~ 30 倍的高负债率，不仅仅是缺乏长期偿债的能力，一旦与政府信用担保切割，融资平台将缺乏资产信用失去进行继续融资的能力，政府信用也将遭受严重损失。

第二，地方政府急于发展产业项目。中央提出 2020 年全面脱贫，地方政府就提出 2018 年实现全面脱贫，两步并作一步，比中央还要早两年。如何快速脱贫，必须依靠大量的资金注入。所以典型的乡镇融资平台应运而生。一个县级城市，大大小小的融资平台不下 10 个，每个融资平台都赋予独立的融资资质。融资平台获得融资资本之后，拿到县里统一使用，融资平台承担利息。而据县里知情人士讲，地方每年上数十个项目，都是拆东墙补西墙，借新账还旧账，到还债期无法偿债时也有可能找融资租赁公司。所以，名义上是"融资平台"，实际上和地方政府之间具有剪不断理还乱的关系。在地方政府看来，2015 ~ 2020 年是一个发展红利期，借由"精准扶贫"的政策倾斜，地方政府动作必须快速——快速融资、快速兴建基础设施、快速发展产业，至于未来成本和收益，并非本地政府考虑的范畴。

第三，地方政府以地融资面临长期风险。西部贫困地方政府资源本就有限，土地自然而然地就成了融资工具。这个时候地方政府的城市建设、基础设施建设就发生了很大的变化，政府的融资行为与土地出让脱钩，而主要取决于土地是否能融到资金。对于西部地区来讲，以往是以土地招商引资，现在政府逐渐从对土地的依赖变成对土地融资的依赖。发达地区的地方政府投融资平台比西部地区启动得早，但是发达地区面临的制度环境和经济增长空间与西部地区不可同日而语。在发达地区，地方政府通过融资平台贷款，建设地方基础设施，改善了地方商业环境，同时经济的高速发展带动了地方的土地增值，又进一步地提高地方的财政收入。所以，整体来看，发达地区的金融创新实践是在可承受财力基础之上的金融创新，过去十几年中，在经济发展过程中并没有造成实质性的风险。但从西部地区的经济发展条件和外部经济下行的环境来看，地方区县未来偿债是有相当风险的，现实还存在一个严峻的问题，就是融资平台的债务并不纳入政府预算，所以融资平台债务就成为政府的"隐性债务"，隐性负债如不能及时防范和化解，将导致债务风险不断累积，最终不得不向银行机构和中央政府转嫁。

第四，贫困户的利益如何保护也是精准扶贫中的重大问题。目前，产业扶贫开发主要依托于大型龙头企业、农业合作社带头人做起，公司可以凭借土地的集中流转，一可以获得国家涉农项目资金配套；二可以进一步利用土地和涉农资金向银行贷款，二力合一加速资本和土地的集聚。资本和土地大规模向公司集中，对国家与农民的关系将产生很大影响：（1）金融资本偏向于支持一些实力雄厚的大型企业，由于与扶贫挂钩，大型公司也可能获得国家的各种惠农贷款，由于现在监督体制的匮乏，可能会使惠农资本外流。（2）大型企业进入村庄，可能会重组村庄的组织结构。特别是在一些大规模的产业扶贫项目中，公司可能会成为村庄项目的实际操盘者，而农民与公司的身份不对等，利益链接上很薄弱，如何有效保护农户的利益是现在产业扶贫的重点问题。（3）金融资本和国家惠农政策经常交织在一起，由公司具体执行，给农民一种政府过度辅助资本的印象，导致农户对政府的信任程度降低。（4）大型龙头企业主导农村产业发展，大量农民土地被征收之后，依赖龙头企业获得生计。如果龙头企业、公司对地方市场不熟悉，投资方向失误，会给农村带来更大范围的风险。

（二）规范贫困地区金融扶贫战略的几点建议

当前，政府性融资平台公司在为地方政府融资，促进地方基础设施建设、扶贫产业发展中，发挥了重要作用，虽然也出现了许多不规范的行为、存在一些隐患，但还是一种市场化与政策性相结合的有效融资运作模式。在目前地方融资渠道还不畅通、融资手段比较单一的情况下，政府性融资平台还有继续存在的必要，关键是要进一步进行规范。笔者认为在制度创新上有以下几点可以考虑。

（1）现阶段导致地方政府投融资失控的重要原因是，由于政府部门在公益性、准经营性与经营性领域的全能性投资，具体到贫困地区，政府既搞基础设施，又需要搞扶贫产业。而且需要按照中央要求，在2020年之前完成脱贫任务，地方政府要在短时期内完成三大领域资本形成的任务，必然造成融资平台承受"三座大山"的融资压力，从而形成了不规范的融资手段与融资模式。因此，要重塑地方政府的融资模式，应当把地方政府不该承担的投融资包袱卸下来，扶贫的节奏缓下来，促进扶贫项目的良性发展。

（2）建立地方政府预算体系。根据地方政府的综合财力确定投资预算计划，避免无序竞争，超越地方财政未来承担能力。严格控制地方政府的债务率，通过省级政府统筹，根据地方财力合理安排地方的债务比例。按照实际发生的债务，把分散在各融资平台中的投融资活动纳入地方公共财政的整体框架之中，使得各级政府及时掌握地方债务情况。还要建立地方政府的投融资预警体系，通过大数据监控地方政府的风险信号，使其风险控制在安全范围内。

（3）改变地方融资平台政企不分的格局，逐步剥离融资平台的功能，合理确定地方政府与融资平台的边界，消除政府对于融资平台的直接干预，将融资平台的产权清晰化。在债务融资上，融资平台需依靠自身的资产能力进行合理融资，避免利用政府信用进行超额融资，给地方财政带来风险。在这一点上，乡镇融资平台未来可以考虑台湾地区综合农协的经

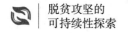

验，从政府中独立出来，成为集融资、生产、供应、销售于一体的市场化组织。

（4）规范地方政府的土地融资行为。在地方土地管理中，土地管理部门根据地方政府的土地管理规划合理确定储备土地用途，合理核算土地出让金以及新增建设用地的使用费用。地方土地出让收入、土地抵押贷款等需统一纳入地方预算体系中。对于违规进行土地抵押贷款、土地质押的政府官员，需要依法追究责任。建立地方官员纵向评价体制，对于离任的地方政府官员，建立长期的责任追踪和考核体制，消除地方政府官员负债的机会主义行为。

（5）建立利益链接机制。资本下沉、产权变革都在改变地方社会的基础结构。在精准扶贫产业政策中，如何有效利用资本（特别是金融资本），构建利益链接机制，防止村庄为资本吞噬，是精准扶贫制度的关键。在政策实践中，对于进入农村的涉农企业进行资格考察，确定农业开发项目的合理性，严格监管各类涉农补贴的流通渠道，使其切实应用到农民身上。严格控制涉农企业利用集体土地进行抵押、质押等融资行为，保障集体土地和集体资产的安全。合理发展"三变"模式，清晰界定农户在集体资产、土地上的产权边界，保障农户的合法收益。建立风险补偿机制，对于经营绩效不佳的涉农企业，建立风险分担机制和退出机制。对于经营绩效良好的涉农企业，适度增大支持力度。

参考文献

［1］周立：《改革期间中国金融业的"第二财政"与金融分割》，《世界经济》2003 年第 6 期。

［2］周立：《渐进转轨、国家能力与金融功能财政化》，《财经研究》2005 年第 2 期。

［3］王绍光、胡鞍钢：《中国国家能力报告》，辽宁人民出版社，1993。

［4］何杨、满燕云：《地方政府债务融资的风险控制——基于土地财政视角的分析》，《财贸经济》2012 年第 5 期。

［5］周雪光：《"逆向软预算约束"：一个政府行为的组织分析》，《中国社会科学》

2005 年第 2 期。

［6］ 渠敬东：《项目制：一种新的国家治理体制》，《中国社会科学》2012 年第 5 期。

［7］ 徐芳、星焱：《我国西部金融与财政支农的经济效应：川渝例证》，《经济学家》
　　　2011 年第 11 期。

［8］ 徐奇渊：《关于扶贫贷款变形的反思》，《金融市场研究》2017 年第 9 期。

［9］ 杨军：《我国西部开发金融政策研究》，《中国农村观察》2003 年第 3 期。

［10］ 周飞舟、王绍琛：《农民上楼与资本下乡：城镇化的社会学研究》，《中国社会科
　　　学》2015 年第 1 期。

第五章

社会保障助力贫困群众可持续脱贫战略

社会保障是现代国家的一项基本经济社会制度，其作为一种国民收入再分配形式，旨在通过国家立法，动员社会各方面资源，保障公民在陷入年老、失业、患病、工伤或遭受意外灾害等困境时基本生活不受影响。根据国务院扶贫办建档立卡统计，因病致贫、因病返贫贫困户占建档立卡贫困户总数的 42%，患大病的和患长期慢性病的贫困人口医疗负担重。[①] 我国 6500 万农村残疾人中，低于国家贫困标准的有近 1000 万人，农村残疾人贫困发生率较一般人口贫困发生率高出 2 倍以上。[②] 要保证因病、因灾、因残等"无业可扶、无力脱贫"的贫困群体顺利脱贫，必须构建完善的社会保障体系。

早在 20 世纪 40 年代，《贝弗里奇报告》就明确提出了建立和完善社会保障制度是反贫困道路上的关键。在后续的研究中，学者们从不同的角度论证了社会保障对减贫的重要作用。2002 年，中共十六大提出"探索建立农村最低生活保障制度"。在扶贫开发新时代，中央进一步指出：要按照贫困地区和贫困人口的具体情况实施"五个一批"工程，即"发展生产脱贫一批、易地搬迁脱贫一批、生态补偿脱贫一批、发展教育脱贫一批、社会保障兜底一批"。[③] 中共中央、国务院在《关于打赢脱贫攻坚战的决定》中明确提出坚持扶贫开发与社会保障有效衔接。随着政策的不断完善，社会保障在脱贫攻坚中的兜底作用得到不断凸显。

一 历史贡献与现实成就

各地在贯彻落实国家社会保障制度及各类惠民政策的基础上，结合经

---

① 《卫计委：因病致贫、因病返贫占建档贫困户总数 42%》，中国新闻网，2016 年 6 月 21 日。
② 王思北、吴晶：《精准扶贫惠及我国 900 万农村残疾人》，新华网，2015 年 10 月 17 日。
③ 2015 年 11 月 27～28 日，习近平总书记在中央扶贫开发工作会议上发表的讲话。

济社会发展的阶段性特征和贫困群众的保障救助需求，不断进行地区社会保障和各类惠民政策的制度设计与创新，推进了以扶贫开发、农村低保、临时救助等制度有机融合的兜底扶贫保障体系建设，兜底扶贫的"网底"逐渐筑牢。总体而言，贵州社会保障助力脱贫攻坚的历史贡献与现实成就主要体现为编制了"六张网"，分别是最低生活"保障网"、基本医疗"救助网"、临时困难"救济网"、特殊群体"保护网"、居民养老"保险网"和基层治理"服务网"。

（一）构建最低生活"保障网"兜住贫困群体基本生活底线

农村居民最低生活保障是政府对贫困人口按最低生活保障标准进行差额救助的新型社会救济制度。这项制度将家庭人均收入低于当地保障标准的居民都纳入保障范围，与传统的社会救济相比，最低生活保障制度在救济范围、救济标准、救济资金、救济程序、管理体制等方面都发生了根本变化。

2007年，贵州省把全面建立和实施农村低保制度列为当年全省"十件大事"之一，5月，省委、省政府先后制定下发了《关于全面建立实施农村居民最低生活保障制度的意见》和《关于全面建立农村居民最低生活保障制度有关问题的通知》，对全省全面建立实施农村低保制度作出具体安排和部署，也拉开了全省范围内全面实施农村低保制度的大幕。为确保低保资金精准保障贫困对象，省政府于2008年下发了《贵州省农村居民最低生活保障申请人家庭收入核算评估暂行办法》，并组织督察组赴各地督促检查低保对象确定情况。2009年，省民政厅会同省统计局、国家统计局贵州调查总队制作了《贵州省农村居民最低生活保障申请人家庭基本情况及收支情况入户调查表》，该表共涉及139项指标，涵盖农户的家庭成员基本情况、家庭财产状况、家庭经营收入、工资收入、转移性收入、财产性收入以及生产生活支出等收支情况，并组织工作组到各地开展调查核实，为全省开展大规模家庭收入核查工作积累了经验，探索了方法。2009年11月5日，省政府召开全省农村低保工作会议对进一步健全完善农村低保制度进行安排部署，明确提出在全省建立"科学规范、公平有效、可持续的农村低保制度"。会后,全省各级政府对进一步健全和完善低保制度工作进行专门部署,各地以县为单位,开展科学合理确定农村低保保障标准、农村低保申请人家庭收入核查、以家庭收入为依据确定低保对象等工作。

2010年2月10日,省政府办公厅印发《关于印发贵州省农村居民最低生活保障工作规程(试行)的通知》,确定"三环节、十步骤"(申请核评、审核、审批三个环节;申请受理、调查核实、民主评困、一榜公示、经办机构核查、乡镇政府审核、二榜公示、县级民政部门审批、三榜公示、待遇批准十个步骤)的农村低保对象审核审批流程,严格申请、审核、评议、公示、审批、发放、监督各环节工作程序,及时将符合条件的人员纳入农村低保保障范围,实现以县为单位动态管理下的"应保尽保、按标施保"。为解决低保对象的季节性缺粮问题,2011年4月22日,省政府印发了《关于建立农村低保季节性缺粮户粮食救助制度的通知》,民政厅制定了与之配套的《贵州省农村低保季节性缺粮户粮食救助制度实施办法》。粮食救助制度作为农村低保的特殊分类施保制度,对耕地少、劳动力缺乏、自产粮食不能满足基本口粮且不能通过自身能力或其他途径解决基本口粮的绝对贫困户,按特别困难户、中等困难户、一般困难户进行差别化补助。这项制度得到了中央的肯定,习近平做出"省政府探索建立农村低保季节性缺粮户救助机制有针对性,解决实际问题,类似地区可以借鉴"的批示。

2012年,贵州省创建低保工作问责机制和低保工作绩效考核机制。省委办公厅、省政府办公厅于11月印发了《贵州省城乡居民最低生活保障工作党政领导干部问责办法(试行)》,省民政厅随后制定下发了《贵州省城乡低保工作绩效考核办法(试行)》和《贵州省城乡低保工作绩效考评指标体系(试行)》,将国家和省关于低保工作的有关要求整合为五项长效机制,即对象认定机制、低保标准合理调整机制、资金筹集管理机制、监督检查机制和组织保障机制,将考核内容分解细化为收入核查、民主评困、张榜公示、审核审批、标准调整、资金筹集、资金管理、资金发放、监督检查、组织领导、责任分解、能力建设等31个量化考核项目,并采取交叉检查的方式对全省各地的城乡低保工作进行了绩效考核。该做法得到了民政部的充分肯定。

为提高低保保障水平，贵州不断健全低保保障调整和分类施保两项机制。在低保标准调整方面：创建低保标准分区域划档次调整机制，解决农村低保标准基数小、城乡低保标准差距逐年扩大、城乡低保标准区域差距较大以及部分经济社会发展水平较高地方的低保标准低于经济社会发展水平较低地方的"倒挂"现象等问题。在分类施保方面：进一步完善低保分类施保政策，建立实施农村低保季节性缺粮户粮食救助制度，形成了补差发放基本保障金、增发特殊补助金以及发放救助粮的三道防线。

经过不断的实践探索和制度体系设计，贵州建立起了以收入核查为核心，以民主评议、张榜公示、县乡抽查为基本保障，以家庭经济状况核对为补充的低保对象认定机制，公平公正公开认定低保对象。并不断完善低保标准调整机制、低保资金筹措机制、低保分类救助机制和低保过程监督机制，基本构建起了最低生活"保障网"，力保"两无"贫困人口共享改革发展的成果。

（二）构建基本医疗"救助网"遏制因病致贫因病返贫

2003 年冬，贵州省民政厅组织了一项关于城乡居民医疗状况的调查。通过开座谈会和入户调查走访等方式，了解 21 户城乡居民生病就医情况并经过研究分析，发现城乡居民存在患大病无钱就医、因病致贫的家庭比例大（21 户被调查的家庭中，有 9 户向信用社贷款、向亲友借钱治疗导致生活贫困）、因无钱治病导致病人死亡或终身残疾等三大问题。工作组撰写的调查报告引起上级部门的高度重视。2004 年 4 月，省民政厅、省卫生厅、省财政厅联合印发了《贵州省农村医疗救助实施方案》，要求在全省范围内全面实施农村医疗救助制度，并明确救助对象、救助标准和救助资金来源。2006 年印发的《中共中央国务院关于推进社会主义新农村建设的若干意见》提出，国家将积极推进新型农村合作医疗制度试点工作，2008 年，在全国农村基本普及新型农村合作医疗制度。至此，农村形成了以新型农村合作医疗为基础，以医疗救助为补充的医疗保障体系。

　　新型农村合作医疗制度是针对全体农村群众而言的普惠型医疗保障制度。对贫困群众而言，还受惠于政府基本医疗"救助网"的编制。2008年5月，贵州省民政厅制定下发了《关于进一步加强城乡医疗救助制度的通知》（以下简称《通知》），《通知》在扩大城乡医疗救助范围、提高救助水平、提供方便快捷服务、加大资金投入、加强与有关医疗保险制度的衔接等方面提出明确要求，城乡医疗救助制度在全省范围内全面实施。为贯彻落实民政部、财政部、卫计委、人力资源和社会保障部《关于进一步完善城乡医疗救助制度的意见》，省民政厅、省财政厅、省卫生厅、省人力资源和社会保障厅于2010年12月联合印发了《关于进一步规范完善城乡医疗救助制度的实施意见》，对救助范围、救助方式、救助标准、救助程序、资金投入和管理以及医疗救助工作的组织领导做出明确规定。2011年，贵州省进一步修订完善了医疗救助方案，采取逐步取消起付线，提高救助封顶线和救助比例，将低收入家庭中的老年人、重病或重残的人员纳入救助范围，推行一站式医疗费用结算服务，开展医疗救助示范创建活动等措施进一步健全完善医疗救助制度，充分发挥城乡医疗救助制度在脱贫攻坚中的重要作用。

　　2011年9月4日，贵州省民政厅印发了《关于深入推进医疗救助制度建设加强医疗救助资金监管的通知》，要求各地严格把握医疗救助范围、明确医疗救助标准、规范操作流程，加强监督管理，确保资金安全运行。2012年5月4日，贵州省转发了中央四部门出台的《关于开展重特大疾病医疗救助试点工作的意见》，并结合贵州实际制订了相关实施方案，正式启动了全省重特大疾病医疗救助试点工作。2013年，全省医疗救助范围扩大到城乡低收入家庭老年人、重病或重残人群以及艾滋病患者和艾滋病机会感染者，医疗救助水平逐步提高。2014年2月14日，省民政厅制定下发了《关于认真解决当前医疗救助工作中存在问题的通知》，要求坚持保基本、保重点、保大病的原则，筑牢医疗保障底线，合理设置低收入家庭和支出型贫困家庭医疗救助条件，确保困难群众享受基本医疗卫生服务。

　　为进一步建立完善基本医疗保险、大病保险和医疗救助"三重医疗保障"体系，切实提高农村贫困人口医疗救助保障水平，贵州省两办于2015

年 10 月 16 日制定下发了《关于提高贫困人口医疗救助保障水平推进精准扶贫实施方案》，对医疗救助保障对象范围、资助参合（保）对象、基本医疗保险补偿政策、大病保险报销政策、民政医疗救助整合和医疗救助保障结算等做出明确的规定。通过整合城乡医保、大病保险、医疗救助等各类医疗保险资源，建立起"三重医疗保障"体系，为患有大病的城乡贫困家庭编制了三道"救助网"，有效地遏制和减少农村居民"因病致贫、因病返贫"。

（三）构建临时困难"救济网"提高贫困群众抗风险能力

临时困难救济主要包括自然灾害救济和临时救助。由于贵州特殊的地理条件和气候环境，灾害种类多，分布地域广，发生频率高，造成损失大，使贵州的防灾减灾工作一直在解决问题中不断探索新路，逐步推动防灾减灾体系的建设。

贵州的救灾救济工作，经历了由"单一的救济"变为"救灾与社会保险相结合"的过程。在"单一救济"时期，面对自然灾害，各级政府采取的是"依靠群众，依靠集体，生产自救，互助互济，辅之以国家必要的救济和救助"的救灾工作方针。进入"救灾与社会保险相结合"的救助阶段后，政府采取动员农民积极参加社会保险，对无力支付保险金的贫困户，由民政部门垫支，一旦发生天灾人祸，由保险公司负责赔偿，使有限的救灾费发挥更大的救助效益。同时实行救灾与扶贫相结合，用部分救灾费扶持贫困户发展生产，脱贫致富，增强防灾抗灾能力。

在整个灾害救济中，坚持救灾分级管理、救灾经费分级负责的责任制，强化自然灾害救济费管理，实行救灾款物发放工作的"政策公开、救灾对象公开、救灾标准公开、救灾数量公开、张榜公布、接受群众监督"的原则，使有限的救灾款物都用到灾区和灾民身上。随着各项防灾减灾救灾机制的建立完善，有效遏制了"因灾致贫、因灾返贫"现象的发生。

在临时救助方面，2007 年 6 月，民政部下发了《关于进一步建立健全临时救助制度的通知》，要求切实解决城乡困难群众因临时性、突发性原因导致的基本生活困难问题。2009 年 1 月，贵州省《政府工作报告》明确提出要"建立健全临时救助制度,帮助低保边缘群体、低收入群体解决特殊困难"。根据省人民政府的安排,各级民政部门在规范完善城乡低保制度的同时,建立临时救助制度。确定救助对象为如下几类:一是家庭成员中有人患危重疾病,在领取各种医疗保险、新型农村合作医疗保险、城镇居民基本医疗保险、医疗救助报销和其他社会帮困救助资金后,因个人负担医疗费数额较大,直接导致家庭基本生活难以维持的;二是家庭成员中有人遭遇车祸、溺水、矿难等人身意外伤害,在领取各种赔偿、保险、救助补助资金后受害者家庭基本生活难以维持的;三是因火灾等突发意外事件,造成家庭财产严重损失,导致家庭基本生活暂时难以维持的;四是因支付子女或法定赡养人非义务教育阶段教育费用,导致家庭基本生活难以维持的;五是其他临时特殊原因造成家庭生活特别困难的城乡困难家庭,经其他救助措施帮扶后,基本生活仍然难以维持的。临时救助的资金来源为:一是以政府财政资金投入为主,鼓励和引导社会力量和个人出资出力;二是各级民政部门从留存的福利彩票公益金中安排一定比例资金;三是省级财政对各地给予适当补助。

（四）构建特殊群体"保护网"保证鳏寡孤独者皆有所养

针对部分公社和生产队由于遭受自然灾害等原因,没有完全落实"五保户"政策,造成有的"五保户"实际处于生活无着落的境地,甚至发生乞讨等现象,贵州省民政厅于1983年出台了《关于进一步搞好农村五保户普查工作的意见》,要求全省各地对农村"五保户"进行一次普查,做好对"五保"对象的登记、评定、颁发"五保证"等工作。在普查过程中,经过宣传教育,使干部群众提高了认识,积极落实各项"五保"对象供养措施,改变了社会风尚,取得了较好的社会效益。同时,强调"五保户"供养可采取集中和分散供养的办法。

在群众中进行分散供养的"五保户",其经济来源主要有三种:一是在集体提留款中开支一部分;二是受委托的抚养人或集体经济组织提供一部分;三是在民政部门下拨的救济款中安排一部分。大部分分散供养的"五保"对象和集体经济组织、受委托的抚养人签订"五保"供养协议,其余部分虽未签订书面协议，但均有村委会和村民小组领导在场，供养双方承诺的口头协议。因为有协议的保障，在很大程度上保证了供养关系的落实。2002年，全省农村实行税费改革试点取消"三提五统"后，"五保"供养经费来源渠道转变为从财政转移支付中解决。2005年6月，省民政厅下发了《关于切实做好全面建立实施农村特困群众救助制度工作的通知》，进一步规范农村"五保"供养，要求"对于农村五保供养对象，要按照国务院《农村五保供养条例》规定，将符合条件的及时纳入供养范围，给予定期救助，并通过救济、帮扶等措施，确保其实际供养标准不低于当地一般群众生活水平"，"五保供养所需经费，各级要按照每人每年补助不低于625元的标准，从财政转移支付资金中统筹解决，确保落实"。据2006年的一次全省范围内的摸底调查显示，当年全省共有农村"五保"对象16.16万人，分散供养标准平均达到1429元，基本接近全省上年农民人均消费支出指数1552元和农民人均收入指数1887元的水平。2010年全省共有"五保"对象14.87万人，其中分散供养对象共13.84万人，分散供养标准1429元每年；2013年"五保"供养对象12.59万人，分散供养标准为1618元每年。随着经济的发展和消费水平的提高，供养标准也在不断提高。

在集中供养方面，1980年，贵州省人民政府批转省民政厅《关于提高农村五保户生活水平的意见》，要求各县（市）"积极办好农村敬老院（或福利院）"，"已办有敬老院的县要认真总结经验，进一步办好，为五保老人创造一个舒适的环境"。1991年7月9日，省政府办公厅转发了省民政厅《关于大力发展敬老院的几点意见》，要求各地在对"五保户"逐年提高分散供养水平的基础上，"必须有计划有步骤地建立和发展农村敬老院"。并对兴办农村敬老院的方式、主体、资金来源等做了明确的规定。在各级党委政府的大力推动下，农村敬老院的建设取得迅速发展，床位数不断增加。为加强敬老院管理，解决"重建设、轻管理"的问题，本着"建好一所、用好一所"的原则，全省各地积极开展以"抓入院人数，上规模；抓设施齐全，上档次；抓院务管理，上水平"的"三抓三上"活动，并对部分规模小、管理差、入住率低的敬老院进行撤并和改扩建，整合资源，使敬老院逐步向规范化、标准化、规模化的方向发展，改变了部分地方单纯追求数量，忽视建院质量的状况。2012 年，省委、省政府进一步加大对农村"五保"供养工作的重视和支持力度，将"全省'十二五'期间新改扩建农村敬老院 750 所，新增床位 6.5 万张"纳入《贵州省国民经济发展和社会发展第十二个五年规划纲要》，并纳入省委、省政府组织实施的"十大民生工程"和"十六件民生实事"进行安排部署。经过几年的努力，"五保"对象集中供养的基础支撑能力显著增强，保障能力进一步提高。

在孤儿供养救助方面，从 2010 年开始，贵州就把包括社会散养孤儿在内的全省范围内的孤儿、受艾滋病影响儿童全部纳入基本生活保障范围。不断加强儿童福利服务设施建设，实施孤残儿童手术康复"明天计划"、福利彩票"温暖贵州""希望之旅"、儿童福利机构"阳光助力计划"等系列公益项目，提高孤残儿童救助水平。设立贵州省留守儿童困境儿童关爱救助保护工作领导小组办公室，开展以"四个精准"（即精准识别关爱对象、精准确定关爱内容、精准落实关爱责任、精准制定关爱措施）为主要任务的农村留守儿童、困境儿童关爱救助保护工作，实施以"合力监护、相伴成长"为主题的关爱保护专项行动等，使留守儿童监护缺失和监护薄弱、关爱缺位的现象得到有效扭转。建立留守儿童、困境儿童信息动态管理系统，开展"接送流浪孩子回家"专项行动，探索以"监测预防、发现报告、评估帮扶、监护干预"等为核心的未成年人社会保护工作新路。

（五）构建农村养老"保险网"提高老年群体生活水平

1992 年，贵州省人民政府根据国务院相关文件精神，印发了《关于开展农村社会养老保险工作的通知》，决定在息烽、福泉、花溪等 10 个县（市、区）开展农村社会养老保险试点工作，在我国已基本形成的以家庭养老、土地保障为基础的农村养老模式的基础上，探索更加健全的农村社会养老模式。2007 年 10 月，中共十七大提出"到 2020 年基本建立覆盖城乡居民的社会保障体系"，十七届三中全会又进一步确定新型农村社会养老保险实行"个人缴费、集体补助、政府补贴相结合"的筹资原则。2009年6月，国务院决定在全国10%的县开展新型农村社会养老保险制度试点工作，贵州省有11个县获批全国新型农村社会养老保险试点县，并成立了工作领导小组推动试点工作的开展。2010年12月3日，省人民政府印发了《关于开展新型农村社会养老保险试点的意见》（以下简称《意见》），《意见》明确新型农村社会养老保险试点的基本原则是"保基本、广覆盖、有弹性、可持续"；从农村实际出发，低水平起步，筹资标准和待遇标准与经济发展及各方面承受能力相适应；个人（家庭）、集体、政府合理分担责任，权利和义务相对应；政府主导和农民自愿相结合，引导农村居民普遍参保；新型农村社会养老保险基金由个人缴费、集体补助、政府补贴构成，实行社会统筹与个人账户相结合，与家庭养老、土地保障、社会救助等其他社会保障政策措施相配套，保障农村居民老年基本生活。2010年初，经国务院批准，贵州新增湄潭、西秀等10个县（市、区）纳入试点，10月，又有清镇、都匀等县（市、区）被列入国家扩大试点县。2011年，新型农村社会养老保险试点工作取得突破，新增试点县52个，总数达到73个，纳入国家新型农村社会养老保险试点的覆盖面居全国前列。

2014年2月，国务院下发《关于建立统一的城乡居民基本养老保险制度的意见》，在总结新型农村社会养老保险和城镇居民社会养老保险试点经验的基础上，决定将两项制度合并实施，在全国范围内建立统一的城乡居民基本养老保险制度。至"十二五"期末，全国基本实现新农保和城居保合并实施，并与职工基本养老保险制度相衔接。2016年7月，贵州省出台了城乡居民基本养老保险一次性补缴政策，明确对已领取养老保险待遇的人员，按自愿原则可一次性补缴费用增加个人账户积累，提高待遇水平。

（六）构建基层治理"服务网"促进社会保障政策有效落实

为更好地为群众提供服务，贵州省大力推进社区公共服务设施建设。据统计，到"十二五"期末，实现全省乡镇（街道）社区服务中心全覆盖，82.8%的农村社区和95%的城市社区建设了社区服务站，并不断推进社区公共服务综合信息平台建设，有效地提升了基层服务群众的支撑能力。

各地依托县（市、区）、街道（乡镇）、社区三级社区综合服务设施，积极开展了面向全体社区居民的劳动就业、社会保障、社会救助、社区养老、医疗卫生、计划生育、文体教育、社区安全、流动人口服务管理、矛盾纠纷调解、法律援助、特殊人群服务管理等服务，在农村社区还有针对性地开展了农技推广、科学普及、饮水安全等服务项目，优先满足老年人、残疾人、未成年人、低保对象、优抚对象、下岗职工、农民工等社会特殊群体的需求，基本实现了政府基本公共服务在全省城乡社区的全覆盖，使国家的系列惠民政策得以落地，为脱贫攻坚搭建了完整的服务平台。

二　相关问题讨论

中共十九大报告指出：按照兜底线、织密网、建机制的要求，全面建成覆盖全民、城乡统筹、权责清晰、保障适度、可持续的多层次社会保障体系。如何把国家的宏观战略转化为实实在在的民生福利，需要各地结合实际不断进行制度创新、完善工作措施、搭建服务平台。但是，随着经济发展水平的提高，人民群众的美好生活需要日益增长，社会保障体系在助力脱贫攻坚中依然存在诸多问题。主要体现在如下几个方面。

（一）关于社会保障碎片化的问题

随着经济社会的快速发展，综合救助、"大救助"的要求日益凸显，对社会保障体系化建设的要求不断提高。但是，"各类社会保障政策政出多门，制度自成一体，独立运行，产生了社会保障的碎片化现象，导致社会保障'兜底'能力不强"。[①] 以"三重医疗保障"为例，此项业务涉及卫生、保险、民政等部门，但目前没能够实现"一站式"服务，数据不统

---

① 林闽钢：《社会保障如何在精准扶贫中发力》，《中国社会保障》2017年第4期。

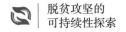
一，工作推进困难较大。问题主要体现在如下几个方面：第一，医疗救助不能在新农合系统中产生数据，救助对象与新农合报销、大病商保补偿的群众是不是相同人员无法确定，产生的"三重医疗保障"补偿比是多少，受益情况也无法得知。第二，医疗救助资金缺口较大。某镇 2016 年第一季度医疗救助资金 244.1263 万元，占全年度安排的医疗救助资金 403.1 万元的 60.56%，医疗救助资金缺口达到 500 万元左右。第三，由于业务人员专业限制，无法认定救助对象的病种是否符合上级文件规定的救助标准。第四，基层经办人员之间的配合存在问题。文件规定救助对象为农村"五保"供养对象、城乡低保对象、城市"三无"人员、城乡低收入家庭等 8 个方面的对象，但在城乡低收入家庭的认定上镇村两级把关不严，村乱开证明，乡镇因工作人员少，工作量大，无法核实村级上报的城乡低收入家庭情况，只要申请都救助，造成医疗救助资金被挤占，部分真正需要救助的家庭反而可能得不到救助。

又如在灾害救助中，主导力量仍然是民政资金，而相关的扶贫搬迁、危房改造、新农村建设等项目资金则很少被用于灾害救助。由于项目实施主体、项目保障对象、项目规划等不同，使政策、资源之间投入分散，没能发挥整合效益。

（二）关于社会保障管理服务能力的问题

一是信息化程度不高导致对象保障不精准。尽管贵州把"大数据"列为重大战略，但在一些具体领域，信息化建设步伐仍显滞后。主要表现为基层公共服务信息基础设施建设不足、设备使用效率不高、部门间信息共享机制亟待完善等方面。据统计，"十二五"期末，全省社区公共服务综合信息平台覆盖率仅为 11.4%。居民家庭经济状况核对信息平台建设步伐也较慢，尚未建成省市县三级联网的经济状况信息共享机制。民政部门内部，特别是与相关部门之间的信息共享尚未完全实现。导致对申请社会救助对象的家庭经济状况，特别是对家庭隐性收入（包括家庭成员外出打工收入、银行存款、有价证券等）的核查缺乏有效手段和方法，如申请人不如实申报其隐性收入，调查人员通常难以对其真实收入和家庭困难程度进行准确认定，从而很大程度影响了社会救助和社会福利制度实施的公平性。

二是对保障对象救助不充分影响其可持续脱贫。目前，传统的、单一的物质和现金救助仍是社会救助的主要手段和方式，还不能提供精神慰藉、心理疏导、技能培训等形式的救助，难以帮助困难群众提升自我发展能力，进而实现贫困群众的可持续脱贫。

另外，支出型贫困救助仍未破题。支出型贫困是指家庭成员因医疗、教育等大笔刚性资金支出发生后，造成家庭基本生活困难，属于急难型贫困。这一部分群体，不仅包括低保对象，还包括低保边缘群体和因特殊情况发生引起家庭生活困难的一般家庭。在现有社会救助制度框架内，支出型贫困家庭尽管能够从社会救助中获得帮扶，但因缺乏更全面的政策保障，往往救助不充分，有时甚至是杯水车薪，不能真正实现兜底保障。

三是农村"五保"供养机构管理服务水平亟待提高。尽管近年来敬老院硬件建设得到很大程度加强，但敬老院管理服务人员队伍薄弱、管理服务经费保障难、管理服务观念落后、管理服务方式陈旧等痼疾仍然不同程度存在，导致敬老院对"五保"对象缺乏足够的吸引力，"五保"对象"住不进、留不住"。

（三）社会力量参与社会保障力度不够

一是认识不足和重视不够。社会保障制度的服务对象是低保、五保、留守儿童、优抚对象等重点人群。业务量大，服务人群多。这就意味着，要提高社会保障服务质量，必须推进社会保障工作迈向社会化的轨道：该社会力量参与的交给社会、该市场承担的交给市场，构建起多元化的社会保障服务机制。然而，地方政府"大政府小社会"的思维还没有彻底转变，依然延续着政府包办一切的服务模式，对社会工作、社会组织等"第三方力量"在提供民生服务、参与脱贫攻坚中的作用认识不足，大量的社会保障业务都是由基层干部直接承担。

二是购买服务没得到实质落实。政府部门掌握着大量的社会服务资源，但对政府购买服务的意义认识不足，对购买服务也缺乏经验和有效的手段。多数地方还没有将政府购买相关社会保障服务列入财政经费预算，由于没有专项经费，缺乏制度保障，使所开展的购买服务经费不足，临时性较强，进而影响了社会组织和社会工作力量参与社会保障服务助力脱贫攻坚的效果。

三是市场作用发挥不明显。以救灾减灾为例，由于机制尚未健全，总体上看，市场机制参与防灾减灾救灾内容仍不丰富、手段单一、作用发挥不明显。金融及衍生产品在防灾减灾救灾领域的开发运用基本处于空白状态，资金来源仍依靠政府单一投入为主，在贵州这样的西部欠发达省份，资金供需矛盾尤为突出。目前全省建立实施的灾害保险险种较少，在制度设计、运行机制方面还存在诸多不足，灾害风险转移的渠道不多、手段欠缺、保障水平偏低，保险市场手段分担灾害风险的功能发挥仍然不够。

四是参与主体发展滞后。主要表现在两个方面：第一，社会组织发育不足且作用发挥不理想。据民政系统的工作人员介绍，全省有1000余家社会组织，能真正发挥作用的仅有1/3。更为重要的是，比较好一点的社会组织基本上都在城市，农村社会组织严重缺乏，甚至基本处于空白状态。一方面，社会组织发育迟缓，另一方面，社会组织的作用发挥也很有限。以防灾减灾救灾为例，虽然贵州有几十家在防灾减灾救灾方面的专业性救援协会，但由于存在制度不健全、渠道不畅通等问题，社会力量的积极作用发挥极为有限，难以形成优势互补、协同配合的防灾减灾救灾总格局。第二，社工队伍数量少且技能水平不高。如贵阳全市社区干部取得全国社会工作师资格认证的仅有50人，并集中在5个区。农村社工人才队伍更是少之又少，社会工作人才队伍远不能满足需求。对于已有社工队伍，绝大多数都没有受过系统的社工专业教育和正规的社会工作知识、技能的训练，社会服务一线普遍存在着专业基础薄弱、专业工作时间短、职业技能有限等问题，服务的专业化程度不高。某市2582名持证社工中，94%左右都是街道或社区工作人员，其中本科及以上学历的不到50%。

（四）社会保障"最后一公里"存在短板

一是落实社会保障政策的干部队伍建设滞后。2004年乡镇综合配套改革后，站所合并，导致基层从事社会保障工作的干部队伍远远不能满足事业发展需求。表现为基层工作人员长期缺乏，兼职、无编制等情况普遍存在，人手紧缺、人员不稳定。如望谟县桑郎镇社会事务办有3个行政编制，现仅有的2名工作人员分别从水利办和畜牧站抽调，除从事民政、残联、危房改造、慈善等工作外，还需承担水利、畜牧等工作，任务十分繁重，长期加班加点，疲于应付。导致基层很多社会保障工作一定程度上存在疲于应付，无法做深做细，影响了社会保障兜底扶贫功能的有效实现。

二是社会保障工作经费配套不足。贵州的社会保障资金主要依靠中央的转移支付，由于上级下拨的工作经费均为专项资金，使用途径和范围都有明确的规定，受地方财力不足的影响，各地列入本级财政预算的社会保障工作经费过少。如目前省级只有农村低保每年预算安排工作经费793万元，市、县两级工作经费安排则普遍未形成长效机制，随意性较大。由于没有社会保障工作经费，中央转移支付的很多民政项目很难落实。社会保障资金都是"高压线"，没有调整使用的空间，导致资金使用结构失衡，有的工作资金结余太多，有的工作缺乏资金保障。

（五）社会保障监督机制亟待完善

一是监督管理机制亟待完善。社会保障资金是国家用于保障困难群体、特殊弱势群体及优抚对象基本生活的专项资金。近年来，国家对改善民生问题越来越重视，民生资金越来越多。必须加强社会保障监督体系建设，才能保证民生资金及时、准确、足额地发放到保障对象手中，实现有效的兜底扶贫。但相关部门在推进工作中存在重政策制定轻督促指导、重资金分配轻监督管理等现象，一些民生政策尚在摸索中前进，没有形成很好的制度模式和监管体系。在具体的监督过程中，监督方式较少，有效的外部监督不足，无法得到相应的反馈意见以改进工作。重视事后监督，事前预防不足。导致有些惠民政策在一些地方落实不及时不得力，存在"中梗阻"和"最后一公里"现象问题。

二是基层专职监督力量薄弱。主要表现在两个方面：第一，受编制限制，监督执纪人员力量不足。尽管想主动将监督的触角伸向精准扶贫一线战场，但常常是心有余而力不足，只能"被动"受理群众来信来访，"被动"执纪。第二，乡镇纪委实际上只有一个专职纪委书记，纪委委员和纪检干事均为兼职，每人都承担着繁重的扶贫工作，无法将精力集中到监督工作中来。部分乡镇纪委书记既参加精准扶贫工作，又开展监督执纪，既当运动员，又当裁判员，影响监督的效果。

三是村民监督委员会的积极性不高。村（居）务监督委员会制度自2011年起在贵州省逐步推行以来，在深入推进农村党风廉政建设和基层民主政治建设，保障农民群众的合法权益，维护农民群众的知情权、参与权、表达权和监督权上起到了重要作用。村（居）务监督委员会作为村级组织，也承担了大量的事务性工作，但由于省级对村（居）务监督委员会成员和村（居）民小组长的补贴问题至今未有明确规定，各地在是否补贴、补贴标准上规定不一，造成一些地方村（居）务监督委员会成员和村（居）民小组长工作激情不高、责任心不强、工作开展不力、成效也不明显。

三 对策建议

进一步发挥社会保障在脱贫攻坚中的兜底扶贫作用，必须按照"兜底线、织密网、建机制"的要求，按照"不破法规破常规"的思路，不断推进制度创新和观念创新。健全制度体系、协调服务力量、优化服务平台、充实服务人才，才能突破系列社会保障政策的"最后一公里"，进而实现困有所助、灾有所救、老有所养、孤有所济、优有所待、善有所为，达到助力贫困群众可持续脱贫的目标。

（一）理顺社会保障服务体制，解决政策衔接不足的问题

一是推进社会保障相关职能之间的协调化。我国社保体系的管理呈条块分割、城乡分割、多头管理的状态。① 要发挥社会保障的整合效应，必

---

① 刘文静：《社会保障与精准扶贫如何"牵手"互动》，《中国社会保障》2017年第8期。

须打破分割，推进相关职能部门之间的协调化。因此要进一步强化政府领导、相关部门配合、基层落实、社会参与的社会保障工作格局。充分发挥好社会保障联席会议功能，有效整合各项保障制度，打破制度限制和政策壁垒，发挥出政策的合力。

二是推进社会保障与脱贫攻坚制度体系的协调化。按照中央决策部署，实现社会保障与脱贫攻坚之间的政策衔接，对无法依靠产业扶持和就业帮助脱贫的家庭实行政策性兜底保障，确保到2020年现行标准下所有贫困群体全部脱贫。重点做到三个方面的衔接：第一，实现识别要素的衔接。在充分考虑家庭收入和家庭财产等要素的基础上，要适当考虑困难家庭的刚性支出，将子女教育、重特大疾病或慢性病等刚性支出列入低保对象识别和贫困户识别的要素范围，实现两项制度识别要素的统一和衔接。第二，实现保障标准的衔接。建立农村低保标准动态调整机制，逐步缩小农村低保标准与国家扶贫标准的差距，让更多符合低保条件的贫困人口能够纳入农村低保保障范围。第三，实现信息数据的衔接。推进扶贫信息平台与民政信息平台之间信息的无缝链接，以实现数据共享，做到数据快速高效比对，为实施精准救助和精准扶贫提供依据。

（二）加强社会保障平台建设，解决服务水平低的问题

一是推进社会保障服务阵地建设机制化。下拨专项经费，加强基层服务阵地建设，保证社会保障工作能正常有效开展。从省财政、省级福利彩票公益金安排社区建设以奖代补专项资金和设施建设补助资金，调动各地投入民政服务设施建设的积极性。配备相对统一的民政办公用房、办公设施和救灾应急装备，进一步推动基层民政场所标准化建设。加强对乡镇敬老院的监督管理，高标准改善敬老院基础设施。在乡镇和有条件的村（社区），鼓励和支持老年人日间照料中心建设，提升村级托养服务能力。

二是推进社会保障信息平台建设机制化。加强基层社会保障服务信息化建设，建立民生基础信息数据库，确保数据采集、更新、监测、上报实现信息化。整合资源，加强管理，与人社、社保、住建规划、公安、工商质监、国税、地税、金融、公积金等有关部门实现数据互联互通、资源共

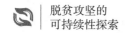
享。将信息平台使用终端延伸至村（居）委会，通过村（社区）干部适时报送社会保障对象数据信息，努力提高信息报送的质量和效率。

提高社会保障系统信息基础设施和技术装备水平，加强一体化社区信息服务站、社区信息亭、社区信息服务自助终端等公益性信息服务设施建设，提升群众对各类惠民政策的知晓率。依托基层公共服务综合业务信息平台，实现社会保障一号申请、一窗受理、一网通办，强化"一门式"服务。推进贵州"民政云"和"救灾云"等社会保障大数据平台建设，整合数据资源，实现信息共享，提高社会保障服务的信息支撑能力。

（三）推进多元主体参与服务，解决服务力量不足的问题

一是培育社会力量。脱贫攻坚是一项体系复杂、任务繁重的工作。在脱贫攻坚的具体操作层面，必须实现农村社区行政职能上移、服务重心下沉、社会组织落地、公众参与扩面等举措，积极培育社区、社工和社会组织的力量，并积极推进"三社联动"系统推进脱贫攻坚。

通过实施社区社会组织简化登记和备案双轨制、建立和完善社会组织鼓励扶持制度、全面落实社会组织孵化机制、加强对社会组织的服务引导等大力培育社会组织。大力发展健康养老、扶贫济困、教育培训、公益慈善、防灾减灾、邻里互助、农业技术服务等类型的社会组织。完善社会组织发现居民需求、统筹设计服务项目等制度体系，充分发挥社会组织在脱贫攻坚和民生服务中的积极作用。建立科学合理的奖励评价和淘汰机制，让优秀社会组织有为有位，降低社会组织的空壳率。

每个城市社区和农村乡镇至少配备一名社会工作专业人才。推动各级老年人服务机构、社会福利机构、收养服务机构、社会救助服务机构、未成年人保护机构、优抚安置服务机构开发设置社会工作岗位，配备使用社会工作人才，深化社会工作服务实践。积极制定专项培训规划，完善社工培训体系，充分发挥培训基地和重点示范基地的示范引领作用。鼓励社区工作者积极参加全国社会工作者职业水平考试，提高社区工作者持证率，不断提升社区工作者的专业化程度，并引导有条件的社区工作者向专业社会工作者转变。以专业社会工作者带动社区工作者，提升社区工作者的专

业服务水平。通过多层次、分类别的人才培训和培养，实现了社区干部、专业社工、社会组织骨干、志愿者等队伍的立体发展。

二是推进政府购买服务。以县为单位，在报请当地党委政府和财政部门同意的基础上，将社会救助、社会福利、区划地名管理、社会组织管理、社区事务、社工服务、慈善救济、公益服务、社区矫正、安置帮教、老年人和未成年人的关爱等涉及村（社区）的工作纳入购买服务目录，分别确定购买服务的事项、评价标准、考核办法，并按照每个村5万～10万元的标准安排经费预算，按照一年一购的方式与村（社区）签订服务合同，明确相关标准、服务方式、资金支付方式、双方权利义务及违约责任。民政部门定期进行业务指导和跟踪督促，每季度末由乡镇会同民政部门对购买服务完成情况进行督察并公示，购买服务资金每季度根据完成情况拨付一次。资金主要用于对完成任务的社区干部的奖励，并建立购买服务质量评估机制和相应的奖惩机制，推进购买服务质量的有效提升。

三是培育市场力量。如在养老方面，采取补助投资、运营补贴、购买服务等多种方式支持社会力量举办养老机构。围绕建设以企业和机构为主体、社区为纽带、满足各种服务需求的居家养老服务网络目标，采取政策引导和资金补助方式积极培育居家网络服务机构，建设居家养老服务站和社区日间照料中心。

在救灾救济方面，充分发挥金融和保险手段在常态减灾、紧急救援、过渡安置、恢复重建等方面的积极作用。打通金融服务业包括金融产品及其衍生品与防灾减灾救灾事业间的无障碍渠道，探索与防灾减灾救灾急需的基础设施建设等方面存在的资金缺口相适应的融资模式。创新防灾减灾救灾有关基金参与市场运作保值增值的管理办法，搭建防灾减灾救灾金融服务平台，促进金融业为防灾减灾救灾事业发展提供更加充足及时的资金支持和更加优质高效的金融服务。合理引入保险市场机制，以贵州当前已经全面实施的政策性农房灾害保险、农业保险等为突破口和"试验田"，立足多险种搭配，促进保险市场机制向防灾减灾救灾事业的有机切入，进一步发挥保险市场手段分担灾害风险的作用，彻底改变防灾减灾救灾工作

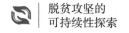

中政府"单打独斗"的被动局面。积极探索构建防灾减灾救灾工作"标准化救助、市场化分担、常态化防灾、综合化减灾"的防灾减灾救灾新模式。

（四）充实工作经费和服务人才，解决社会保障落地难的问题

一是实现社会保障工作经费配套机制化。将基层社会保障工作经费统一纳入各级财政预算，健全工作经费自然联动增长机制，并建立相应的社会保障经费配套目标绩效管理考核体制，保证各项社会保障工作正常有序开展。

二是推进资金预算管理的协调化。2015 年，省财政厅印发了《贵州省省级部门财政拨款结转和结余资金管理办法（暂行）》（黔财预〔2015〕15 号），指出"省级部门在编制本部门预算时，报省财政厅按程序审批后，可以在部门本级和下级预算单位之间、下级不同预算单位之间、不同预算科目之间统筹安排使用结余资金"。有鉴于此，建议民政等社会保障部门会商财政部门，按照结转结余资金使用的相关政策，将本级结转结余的配套资金调整结构整合使用，提高社会保障资金助力脱贫攻坚的使用效率。

三是加强基层社会保障服务队伍建设。建议由民政厅草拟，以省政府的名义出台一份"关于进一步加强基层民政服务能力建设的意见"，规定到 2020 年基层民政能力建设要达到有机构、有人员、有经费、有条件、有能力、有制度、有成效的标准。民政专干实行专人专用，如需调动或者抽调开展其他工作，需报上级民政部门批准备案。注重加强全省民政系统政治理论和业务知识培训，努力提高各级民政干部的整体素质和能力水平。每村至少配备一名专职民政干事，村级民政专干的工资由政府财政补贴和购买服务两部分组成，提高民政专干的工作积极性。出台"民政专干管理指导意见"，明确规定民政专干选聘条件、待遇、职责、任务、管理、考核、奖惩等，使工作有章可循，具有操作性。通过民政专干作用的发挥，使国家各项惠民服务能"一竿子插到底"，从根本上解决基层民政服务"没有腿"或"迈不开腿"的局面。

（五）实现民政监督常态化，发挥民生扶贫资金的最大效益

一是廉政风险点排查常态化。开展岗位廉政风险排查，将苗头性的问题消灭在萌芽状态。排查内容必须结合岗位职责，围绕人权、事权、财权、审批权等重要领域、重要部位和关键环节，认真查找本部门、本单位及副处级以上干部在重大事项决策、重大项目安排、大额资金使用等方面存在的风险和问题。首先要结合风险点特点有针对性地逐条制定防范措施，有效堵塞监管工作上的漏洞，构建权责清晰、风险明确、措施有力的廉政风险防控机制，树立廉政风险防控意识，增强化解廉政风险和拒腐防变的能力。其次，按照"一岗双责"的要求，单位（部门）领导干部要逐一对照认领单位（部门）存在的风险点，部门负责人要带头查找存在的廉政风险，带头制定和落实防控措施，带头抓好自身和管辖范围内的廉政风险防范管理。再次，充分运用排查成果，将排查出的风险点梳理成具体责任内容写入《党风廉政建设责任书》，充实责任书内容，让责任书更有针对性，更能凸显岗位职能职责。最后，实行处室（局）负责人责任书"两头签"制度，对上与厅党组签，对下与处室（局）的党员干部签，实现党员干部监督管理全覆盖，层层传导压力，层层压实责任。

二是项目资金监督问效常态化。采取党委、政府督察督办与部门绩效考核相结合、社会保障相关部门内部监督与外部监督相结合、明察与暗访相结合、平时检查与重点督察相结合的办法，加强对象认定、保障待遇落实和资金管理使用环节的监督。切实发挥民生项目和资金经常性监督问效制度的作用，每年按一定比例抽样对民生项目和资金分配使用情况进行检查，彻底改变过去重分配轻监管的现象，变专项行动为每年必动，努力形成管项目资金分配，还要管使用监督，管集中问效的良好规矩，进而把规矩变成习惯。并做好检查成果的充分运用，对监督检查中发现的问题进行梳理，有针对性地提出整改措施，完善相应的制度规定，及时堵住漏洞。

三是兜底扶贫过程监督常态化。加强对制度执行过程的监督检查，切实发挥制度管人管事的作用，让各项社会救助保障制度功能充分发

挥，政策得到落实，困难群众利益得到保障。加大民政系统监督执纪队伍建设。努力探索"大数据"在民生资金监管中的作用，用现代信息技术改造传统服务方式，积极研究拓展监督工作的新办法和新渠道，利用大数据技术让民政兜底扶贫在阳光下运行，通过"数据眼"实现无缝监督。

四是对基层监督指导常态化。各项社会兜底扶贫政策的执行最终是落实在村（社区），但由于人员素质、工作力量、交通等方面的原因，在对象精准识别、政策落实、公开力度上都还存在不同程度的问题和困难。各级社会保障部门不仅要管理好本部门队伍建设，还要指导好基层干部的执政行为。延伸民生资金监督触角，把全面从严治党的要求向基层传递，严格实行责任追究机制。监督贯彻落实好《贵州省国家公职人员、村（社区）干部落实惠民政策行为规范（试行）》，对民生工作"四要""五严禁"要求执行情况开展专项检查，为解决惠民政策的落实提供纪律保障和制度支撑。

第六章

易地扶贫搬迁可持续
发展战略研究

易地扶贫搬迁是国家精准扶贫、精准脱贫战略的重要组成部分，对有效解决"一方水土养不起一方人"地区的贫困问题发挥着重要作用。我国自2001年实施易地扶贫搬迁工程试点以来，在中央和地方的共同努力下，陆续开展了扶贫移民、生态移民、避灾移民等项目，有效地遏制了贫困地区生态恶化趋势，改变了搬迁对象"越穷越垦、越垦越穷"的生产状况，实现了脱贫致富与生态保护"双赢"。贵州作为全国脱贫攻坚的主战场，贫困人口多、贫困程度深、致贫原因复杂，区域性贫困问题突出。据统计，2014年贵州省建档立卡的贫困人口为623万人，有14个深度贫困县、20个极贫乡镇、2760个深度贫困村。同时，贵州也是易地扶贫搬迁规模最大、任务最重的省份。"十三五"时期，贵州省以贫困程度深的自然村寨整体搬迁为重点，需要对130万建档立卡贫困人口和32.5万整村寨同步搬迁人口实施易地扶贫搬迁，在如此短的时间完成如此规模的人口搬迁，可谓史无前例。

　　习近平总书记指出，易地搬迁脱贫一批，是一个不得不为的措施，也是一项复杂的系统工程，政策性强、难度大。因为，在全面建成小康社会的决胜时期，贫困问题依然是最突出的"短板"，而生活在"一方水土养不起一方人"地区的贫困问题则是"短板"中的"短板"，必须花更大气力、采取超常规举措补齐这块"短板"。可以说，通过易地扶贫搬迁来改善贫困人口的生产生活条件，让他们共享发展成果，增进贫困地区的民生福祉，是攻克深度贫困地区贫困陷阱的重要途径。

　　搬迁是手段，脱贫才是目的。易地扶贫搬迁是涉及面极广的系统工程，能否实现"搬得出、稳得住、能致富"的政策目标，不仅需要各地因地制宜、精准施策，更需要激发广大搬迁群众的内生动力，提升他们的发展能力。说到底，搬迁后贫困人口的基本生计和后续发展能否得到有效保障，是衡量易地扶贫搬迁实践成效的重要标尺。贵州作为国家首批实施易地扶贫搬迁的试点省份，在实施易地扶贫搬迁过程中进行了许多有益的探索，积累了不少值得借鉴的典型经验。当然，在新形势下，贵州的易地扶贫搬迁也面临一些新情况新问题，在有些方面还需要进一步完善，以增强贫困治理的绩效。有鉴于此，本文以贵州省易地扶贫搬迁可持续发展战略为主题，分别从总体情况、基本经验、存在问题和对策建议四个部分来呈现贵州的易地扶贫搬迁工作，重点总结其中的经验，发现存在的问题，在此基础上提出有针对性的对策建议，从而为后续的搬迁工作提供经验借鉴。

一 贵州省易地扶贫搬迁的总体情况

贵州省地处云贵高原的东部，长江、珠江流域的上游，西南喀斯特生态脆弱区的中心，是一个以岩溶地貌为主典型内陆山区省份，缺少平原支撑，素有"八山一水一分田"之称。特殊的地形地貌对其整体发展形成一定的约束，由此涂染了其贫困的底色。为克服自然条件带来的发展瓶颈，解决贫困人口的温饱问题，贵州早在 1986 年就开始对部分生活在山洞和窝棚的特困人口实施易地扶贫搬迁。1996～1997 年贵州省有关部门还在紫云、罗甸、长顺、普安 4 个县实施易地扶贫搬迁试点工作。当时由于整体经济发展水平不高，支持搬迁的资金不足，更缺乏系统性的政策支撑，所以彼时搬迁的规模并不大，且以自发的零星搬迁为主。据不完全统计，1994～2000 年贵州省共搬迁了 17817 户、85237 人。①

2001 年，国家开始实施易地扶贫搬迁试点工作，贵州作为第一批试点的四个省份之一，积极响应国家号召，陆续实施了有组织的搬迁工作。按照"群众自愿、易地安置、量力而行、适当补助"的原则，通过企业带动、区域旅游开发辐射、置换安置等方式对部分人口实施自愿搬迁。2001～2010 年，贵州省共投入资金 24.2 亿元，累计完成 8.78 万户 38.27 万贫困人口的移民搬迁工作。②

① 冉茂文：《移民搬迁是解决特困人口温饱问题的有效途径——贵州省移民搬迁成效、经验、问题及对策措施》，《贵州民族研究》2001 年第 2 期。

② 王永平、陈勇：《贵州生态移民实践：成效、问题与对策思考》，《贵州民族研究》2012 年第 5 期。

随着经济社会的不断发展，资源环境的约束效应愈加显现，如何平衡总体发展与生态环境之间的矛盾就成为贵州省必须直面的问题。为缓解发展与生态之间的矛盾，2011年贵州省委、省政府提出"扶贫生态移民"战略。2012~2015年，贵州省利用4年的时间累计移民搬迁62万人，实现了经济发展与生态保护的"双赢"。贵州省通过在不同的历史时期开展移民搬迁工作，积累了丰富的经验，形成了不少典型做法，从而为新时期的易地扶贫搬迁工作奠定了坚实的基础。

　　从2016年起，贵州省实施了新时期的易地扶贫搬迁工作，确定了"十三五"时期搬迁的总体任务，即对130万建档立卡贫困人口和32.5万同步搬迁的非贫困人口组织实施易地扶贫搬迁。根据贵州省的政策导向和搬迁实践，可以以2017年为界限，将新时期的易地扶贫搬迁分成两个不同的阶段。在脱贫攻坚、全面建成小康社会的背景下，易地扶贫搬迁作为"五个一批"的重要内容之一，其受到的重视程度、所享受的政策支持力度以及得到的资金保障力度是以往移民搬迁所无法比拟的。

　　2016年贵州省处于新时期易地扶贫搬迁的起步阶段，当时确立了以城镇安置、集中安置为主，多种安置方式为补充的多元安置方式。当年全省实施易地扶贫搬迁的总人口是45万人，共建安置点562个，其中城镇安置人口占88.4%，农村安置人口占11.6%，集中安置率高达99.68%。2017年贵州省对75万人进行搬迁，但考虑到多山地少平坝的特殊省情，以及农村安置的脱贫效果不佳，省委、省政府对安置去向和安置方式做出新部署，在易地扶贫搬迁中实行"两个全部"：在安置去向上，全部实行城镇化安置，以市（自治州）政府所在城市和县城安置为主，中心集镇安置为补充；在安置方式上，全部实行集中安置，不再提倡分散安置。对本县安置容量不足的，鼓励跨县、跨市（自治州）安置，创造性地形成了易地扶贫搬迁的跨区域安置方式。由此可见，2017年之前的搬迁在安置点选择上还保留农村主要是中心村这一层级，但2017年之后就基本放弃了中心村这一层级，全部实行城镇化安置，且以市区和县城为主。这与2016年的以城镇安置为主形成了鲜明的对比。

　　2018年贵州省将对余下的42.5万人实施易地扶贫搬迁，这意味着新

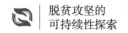
时期易地扶贫搬迁的总任务（共计162.5万人）在三年内即可完成，确保所有的贫困人口在2020年稳步进入小康社会。需要补充的是，贵州省除"十三五"时期确定的162.5万人搬迁任务外，还计划自筹资金对那些居住分散、基础设施建设和公共服务供给成本高的村寨实施以中心村为主的就近搬迁，这部分涉及的搬迁总人口在35万人左右。这样，贵州省在"十三五"时期搬迁的总规模将接近200万人，在有限时间完成如此规模的搬迁任务，可以说是前所未有的。

二 贵州省易地扶贫搬迁的基本经验

无论是早期的自发移民，还是后续的水库移民、生态移民，尤其是新时期的易地扶贫搬迁，贵州省都深入贯彻党中央和国务院的决策部署，坚持"搬迁是手段，脱贫是目标"的基本遵循，立足省情实际，强化政策支撑，充分尊重群众的意愿和选择，积极发挥地方主动性和积极性，在实施精准搬迁、创新安置模式、培育后续发展能力等方面形成了不少值得借鉴的经验。概而言之，新时代贵州省易地扶贫搬迁的基本经验主要体现在以下几个方面。

（一）坚持城镇化集中安置模式

如前文所述，从2017年开始，贵州省的易地扶贫搬迁全部实行城镇化集中安置，这一决策主要是基于贵州人多地少的资源条件约束考虑，更是以搬迁群众脱贫致富和长远发展为出发点做出的理性选择。一般来说，以农村为中心的有土、就近安置模式，能够增强搬迁对象在新安置点的适应性，规避他们因生计模式转变而带来的风险。但贵州省以往的移民搬迁实践表明，过去的"农村搬农村""这山搬那山"的搬迁方式，无法从根本上改变搬迁群众贫穷落后的处境，更难以实现脱贫致富的目标。所以，贵州省在经历了2016年的以城镇化安置和集中安置为主的多元化安置模式之后，从2017年开始，所有的易地扶贫搬迁全部实行城镇化集中安置，不再提倡农村安置和分散安置。

对于贵州来说，城镇化集中安置模式首先可以节约耕地，减缓原本紧张的人口与资源环境的矛盾，打破"越垦越穷、越穷越垦"的恶性循环，促进地方的生态修复。其次，城镇化集中安置有利于改善搬迁群众的生计空间，改变"靠山吃山、靠水吃水"的低水平生计模式。随着城镇化和工业化快速发展，人口、资本、技术等生产要素进一步在城镇集聚，由此创造了更多的就业创业机会，拓宽了搬迁群众的增收渠道，只要对贫困人口进行适当的发展能力培训，他们在城镇安置点找一份谋生的工作其实并不难。最后，城镇化集中安置是实现贫困人口共享经济社会发展成果的重要途径。城乡二元结构的客观存在，导致公共服务资源分配中的"重城轻乡"，居住在偏远乡村的贫困人口不能均等地享受公共服务，缺乏发展的基本条件。在城镇集中安置以后，贫困人口将和城里人一样享受更加完善的基础设施，更加优质的公共服务，从根本上改变他们的生产和生活条件。更重要的是，贫困人口的子女在城镇能够接受更好的教育资源，和城里的孩子站在同一起跑线参与竞争，有望通过"书包里翻身"来彻底阻断贫困的代际传递。

贵州省的城镇化集中安置模式坚持以岗定搬、以产定搬的原则，综合考虑中心集镇、县城、州府所在城市等不同层次安置点的就业吸纳能力、产业发展潜力以及公共服务供给能力，据此确定搬迁的规模和层次，确保搬迁群众有业可就、有事可做。为降低贫困人口的搬迁成本，建档立卡贫困人口人均可以享受 2 万元的住房补助，同步搬迁的非贫困人口人均住房补贴为 1.2 万元。对于签订搬迁及旧房拆除协议并按期拆除旧房的，每人奖励 1.5 万元。按照要求，建档立卡的贫困人口人均自筹资金不超过 2000元，非贫困人口人均自筹资金不超过 1 万元。

为防止建档立卡贫困人口因搬迁而影响脱贫进程，贵州对实行城镇集中安置的住房面积进行了严格的规定，即人均住房面积不超过 20 平方米，每户住房面积根据家庭实际人口合理确定。通过政府追加补贴和奖励以及严控住房面积，建档立卡的贫困户基本实现了城镇集中安置的零成本，自己不掏一分钱就可以获得一套崭新的城镇住房。针对那些搬迁后暂无生活着落的建档立卡贫困人口，政府统筹资金按照人均一年 1500 元的标准发放

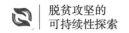
生活补助，帮助贫困人口顺利度过过渡期，尽快适应迁入地的生产生活。

贵州省在实施易地扶贫搬迁的过程中，对居住规模在50户以下，贫困发生率在50%以上的自然村寨实施整体搬迁，并且在迁入地安置的时候尽量不打散原来村寨的社会关系，让搬迁户继续生活在熟人社会的环境中，增强他们在安置点的归属感和适应性。在大部分深度贫困的自然村寨，由于整体上处于低水平发展的状态，贫困户与非贫困户之间的贫困差距并不大，如果仅仅搬迁建档立卡贫困户，留下来的非贫困户由于生存资源和发展机会有限，再加上基础设施和公共服务的可及性差，很容易陷入返贫的陷阱。所以，对这些非贫困户实施同步搬迁，无疑是个正确的选择。更重要的是，自然村寨的整体搬迁，可以保持搬迁群众社会关系的完整性，让他们更加安心地在安置地工作和生活。否则，部分搬迁户会因老家还有亲戚朋友，在迁入地无法割舍家乡的亲情友谊，而出现经常返乡而影响其工作的情况。比如，课题组在安置点调研走访期间，一个制鞋厂的老板就向我们反映，部分搬迁户在工厂上班，但因为老家还有亲人，在遇到红事或白事的时候，他们就需要向工厂请假回家，有的甚至连招呼都不打就回去了，严重影响了工厂的生产。在一些深度贫困地区，由于可资利用的外在资源和关系网络有限，生活在其中的贫困人口必须采用抱团取暖的方式去应对日常生活的困难和风险，他们愿意在初级关系上投入更多的精力和情感，维护好亲情和友情，以备不时之需。自然村寨整体搬迁，很好地平衡了搬迁对象珍视情感与谋求发展之间的关系，让他们可以在迁入地更加安心地生活和工作。

（二）构建城乡联动机制助力搬迁户后续发展

在易地扶贫搬迁中，搬迁是手段，脱贫才是目的。城镇化集中安置实现了贫困户"挪穷窝"的目标，但其能否真正"换穷业"，乃至最后彻底"拔穷根"，则需要地方政府和搬迁群众做出进一步的努力，以为后续发展奠定坚实的基础。换而言之，搬迁到城镇并不等于脱贫，它只是改变了贫困人口的基本生产生活条件，提供了发展的可能性，但贫困人口最终能不能脱贫致富还要受到其他相关因素的影响。因此，后续发展问题将直接决定整个易地扶贫搬迁工作的成效。为确保搬迁群众有稳定的生计来源和相应的后续发展能力，贵州省想方设法盘活迁入地和迁出地两种资源，构建城乡联动、工农互补的发展机制，积极应对贫困人口搬迁后的生存和发展问题。

众所周知，实施易地扶贫搬迁的村寨往往是生活条件恶劣、生态环境脆弱、自然灾害频发的区域，而之所以形成这种发展局面是因为人口的过快增长超过了当地的资源环境承载力，居民对有限资源的掠夺性开发，导致环境恶化和生态退化，进而陷入"越垦越穷，越穷越垦"的恶性循环。但移民搬迁后，迁出地的人口资源压力在一定程度上得以缓解，这些区域可以利用土地整理、宅基地复垦、生态修复等方面的政策，进行耕地的改良和山林的绿化，为发展现代农业提供前提条件。在国家实施乡村振兴战略的整体背景下，一系列的惠农政策和大量的涉农资金项目投向农村，激发了迁出地的发展活力，使其不再是一个废弃的空间，而变成一个希望的空间。贵州省正是认识到这一点，启动迁出地承包地、山林地、宅基地"三块地"改革，盘活农村资源存量，吸引资本下乡发展特色农业，构建公平的利益联结机制，让迁出地的农业发展收益惠及移居城镇的贫困人口，把迁出地的农村开辟成他们重要的生计空间，构建起贫困人口多元化的生计模式，让他们的基本生活和长远发展有保障。

如果说农村是扶贫移民生计的"大后方"，那么城镇便是他们生存和发展的"前沿阵地"，未来搬迁的贫困人口在此能否安居乐业，很大程度上取决于其能否在城镇找到合适的就业创业机会和平台，拓展新的生存资源和发展空间。在就业方面，贵州省根据搬迁群众的人力资源禀赋和企业的用工情况，建立了劳动力供给和需求台账，实现劳动力供给侧与需求端的精准对接，确保搬迁户家里至少有一人实现就业。对那些具备外出就业潜力的搬迁群众开展社会化培训，提高他们的劳动技能和水平，然后进行劳务输出，促进搬迁劳动力的有序转移。比如惠水县在安置点成立"惠水县移民后续发展劳务服务有限公司"，带动有就业能力和意愿的劳动力外出务工，拓宽他们的增收渠道。针对一些搬迁群众文化水平低、外出就业能力弱的现实，贵州省按照"控制总量、适度开发"的原则，开发具有服务性质的公益性岗位，比如保洁、保安、绿化等，就地消化这部分群体的就业问题。除此之外，贵州还通过出台包括创业补贴、经营场所租赁补贴、担保贷款、职业培训等在内的扶持政策，帮助搬迁群众自主创业。

在新时代，随着国家工业化、城镇化进程的快速推进，以及乡村振兴战略的实施，中国的城乡关系正在发生前所未有的逆转，城乡二元体制渐趋消解，城乡融合发展态势越来越明显，城乡之间的界限也变得模糊起来。在此背景下，乡村不应该被视为一个没有希望的空间，在既有的政策环境中，乡村有可能迎来新的发展契机。贵州省正是准确地把握了城乡关系的新发展方向，在探求易地扶贫搬迁的后续发展路径时，高度重视如何盘活农村承包地、山林地、宅基地"三块地"，构建城乡联动机制，充分发挥城市和乡村各自的资源优势和发展潜力，为搬迁群众营造多样化的生计空间，让他们在安置地有稳定的收入来源，为搬迁后的可持续发展创造条件。

（三）拓展公共服务内容提高搬迁户的社会融入

从偏远的山村搬迁至繁华的城镇，这对年轻人来说可能并不会产生多大的冲击，因为他们的知识结构和生活体验早已城市化，融入安置点所在的城镇并不难。但于中老年人而言，下山进城让他们产生了巨大的"文化震惊"，一时半会儿很难适应城市的生活方式。甚至对部分久居深山的老年人来说，在他们的生活世界里压根就没有什么现代性的符号：下楼不知道如何使用电梯，过马路不知道红绿灯意味着什么，凡此种种。根据以往的工程移民经验，如果移民不能适应安置地的新环境，他们很可能会出现返迁的现象，从而影响移民搬迁政策的执行效果。为避免此类现象的发生，如何提供更加精准的公共服务，促进搬迁群众更好地融入安置地就显得尤为重要。为此，贵州省在安置地采取了多种举措，提供一系列的公共服务让搬迁户更好地融入安置地社会。

针对一些老年农民的恋土情结，地方政府采取统一规划、政府补助的方式，在安置区附近流转一定面积的农业生产用地，划块提供给年纪大、依恋故土、依恋农耕生活和难以在非农领域就业的搬迁群众耕种。这样一方面可以减缓部分搬迁群众因急剧生活转型所带来的不适应；另一方面就地耕种一些农副产品能够在一定程度上降低整个家庭在安置区的生活开支。实施跨区域搬迁的望谟县，在义龙新区的安置点还建立了乡愁博物馆，里面陈列了许多迁出地的生产生活用具，并以图文并茂的形式呈现不同历史时期迁出地的生活片段，有思乡之情的移民可以免费参观乡愁博物馆，以释怀自己的乡愁。诸如此类的举措，都是为了让搬迁移民能够更好地融入地方社会，同时又不彻底隔断与家乡的情感联系。

搬迁农户适应安置点的生产生活需要一个过程，在这期间也需要一系列的社会保障政策发挥相应的兜底功能，保障搬迁群众生活水平不下降并实现稳步的提升。在构建易地扶贫搬迁的社会保障体系中，贵州重点搞好最低生活保障、医疗保障、养老保障的衔接工作。

第一，做好最低保障的衔接。对于大部分搬迁的贫困户来说，他们在农村已经享受了农村最低生活保障，搬迁后他们可以继续享受低保政策，但其所享受的低保性质发生由乡到城的变化，相应的保障待遇也随之提高。第二，做好医疗保障的衔接。在扶贫过程中，因病致贫的现象极为常见，如何实现迁入地和迁出地之间的医保转接，降低患病搬迁群众的就医成本，需要认真研究。针对这一问题，贵州省通过迁入地和迁出地医保的转换和衔接，基本实现了"一站式"的结算服务，搬迁群众可以享受有效的基本医疗保险。在参保意愿方面，充分尊重搬迁群众的选择，他们既可以参加安置地城镇居民基本医疗保险，也可以选择参加农村的新型农村合作医疗保险，对于那些有稳定劳动关系的搬迁群众，鼓励他们参加职工医疗保险。那些家庭经济特别困难的搬迁群众，其个人缴费部分由县级财政统筹资金给予资助。第三，衔接好养老保障。与医疗保险一样，搬迁群众根据各自的就业情况可以自愿选择参加城镇居民养老保险或城镇职工养老保险，因家庭困难而交不起保费的，由县级政府统筹资金解决。

在就学就医方面，贵州也出台了相应的政策，为搬迁户提供更加优质的民生服务，让"稳得住"的搬迁目标有保障。在就学方面，面对大量学龄儿童迁入安置点对当地教育资源所产生的冲击，贵州省教育厅出台了《省教育厅关于易地扶贫搬迁安置区教育发展的实施意见》，采取了一系列行之有效的措施，合理优化安置区学校布局，改造完善校舍设施，配齐配强师资力量，来满足搬迁群众子女就近就地入学需求。针对建档立卡贫困户子女入学存在经济困难，贵州省规定搬到安置地的贫困户继续享受扶贫资助政策，即高中阶段（含中职）"两助三免（补）"，普通高校本专科（含高职）"两助一补"，所涉免费（补助）项目不允许先收后还。一直以来，接受良好的教育被认为是切断贫困代际传递最有效的方式，所以，贵州省在安置地的教育投入力度是非常大的。通过教育硬件和软件的建设，所有搬迁户的子女在安置地基本上都能够享受良好的教育资源，这势必为搬迁户家庭后续的发展注入强劲的动力。在就医方面，安置地所在的医疗卫生部门为搬迁群众建立了健康信息档案，形成了动态的监测管理制度，满足搬迁群众最基本的看病就医需求。同时安置地政府还定期组织县级以上医院医务骨干到安置区开展巡回医疗，在县、乡医疗卫生机构为搬迁群众开设"绿色通道"，提供先诊疗后付费和"一站式"服务。安置地医疗卫生机构通过开展精准就医、送医到社区等活动，极大地方便了搬迁群众的就医。

通过做实、做细安置地的民生工作，让搬迁户享受更为优质的公共服务，为他们的后续发展提供了条件。虽然新的生计模式尚处于不断的建构之中，但有安置地普惠式的公共服务体系的建立，使得搬迁户的安居目标基本实现，他们的社会融入水平大幅度提高。

（四）发挥群众的主体性促进基层民主协商

以往的反贫困实践证明，易地扶贫搬迁由于存在较大的利益空间，基层在执行搬迁政策的过程中，容易受到地方权力关系网络的影响，会出现搬迁对象选择时的"优亲厚友"，致使扶贫目标偏离，个别地方甚至发生"搬穷不搬富"的现象，严重影响社会的公平公正。因此，在实施易地扶贫搬迁的过程中，必须充分发挥群众的主体性，尊重他们的意愿，回应他们的诉求，确保搬迁全过程的公开透明、公平公正。为了从根本上杜绝上述现象的发生，贵州省启动了易地扶贫搬迁的精准识别机制，通过加强基层组织建设和引入技术治理，确保符合标准的贫困人口能够享受搬迁政策。同时，为打消搬迁户的各种顾虑，贵州省在实施搬迁动员时，细化工作流程，充分尊重搬迁群众的主体性和选择权，让他们以主人翁的姿态全程参与搬迁工作的各个环节。搬迁工作的精准识别和参与式动员，将真正有搬迁需求的群众纳入搬迁进程的中心，让他们在搬迁中表达自己的意愿和感受，这无形中减少了搬迁中的矛盾和冲突，促进了和谐有序搬迁。

黔西南州在实施易地扶贫搬迁工作中，重视广大人民群众的积极性和主体性，一定程度上改变了"政府热百姓冷"的工作格局，通过依靠群众和发动群众，改善政府与民众的关系，让老百姓共同参与易地扶贫搬迁的全过程。以"共商、共识、共建、共享、共担"为主要内容的"五共"工作法，让乡镇干部、村干部、寨老、村民代表等参与搬迁前的规划和动员，搬迁中的协调统筹，搬迁后的建设管理，点燃基层群众的参与热情，增强他们的效能感和获得感。针对搬迁对象识别不精准的问题，黔西南州推行"两会三书六表"精准识别工作方法，通过强化基层民主建设和技术治理水平，实现上下联动，确保搬迁对象的精准识别，让"优亲厚友"的行为没有操作的空间。在搬迁工作中注重群众主体性的发挥，不仅有效地规避了识别不精准和替民做主的问题，也改变了搬迁群众的精神面貌，"等靠要"思想得以消除，享受到搬迁政策的群众以更加积极的态度去迎接安置地的新生活，全身心地投入美好家园的建设中。

贵州省的易地扶贫搬迁实践证明，能否发挥群众主体性事关移民搬迁的成败。发挥群众的主体性，从时间上看，可能会影响搬迁的进程，因为这其中需要经过多轮的协商讨论，耗费大量的时间和精力。但从长远的成效来看，此举无疑会提高搬迁的综合绩效，减少由于民众参与不足而形成的"搬迁后遗症"。所以，构建基层民主协商机制，发挥群众的主体性，激发民众参与热情，是应对搬迁过程中各种问题的有效途径。

（五）整合扶贫政策和资金切实减轻搬迁户的经济负担

让贫困人口实现住房有保障是脱贫标准"二不愁三保障"的核心

内容之一，但以往的移民搬迁由于资金不到位，农户自筹部分过多，出现移民虽然住上了新房，但背负了巨额债务的现象，严重影响了脱贫的进程。在新的发展阶段，国家的扶贫政策力度越来越大，贫困人口建房的经济压力有所缓解。贵州省在这方面也进行了许多有益的探索，充分利用各项扶贫政策形成政策合力，并整合项目资金，努力将建档立卡贫困户的建房经济负担降到最低。贵州省主要是通过创新投融资模式、用好用活扶贫政策、严控住房面积等措施来调控搬迁户的经济压力。

首先，创新投融资模式，以省为整体进行统贷统还，确保建设资金的使用效率。按照"中央统筹、省负总责、市县抓落实"的扶贫工作机制，贵州坚持省级统贷统还的投融资模式，以此加强易地扶贫搬迁的资金整合，防止资金闲置和浪费，减少市县的资金筹措压力，让他们将更多的时间和精力用于具体的工程建设。此举不仅能够提高易地扶贫搬迁工程的资金保障水平，也有利于省级政府从总体上把握整个建设进程。其次，提高搬迁对象补贴标准，争取让建档立卡贫困户基本不花钱就可以住进新房。贵州规定，建档立卡户人均住房补贴是2万元，同步搬迁户的人均住房补贴是1.2万元。如果签订旧房拆除协议并按期拆除的，人均再奖励1.5万元。通过提高住房补贴标准，基本实现了建档立卡贫困户人均筹资不超过2000元的目标。再次，通过宅基地的复垦，利用城乡建设用地增加挂钩政策，来增加建设资金存量。在实施易地扶贫搬迁的过程中，搬迁户的经济负担小，意味着政府兜底的责任大，这其中的资金缺口必须通过相应的政策创新来填补。而搬迁后的农村有大量闲置的宅基地，通过复垦整理后可以变成耕地，形成相应的建设用地指标，可以在省内流转交易，以获取相应的经济收益。根据贵州省相关部门的测算，通过城乡建设用地增加挂钩这项政策，将为整个易地扶贫搬迁筹集200亿~300亿元的建设资金。最后，严控住房面积，引导搬迁对象形成合理的住房预期。在乡村社会，住房具有重要的象征意义，它表征着家庭在整个村庄中的地位，是面子的直接体现。为了在面子竞争中立于不败之地，农民不惜耗费巨资来建房，从而背负巨额的债务。在扶贫搬迁中，这种现象依然存在，为了防止搬迁对象之间的非理性竞争，贵州一视同仁地严控住房面积，防止因建房而返贫。贵州规定，搬迁安置房的人均居住房面积不能超过 20 平方米，这就有效地杜绝了"建房负债"现象的发生。

为贫困群众建造新房，满足他们的基本住房需求，这是精准扶贫、精准脱贫方略的应有之义。但如何减轻搬迁对象的经济压力，避免因建房而负债，就需要用活政策、整合资金，充分发挥基层的创造性。贵州通过创新投融资模式、提高住房补贴、严控住房面积等举措解决了建房资金筹措的问题，让建档立卡贫困户不需要承担太多的经济压力就可以住上新房子，圆了他们的安居梦。

三　贵州省易地扶贫搬迁中存在的问题

贵州作为全国脱贫攻坚的主战场，也是易地扶贫搬迁任务最重的省份，在"十三五"时期，需要完成 130 万建档立卡贫困人口的搬迁，同时还要对 32.5 万人口实施同步搬迁，以及因基础设施建设成本高自行统筹资金搬迁 35 万人口。如此一来，贵州在整个"十三五"期间的总搬迁规模将达到 200 万人。可见，在如此短时间内完成如此规模的人口搬迁，对贵州来说无疑是一个巨大的挑战。从前期的搬迁实践来看，贵州能够严格按照党中央和国务院的要求，结合省情实际，出台了一系列的政策措施，易地扶贫搬迁工作取得了良好的成效。但同时我们也应该看到，易地扶贫搬迁是一项系统工程，涉及政治、经济、社会、文化等方方面面，它不仅是人口的安置和迁移，也是社会结构的再造和文化系统的调试。所以，移民搬迁需要配置更多的制度安排来保障搬迁群众的基本生计和后续发展。目前，贵州省在易地扶贫搬迁过程中，还有如下问题值得相关部门高度重视。

（一）城镇化集中安置带来的就业压力

贵州省之所以选择城镇化集中安置方式，除了基于适合安置的土地资源较少的考虑外，还有将城镇化作为拉动地方经济增长重要引擎的意图。理论上，这一安置路径选择是合理的。但由于贵州省县域经济整体实力不强，工业基础薄弱，能够为搬迁人口提供的就业岗位相对有限。即便有些安置点所在的地方政府，通过与地方企业签订订单式的就业协议，定向输出剩余劳动力，但相对于庞大的就业需求，当地能够提供的就业岗位依然太少。更重要的是，当地企业一般都属于劳动密集型企业，其工资待遇相对较低，即便一个搬迁家庭有一人实现了就业，其微薄的薪水也难以满足整个家庭在安置地的生活开支。此外，对部分贫困人口来说，他们的人力资本结构与企业的需求之间的适配性较差，不具备基本的就业能力，这些人进城后只能依靠社保的兜底来维持生活。所以，在整个易地搬迁过程中，搬迁相对容易，但如何保障搬迁群众在安置地有充分的就业机会，对地方政府来说无疑是一个巨大的挑战。

（二）搬迁前后政策的不一致影响社会公平

如前文所述，贵州省的移民搬迁最早可以追溯到 1986 年，至今贵州省已经实施多轮的易地扶贫搬迁工作，但每一轮的安置政策、补贴标准、扶持力度等都存在着较大的差异。即便在新时期的易地扶贫搬迁过程中，依然存在着不同批次的搬迁对象所享受的政策不一致的现象。比如，在 2016 年开始实施第一批易地搬迁时，由于搬迁对象对相应的政策不了解，缺乏稳定的预期，大家搬迁的积极性并不高。地方政府为引导农民搬迁，形成示范效应，当时在确定搬迁对象时，在整体上降低了政策的门槛，一些非建档立卡贫困户甚至较富裕的农户也享受到搬迁政策，花很少的钱就在县城得到一处商品房。当搬迁的示范效应显现后，大家把搬迁理解为"政府白送一套房子"，纷纷争当搬迁户，这时候搬迁政策就不得不收紧。由于整个搬迁政策的不连续和不衔接，一些确实需要搬迁的农户因某项条件不符合而被排斥在外，从而产生不公平感，影响了后续搬迁工作的推进。

（三）搬迁户在安置地缺乏稳定的预期不愿意拆迁旧宅

易地扶贫搬迁需要大量的资金投入，中央财政对此的支持力度是有限的, 这对地方政府就构成了巨大的资金压力。而充分利用城乡建设用地增减挂钩政策, 能在一定程度上缓解搬迁工程建设的资金压力。据测算, 贵州省的易地扶贫搬迁建设资金尚存 200 亿元的缺口, 这一资金缺口准备主要通过城乡建设用地增加挂钩政策来填补。具体来说, 就是将搬迁户的旧房拆除, 然后进行宅基地复垦, 由此形成的建设用地指标可以在省内交易, 获得相应的收益。但在此项政策实施过程中, 不少搬迁户不愿意拆除农村的旧房, 对宅基地进行复垦。因为房子对农民来说, 是一生财富的象征, 甚至是经过几代人的努力建成的, 具有重要的社会文化象征意义。同时, 搬迁农户认为, 在安置点能否过上衣食无忧的生活还是个未知数, 他们对未来的发展深感忧虑, 希望保住农村的"根据地"作为进城失败的退路。但目前的政策安排是, 要求搬迁户在一年内必须拆除旧房, 进行宅基地复垦, 这与搬迁户的心理预期严重不符。如果地方政府强力推行旧房拆除, 可能会引起搬迁农户的反弹, 制造新的社会矛盾和冲突。但如果不进行搬迁户旧房的拆除和宅基地的复垦, 地方政府易地扶贫搬迁的资金压力就得不到有效的化解。这确实是一个难题。

(四) 后续政策配套不完善制约搬迁户的发展后劲

易地扶贫搬迁的关键是如何通过完善后续的政策扶持来解决搬迁户的发展问题, 而不是简单的改变居住条件。而实际的情况是, 搬迁的硬件设施相对完善, 而后续的"软件"投入不足, 从而导致搬迁后的发展潜力没有得到充分激发。对于搬迁群众尤其是建档立卡的贫困户来说, 从农村到城市本来就面临着不少困境, 需要一定时间来适应安置点的生活。在过渡期, 如果搬迁户没有相应的配套项目和专项资金来支撑和带动发展, 搬迁户仅凭自己的努力其实是很难脱贫致富的。所以, 在易地扶贫搬迁的安置点, 不少贫困人口因缺少后续政策的支持, 导致他们整体的发展后劲不足, 严重制约了其自身的发展潜力的发挥。

(五) 单一化的安置方式影响脱贫的可持续性

在易地扶贫搬迁的顶层政策设计中, 中心村、集镇、县城、市区都可以作为移民搬迁的安置点，在具体的安置方式上也包括集中安置和分散安置两种。而贵州省在后期的易地扶贫搬迁政策执行中，放弃了中心村这个安置层级，并采用集中安置的方式，这就可能会对脱贫的可持续性构成挑战。因为，搬迁的对象主要是建档立卡的贫困人口，不少贫困户具有先天的脆弱性，他们的知识结构和资源禀赋决定了其依靠自身的能力很难在城市生活下去。尤其是那些需要社会保障兜底的贫困人口，他们进城后只能作为纯粹的消费人口而存在，基本没有什么工作能力。如果是这样，让他们进城的意义其实并不是很大。在搬迁是手段，脱贫是目的的情景下，单一化的安置方式如何能够实现脱贫的可持续性显然是值得重视的问题。

四　贵州省易地扶贫搬迁的对策建议

空间贫困论导引下的易地扶贫搬迁，试图通过改换贫困人口的地理环境和发展空间，来实现贫困人口的脱贫致富，彻底解决"一方水土养不起一方人"地区的贫困问题，这一政策设计无论在理论上还是在实践上都具有一定的合理性和可行性。贵州省也是按照这一思路来谋划、组织、实施易地扶贫搬迁的，但由于多方面的原因，在移民搬迁的具体实践中尚存在一些问题，面临不少挑战，需要积极加以应对。针对贵州省的实际情况，课题组认为后续的搬迁工作需要在以下几个方面加以完善和优化，以提高贫困治理的综合绩效，实现脱贫的可持续性。

（一）充分考虑贫困人口的异质性，实施梯度搬迁安置

在实地调研中发现，地处深山、石山的贫困地区，虽然贫困的发生率高，贫困程度深，贫困人口在整体上表现出很强的群体性特征。但当课题组深入贫困人口内部后得知，他们之间也存在较大的分化，致贫原因多样，发展潜力不一，其异质性非常明显。贫困人口的异质性使得在易地扶贫搬迁的过程中，很难用单一化的安置方式。从短期来看，城镇化集中安置方式无疑具有明显的经济效应，它能够从整体上降低搬迁成本，快速实现脱贫的效果，有利于地方政府顺利完成考核任务。但这种安置方式，并

不一定适用于所有的贫困人口。因贫困人口客观上存在异质性，他们会评估个人及其整个家庭的发展能力，选择相应的安置方式，最大限度地规避搬迁风险。而"一刀切"的安置方式，可能会影响脱贫的可持续性。有鉴于此，地方政府在规划搬迁安置时，需要考虑贫困人口的异质性，根据贫困人口的意愿和能力，实施多层次的梯度搬迁安置，将中心村、集镇、县城、市区等不同层次的安置点作为吸纳贫困人口的重要载体，分解城镇化集中安置所产生的各种压力和风险，满足贫困人口多层次的安置需求。

（二）延缓农村宅基地的复垦，为搬迁户的生计转型预留空间

在土地增减挂钩政策的驱动下，地方政府为获得城镇安置点建设用地指标，迫切需要搬迁贫困户将农村的旧房拆除，对其宅基地进行复垦，以对冲城镇建设用地指标，并产生相应的结余指标，在省内进行流转和交易，以获取收益来填补易地扶贫搬迁工程建设的资金缺口。但根据课题组对搬迁户的访谈，由于对安置地的生活缺乏稳定的预期，他们并不希望过早地拆掉老家的旧宅。因为，一旦在城镇生活不下去，他们还可以回到农村务农维持起码的生计，在他们看来，如果农村的房子拆掉，返乡的后路就被切断了。况且，地处深山区、石山区的村寨，石头多、土地少，那里的宅基地根本就不具备复垦的价值。考虑到搬迁至城镇的贫困户因生计困难而回迁的可能性，以及旧宅复垦利用率低的现实，地方政府应放缓搬迁户农村旧宅拆迁的进度，为他们在安置地的社会适应和生计转型预留一个缓冲空间，以降低其安置失败的风险。

（三）转变贫困人口安置工作思路，加快异地转移就业力度

易地扶贫搬迁的城镇化集中安置有一个很重要的预设，即贫困人口的生活空间和生产空间都集中在本地城镇，他们无须背井离乡就可以在县城或市区范围内实现脱贫致富。在这一理念的支配下，安置地所在的地方政府将视野局限在本地，花大量的时间和精力考虑如何就地吸纳贫困人口的就业。可以说，进入工业社会以来，生产空间和生活空间的重叠，从发展阶段上说，仅存在于计划经济时期的城市单位制；从区域分布上看，仅存在于部分经济发达地区。换而言之，只有在特殊的历史阶段和特定的区域，实现了生活空间与生产空间的一体化。当前，由于城乡差异和区域差异的客观存在，作为生产要素的人口只有通过流动，尤其是跨区域的流动，才能克服经济发展的不平衡格局。以往的反贫困实践也证明，改革开放以来，允许农民自由流动是减贫的动力。所以，作为现代化后来者的贫困地区，更需要转变工作思路，加大对贫困人口的教育和培训的力度，引导他们积极参与市场竞争，鼓励更多的贫困人口外出就业谋发展，而不是以城镇化为名制造足不出户即可衣食无忧的幻象，进而弱化了贫困人口外出打工的动力。

（四）坚持量力而行的基本原则，合理确定搬迁人口的规模

易地扶贫搬迁的主要对象应该是建档立卡贫困人口，在政策执行的过程中，这部分人需要被优先考虑，而其他类型的人口则次之。对地方政府来说，易地扶贫搬迁是短期内最有效的脱贫方式，可以实现一步到位、立竿见影的效果。但同时我们也应该看到，易地扶贫搬迁是一项系统工程，政策性强，操作起来比较复杂，在执行的过程中很容易产生"搬迁后遗症"。所以，不能因为短期看到脱贫效果明显，就不顾地方实际情况，盲目地扩大搬迁的规模，想借易地扶贫搬迁政策的"东风"，一劳永逸地解决贫困问题。精准扶贫、精准脱贫方略包括"五个一批"的内容，易地扶贫搬迁只是其中的一项举措，如果将脱贫的重任全部压在移民搬迁上，不仅使地方政府面临巨大的资金压力，还存在各种风险隐患。因此，地方政府需要坚持量力而行，保持足够的历史耐性，做到"应搬尽搬"，合理控制搬迁规模，将有限的政策资源瞄准真正需要搬迁的贫困人口，循序渐进地实现脱贫乃至可持续发展的目标。

（五）引入专业社会工作力量，加强搬迁人口的适应性教育

搬迁贫困人口在安置地的生活需要一定的时间来适应，而专业性服务力量的介入会缩短他们适应的时间。目前，政府在安置点组织的培训服务主要针对的是劳动就业，旨在提高潜在劳动力的职业技能。但那些长期生

活在农村的中老年人，他们可能连起码的城市符号都不了解，更不用说具备应对城市生活的知识和技术了。比如，有些人不知道如何过马路，怎样使用电梯等。这些问题在久居城市的城里人看来也许是非常简单和理所当然的，但它们对刚搬迁的贫困人口来说可能就是一个难题。为提高搬迁人口的适应性，除各种就业培训外，安置地所在的地方政府可以尝试通过政府购买专业社会组织服务的方式，增加生活类的培训项目，以安置地的社区为依托，帮助搬迁群众更好地融入当地社会，全方位地提高他们的生活质量。

第七章

旅游扶贫可持续性

贵州属欠发达、欠开发的少数民族省份，具有民族贫困与文化旅游资源富集的双重特征。作为我国扶贫攻坚的主战场，发展旅游业是贵州民族贫困地区脱贫减贫最优化的路径选择。如何使贵州旅游扶贫可持续，成为一个非常重要的课题。通过课题组讨论，拟选择政策和体制体系性、主体能力、社会团结与合作水平、社会公正以及自然环境可持续五个维度综合考量贵州旅游扶贫可持续性。

一 贵州旅游扶贫的历程与阶段性特征

回顾贵州省旅游扶贫的发展历程，大致可分为四个阶段，呈现出鲜明的阶段性特征。

（一）起步发展阶段（1978～2005 年）

改革开放以来，伴随着旅游业的兴起，贵州省旅游扶贫逐步发展起来。在黄果树、龙宫、红枫湖等开发较早的国家重点风景名胜区，景区周边农民自发通过向游客售卖农产品、特色小吃、提供导游服务等增加收入，改变贫困面貌。然而，由于各景区大多以观光产品为主，游客停留时间短，尤其是缺乏对景区带动周边村民脱贫致富的系统思考，在景区规划、建设和管理等方面都缺少对景区周围贫困人口如何脱贫的应有思考与相应的制度安排，导致景区带动旅游扶贫的社会效益不明显。即使是当时全省游客流向较为集中的全国重点风景名胜区黄果树、织金洞、百里杜鹃、赤水河、梵净山、马岭河峡谷、荔波小七孔等自然景区，周边的村民也只能简单地通过销售农特产品获取较为微薄的收入，部分景区犹如当地的"旅游飞地"，几乎与周边贫困村民不发生关联。

与此同时，在文化部门的支持下，贵州省一些自然生态环境较好、民族文化资源富集而独特的少数民族贫困村寨，吸引着大量国内外游客前往深度体验。如 20 世纪 80 年代旅游业起步较早的郎德苗寨是在文化部门的支持与鼓励下通过接待文化考察团而逐步发展起来的。90 年代中国与挪威合作建立的中国第一批民族生态博物馆——梭嘎苗族生态博物馆、镇山布依族生态博物馆、隆里古城汉族生态博物馆及堂安侗族生态博物馆，在满足国内外游客基本吃、住、游以及简单购物的同时，逐渐探索出贵州乡村旅游扶贫路径。90 年代中后期以来，位于贵阳市、遵义市、凯里市等城市周边环城游憩带上的部分村落通过开办农家乐、经营小吃、骑马等项目接待城市游客，从中获得部分收益。遗憾的是，这期间乡村旅游由于缺少扶贫理念与目标，旅游扶贫规划与政策支持缺失，加之贫困人群文化素质普遍较低，服务质量良莠不齐，村落旅游的辐射带动作用不够明显，旅游扶贫呈现典型的"贫困地区自我开发"特点。

（二）规范提升阶段（2006～2010 年）

从 2006 年开始，贵州省委、省政府决定每年在一个市（州）举办一届全省旅游产业发展大会。同年 9 月，首届旅发大会在安顺黄果树国家重点风景名胜区隆重召开，重点打造黄果树等旅游品牌，建设自然风光与民族文化相结合的旅游大省。与此同时，连续举办了 9 届多彩贵州"两赛一会"，累计约有 3.2 万件作品和 1.6 万名能工巧匠参赛，推出了蜡染、刺绣、银饰、马尾绣、水书、土布、剪纸、陶器等大量极具贵州原生态特色的旅游商品，选出"贵州名创"723 件（套）、"贵州名匠"401 名，对全省发展旅游商品特色产业、传承民族民间文化、创业带动就业发挥了重要作用。通过参赛，部分民间能人、精英脱颖而出，获得政府资金与项目的支持，在当地创办家庭手工作坊或微型企业，带领村内及周边村民脱贫致富。通过参赛与参展，手工艺品得到市场和企业的认可，村民们获取订单的同时，收入自然增加。

随着省外游客逐渐增多，省内旅游消费需求增加，贵州乡村旅游形成了一定规模。面对乡村旅游普遍存在的档次不高、内容单调、管理水平低、服务质量差等问题，贵州省逐步出台推动乡村旅游发展的政策措施和标准化体系。2007 年 11 月 28 日，省委、省政府印发《关于大力发展乡村旅游的意见》（黔党发〔2007〕30号），提出以民族民间文化体验游和休闲度假游为重点带动乡村旅游全面发展，加快形成多元化乡村旅游产品体系。2008年11月，全省乡村旅游现场会提出了发展乡村旅游的三个"20%以上"发展目标，即争取用十年左右时间，全省乡村旅游吸纳20%以上的农村劳动力就业，乡村旅游收入占农民纯收入的20%以上，乡村旅游总收入占全省旅游总收入的20%以上。同时，涵盖乡村旅游发展方方面面的规范标准陆续出台，如《贵州省乡村旅舍等级评定与管理》《贵州省旅游民族村寨设施与服务规范》《农家乐经营管理规范》等，对贵州省乡村旅游的规范化发展起到很大的促进作用。经过规范提升，以乡村旅游为抓手的旅游扶贫稳步推进，增收脱贫目标、基础设施建设、规范服务等重点任务得到明确和强化，乡村旅游的标准化、精细化、人性化程度明显提升，民族文化创新、产业带动等旅游扶贫路径初现雏形，扶贫效果显著增强。到2010年底，全省开展乡村旅游的自然村寨突破3000个，实现旅游收入178亿元，"十一五"时期全省共有42万贫困人口依靠参与旅游业发展而脱贫致富。但由于此阶段旅游、文化、农业、扶贫、发改等部门缺少联动，旅游产业的带动能力有限，旅游产业链过短，旅游产业集群优势未能形成，影响了旅游扶贫的效果。不仅如此，该阶段的乡村旅游注重经济效益，忽略了对贫困人群的关注和获益范围以及村民的自组织能力，使得乡村旅游快速发展的同时贫富差距逐渐拉开，村民间的矛盾逐渐增多，部分旅游村落甚至出现市场失序引发的社会混乱，导致旅游业难以为继，旅游扶贫无法延续。

（三）项目带动发展阶段（2011~2015年）

进入"十二五"时期，贵州省旅游扶贫主要通过"五个100工程""四在农家·美丽乡村"基础设施建设六项行动计划等项目，打造多彩贵州、美丽乡村，借此带动乡村旅游发展，促进农民增收致富。

2012年底，贵州省委、省政府提出实施"五个100工程"，重点打造100个高效农业示范园区，培育一批特色产业融合发展的旅游扶贫典型；重点打造100个旅游景区，培育一批景区带动旅游扶贫的新典型；重点打造 100 个示范小城镇，培育了一批基础设施、民族文化创新带动的旅游扶贫典型。

2013 年 8 月，省政府印发《关于实施贵州省"四在农家·美丽乡村"基础设施建设六项行动计划的意见》（黔府发〔2013〕26 号），省委办公厅、省政府办公厅印发《关于深入推进"四在农家·美丽乡村"创建活动的实施意见》，实施小康路、小康水、小康房、小康电、小康讯、小康寨六项行动计划，着力建设生活宜居、环境优美、设施完善的美丽乡村，进一步提高扶贫开发成效、加快农村全面小康建设进程。截至 2017 年上半年，六项行动计划共完成投资 1367.1 亿元，农村逐步建立了结构合理、功能完善、畅通美化、安全便捷的乡村道路体系，全面提升了乡村旅游的通达性；建设了安全有效、保障有力的小康水，高效、可靠的绿色农村电网，宽带融合、普遍服务的小康讯，全面改善农村居民的生活环境和农业生产条件；建设了美观、实用、建筑形式多样化、地方民居特点和元素突出的小康房，逐步实现农村住宅向安全适用、功能配套、布局合理、特色鲜明、节能环保方向发展，建设了功能齐全、设施完善、环境优美的小康寨，把田园建成了公园、把社区建成了景区，涌现出一大批基础设施带动的旅游扶贫典型。

2015 年，贵州省以实施贫困村旅游扶贫试点为契机，深入推动扶贫开发与乡村旅游有机融合，在帮助贫困农户稳定持续增收和脱贫致富上取得了积极成效。全省有 517 个村成为国家乡村旅游扶贫重点村，其中 38 个贫困村列入 2015 年启动的旅游扶贫试点村。全省乡村旅游接待人数 1.593 亿人次，占全省旅游接待人数的 42.38%，同比增长 23.1%；旅游收入 705.9 亿元，占全省旅游总收入的 20%。带动社会就业 287.61 万人，受益人数超过 577 万人。"十二五"时期，贵州省旅游扶贫全面发展，呈现出旅游扶贫目标系统化、旅游开发主体多元化、旅游开发对象人本化、扶贫手段多样化的旅游扶贫典型特点，带动了 64.7 万人脱贫减贫。

以上分析发现，贵州省以项目带动旅游发展，以旅游发展解决贫困问题的旅游扶贫机制无疑对贵州省脱贫攻坚工作发挥了重要作用。然而，不容忽视的是，无论是"五个 100 工程""四在农家·美丽乡村"基础设施建设六项行动计划等项目，均未考虑农民尤其是贫困人群在项目申报、项目实施、项目管理与监督等环节的主体性作用，项目与扶贫之间并不必然生成有机关联。从项目实施的主体来讲，文化、旅游、农业等部门并非项目实施主体，相反，缺少旅游专业化水平和市场前景考量的发改、财政等部门成为项目实施主体。受项目实施期限限制和行政考核约束，实施主体主要考虑项目能否按期完成，至于项目实施后能否生成旅游业态，产生旅游消费，并不在实施主体部门的考虑范围。这导致以项目带动旅游发展，以旅游发展解决贫困问题的旅游扶贫机制难以真正发挥作用。

（四）以人为中心的全域旅游发展阶段（2016 年开始）

进入"十三五"时期，贵州省旅游扶贫逐步翻开了以人为中心的全域旅游发展新篇章。2016 年初，省委书记、省人大常委会主任陈敏尔在花溪区调研时提出发展全域旅游的新要求，并在全省旅游工作推进会上强调指出"要准确把握旅游业在全省发展大局中的地位和目标，立足'公园省'资源优势，大力发展全域旅游，实现全景式规划、全季节体验、全产业发展、全社会参与、全方位服务、全区域管理，全力打造旅游发展升级版，推动旅游业实现井喷式增长，加快建设国内一流、世界知名的山地旅游目的地"。

2016 年 8 月，陈敏尔在省委全面深化改革领导小组第 25 次会议上强调，要着眼推动形成旅游大服务抓改革创新，深入推进"文明在行动·满意在贵州"活动，开展景区大评比、导游大比武、服务大练兵，做到行之顺心、住之安心、食之放心、听之倾心、娱之开心、购之称心、游之舒心；要着眼推动形成旅游大管理抓改革创新，强化综合管理、公共服务和市场监管，切实改变旅游管理九龙治水、政出多门的局面；要着眼推动形成旅游大市场抓改革创新，创新旅游宣传营销机制，培育旅游知名品牌，提高旅游核心竞争力；要着眼推动形成旅游大企业抓改革创新，做大做强旅游龙头企业，加快培育引进一批航空公司、旅行社、投资商，促进旅游资源有效整合、市场主体抱团发展；要注重大旅游助力大扶贫，运用"三变"改革经验，做好旅游扶贫这篇大文章；要注重大旅游借力大数据，大

力发展智慧旅游，让游客高兴而来、满意而归；要注重大旅游给力大生
态，大力开发生态旅游产品，让旅游发展与生态保护各美其美、美美
与共。

2017 年，省委副书记、省长孙志刚在 5 月召开的第十一届贵州旅游产
业发展大会上指出，贵州将大力发展全域旅游，加快实现从"景点旅游"
向"全域旅游"转变，大力发展乡村旅游，大幅提高旅游收入占农民收入
的比重。贵州省委、省政府提出打造"多彩贵州风·山地公园省"的世界
知名山地旅游目的地，把"全域旅游、全民参与"作为抓旅游扶贫的基本
方针，将省旅发局升格为旅游发展委员会，把旅游扶贫作为做优乡村旅游
增量、做大乡村旅游总量的切入点，打造全民参与的乡村旅游扶贫产业链
和山地旅游扶贫示范带，"三变"改革推动、互联网助推等旅游扶贫新路
径开始大力推广，基础设施带动、特色产业融合发展等旅游扶贫路径都突
出"扶贫"要义，"旅游 + 扶贫"成为全省精准扶贫主渠道、新的经济增
长点。到 2020 年，全省将建成 100 个省级旅游扶贫示范村、1000 个以上
的乡村旅游扶贫重点村，10000 个以上乡村旅游扶贫示范户（点）。旅游业
吸纳农村贫困家庭劳动力就业 50 万人以上，带动全省 100 万人以上贫困人
口实现脱贫。

二　贵州旅游扶贫的模式与经验

20 世纪 80 年代初，贵州省旅游局率先将国际上开发乡村旅游的理念
引进并付诸实践，在全国最先提出"旅游扶贫"的发展思路，其突破口就
选择了乡村旅游开发项目，并选择了黔东南的郎德、南花、安顺的布依石
头寨等 8 个民族村寨进行旅游扶贫试点。经过近 30 年的发展，目前贵州农
村已有 1000 多个民族村寨开展了以民族、民俗文化、乡村自然环境为载体
的乡村旅游。2017 年 5 月 19 日，贵州省委书记、省人大常委会主任陈敏
尔在首届世界旅游发展大会开幕式和"旅游促进扶贫"高峰论坛上指出，
贵州省旅游扶贫的主要形式就是乡村旅游。因此，对贵州 30 年来乡村旅游
扶贫实践与地方性经验进行挖掘不仅有利于旅游扶贫工作的可持续，同时

也可为省情与贵州类似的民族贫困地区提供"贵州经验",彰显贵州旅游扶贫的重要价值。总结分析各地推荐的 60 个典型案例,从旅游与扶贫结合程度、贫困人口受益机制、贫困地区可持续发展和贫困人口持续增收等方面分析,以下几种模式较为典型。

(一)美丽乡村建设的"花茂模式"

以遵义市播州区花茂村为代表的乡村,通过实施"四在农家·美丽乡村"基础设施建设六项行动计划,着力推进基础设施向县以下延伸,改善欠开发地区和乡村可进入条件和生产生活条件,提升乡村旅游通达性、便捷性、舒适性,突出村寨自然特色,把田园建成公园、把社区建成景区,推动形成了生产生活生态协调共进、经济社会环境良性互动的发展格局,助推群众增收致富、摆脱贫困,实现全面小康。美丽乡村建设带动旅游扶贫已成为全省最具典型性、最为普遍的路径,铜仁市江口县寨沙村、遵义市余庆县红渡村、安顺市平坝区小河湾村、西秀区旧州镇等旅游扶贫典型案例都属于这一类型。

(二)特色产业发展的"杉坪模式"

以遵义市桐梓县杉坪村为代表的乡村,通过充分利用当地特色农产品资源、自然风光资源和人文资源,培育引进企业发展现代高效农业、生态观光、健康养生等特色优势产业,把园区打造成景区,把农产品变成旅游商品,扶持带动当地贫困户发展农家乐、销售农特产品,推进一、二、三产业融合发展。在特色产业发展中,注重龙头企业和合作社等经营主体带动,通过土地出租、入股分红、进厂务工、产品销售等,多渠道增加贫困群众收入,实现"产旅融合、助农富农,企业带动、农户参与,市场导向、产业融合,经济富裕、环境更美"的可持续发展。贵州省绝大部分旅游扶贫典型都融入了产业扶贫的因素,遵义市湄潭县"七彩部落"、贵阳市乌当区"泉城五韵"、黔东南州凯里市云谷田园、三穗县颇洞村、毕节市黔西县乌螺坝村、贵安新区北斗七寨、遵义市播州区乌江镇、黔南州罗甸县火龙果产业等典型案例均属于这一类型。

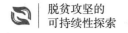
（三）重点景区带动的"梵净山模式"

贵州实施的重点景区带动旅游扶贫的模式中，以梵净山、百里杜鹃景区、荔波县全域景区、隆里古镇景区、双河溶洞景区、黄果树景区为代表的重点景区，在建设核心景区的过程中加快解决区域内贫困问题，使景区群众优先获得发展机会，快速摆脱贫困。同时，通过景区建设辐射带动周边区域的乡村改善基础设施，推动产业发展，更好就业创业，为脱贫攻坚注入了强大动力，实现景区与周边区域互促互进、协同发展。用好"溢出效应"，大景区建设带动路径将在解决区域整体贫困中发挥重要作用。如铜仁市充分利用梵净山生态文化资源优势，按照"山上做吸引力、山下做生产力、乡村做支撑力"的发展思路，做精做优核心景区，做强做大旅游产业，大力开展旅游扶贫，带火了梵净山环线旅游。2015 年，梵净山环线旅游带动 1.6 万名群众就业，人均年纯收入 2 万元，为贫困地区探索出一条造血式扶贫的新路。

（四）"三变"改革推动的"娘娘山模式"

以六盘水市盘县舍烹村为代表的乡村，用"三变"理念整合政府、村社、企业、社会资源发展旅游，推动旅游资源变资产、资金变股金、农民变股东，实现农旅融合、一体发展，促进农民获得就业、创业、财产多重收入，加快农民脱贫致富奔小康步伐。这种路径是深化农村改革的创新探索，有效整合农村资源、农民资产、市场资本、政府资金投入旅游扶贫，建立利益链接有效机制，为全域乡村旅游发展插上腾飞翅膀。安顺市普定县秀水村、铜仁市玉屏侗族自治县、六盘水市盘县哒啦仙谷、铜仁市德江县高家湾村、遵义市凤冈县新建社区长碛组等典型案例都属于这一类型。2017 年，六盘水市"三变"改革模式写入中央一号文件，充分说明了"三变"改革模式在助推贫困地区脱贫中的重要价值。

（五）民族文化创新的"西江模式"

以雷山县西江苗寨为代表，以村落为载体，民族特色文化资源为依托，在保护和利用传统民族文化（包含物质文化和非物质文化）基础上，以传承和创新民族文化、弘扬和传播先进文化为抓手，通过加大文化旅游基础设施投入、丰富和打造文化活动、开发文化旅游商品等手段，重点推进民族文化产品化，为游客提供心灵之旅和精神盛宴，促进民族地区经济发展，带动贫困人口脱贫致富。这是贵州省吸引力最大、生命力最强、减贫效果最好的旅游扶贫路径，黔东南州雷山县郎德苗寨、黎平县肇兴镇、黔西南州兴义市纳灰村、遵义市习水县土城镇、毕节市威宁自治县板底彝族乡、金沙县后山镇贵山社区等典型案例均属这一类型。

西江苗寨位于贵州省黔东南苗族侗族自治州雷山县境内，距雷山县城36公里，距州府凯里35公里。全村1300余户5200余人，苗族人口占95%以上，是中国仅有、世界无双的苗寨，气势宏大，素有"千户苗寨"和"苗都"之称。整个村寨依山傍水而建并呈梯状形聚落结构，是中国苗族干栏民居文化的典型代表。然而，西江苗寨所属的雷山县为贫困县，财政收入极为有限，公共服务供给不足，招商引资难度较大，导致西江苗寨文化资源潜力难以转化为经济优势。2008年是西江苗寨旅游发展的分水岭。在雷山县政府的努力下，西江苗寨被遴选为贵州省第3届旅游产业发展大会主会场（以下简称旅发大会）。以大型节庆活动为契机，雷山县政府获得上级政府政策和项目资源的大力支持，完善了基础设施，提高了西江苗寨的可进入性；完成包含主会场与观景台修建、河段改造与绿化等26个项目建设。在地方政府努力下，旅发大会期间游客数量飙升，新开通的朗西公路多次出现堵车现象。旅发大会后，西江景区成为贵州东线文化旅游的名片。蓬勃发展的旅游热潮中，地方政府与旅游公司通过"七助一建"巩固旅游扶贫成效，推动旅游扶贫工作可持续。"七助"即"产业带动助扶贫、门票分享助扶贫、就业带动助扶贫、项目支持助扶贫、电商推动助扶贫、教育帮扶助扶贫、吸纳村民入股旅游助扶贫"；"一建"就是"建旅游扶贫开发公司"。

（1）产业带动助扶贫。公司近十年来坚持市场引领，活化旅游市场，通过产业带动的方式共带动了西江苗寨和周边村寨中有3000人参与旅游开发，涉及农家乐、民族工艺品加工销售、餐饮住宿服务、休闲娱乐、民族服饰出租、房屋出租、照相等十多种行业。目前景区现有农家乐接待户300多户。其中，41户贫困户93人贫困人口实现创业，带动17户贫困户34人贫困人口实现就业；民族工艺品店128家，帮助贫困户18户贫困人口43人实现就业；从事银饰、服装、摄影、出租苗衣等农户240户，其中，参与经营的贫困户有78户217人。

（2）门票分享助扶贫。自2009年起，公司就与当地党委政府一道，建立了门票收益的共享机制，由景区每年拿出一定的门票收入比例作为对村民的文化保护奖励经费。目前整个景区每年将门票收入的18%用于发放给景区百姓。2012年，经费发放总额为806万元，2013年为1100万元，2014年为1480万元，2015年为2270万元，2016年为2400万元，户年平均收入在万元以上。此项扶贫措施既调动了农户保护民族文化的积极性，又确保了少数"无业可扶"人员共享发展成果，真正实现了"精准扶贫"。

（3）就业带动助扶贫。公司自成立以来，在员工的录用上向失地农民、贫困户、困难户等群体倾斜。目前公司有741名员工，其中365人来自西江本地，占公司员工总数的50%。这些员工每个月收入都在2000元左右。在这其中，贫困户78户95人，另有31户贫困户的老年村民44人通过参与歌舞表演获取收益，通过就业帮扶，村民收入得到了大幅度的增加。

（4）项目支持助扶贫。为了合理分散旅游客流，缩小西江苗寨景区内不同区域旅游业态不平衡的状况，旅游公司进一步盘活景区内东引、羊排片区经济业态，通过不断增设西江千户苗寨文化研究院、银饰点、刺绣点、蜡染坊、酿酒坊、"嘎歌古巷"和人口文化园等文化展示项目，借此增加农民就业机会和旅游商品销售收入，带动更多的贫困户实现增收。

（5）电商推动助扶贫。在公司的支持下，西江景区于2015年4月启动了电子商务旗舰店，目前，这个旗舰店营业商品有100多种、单品500多种，重点推出雷山鱼酱、雷山银饰、雷山银球茶、雷山青钱柳、雷山天麻等当地旅游扶贫特色产品。旗舰店自营业以来，辐射带动了西江镇黄里、长乌、大龙、乌尧、脚尧、麻料、乌高、控拜等周边村寨 315 户精准扶贫户发展茶叶种植、银饰加工等产业的发展，2016 年该店的销售额达100 万元左右，带动 1154 个贫困人口的增收。

（6）教育帮扶助扶贫。公司从 2015 年起成立了教育奖学金，每年出资 10 万元给景区内基础教育学校，鼓励和帮助学习优秀的学生和贫困学生。同时，公司在帮扶村选定 1~2 名贫困大学生，定点扶持，直至其大学毕业，同时公司每年为西江景区及周边村寨大学生提供各种实习 300 多人次，每人每天除了不少于百元的收入，还通过实习，增长了村寨大学生的各种能力与才干。

（7）吸纳村民入股旅游助扶贫。2016 年起，为了解决全县 6000 多户村民的贫困问题，针对他们不善于经营和管理的实际情况，公司吸纳了村民各种资金 3 亿元入股搞旅游开发，每年按一定利息支付给贫困家庭，户均收入达 3000 元以上。

（8）建旅游扶贫开发公司。公司于 2017 年 6 月 30 日建立，是西江旅游公司的一个分公司，共筹得资金 270 多万元。其目的是整合扶贫资源，进行产业化扶贫，通过旅游开发、群众参与，用来解决西江景区内和雷山县贫困人口的脱贫致富问题。

（六）互联网助推的"好花红模式"

以惠水县好花红村为代表的乡村，将"互联网＋"作为破解乡村旅游资源分散、市场推广难的重要抓手，通过互联网、大数据、云计算等数字化技术的应用，推动传统旅游向网络宣传、智能服务、数据分析、互联网营销、电子商务等领域拓展延伸，服务乡村旅游业主和旅游商品生产者，带动群众增收致富，形成以互联网助推旅游资源整合、市场开拓、经营服务和组织管理的旅游扶贫新路径。这个模式的较快成长并在全省普遍推广，将解决乡村旅游的"痛点""堵点""难点"问题，为贵州省全域乡村旅游迅猛发展插上腾飞翅膀。赤水市、贵阳市青岩古镇、六盘水市钟山区大河社区等典型案例都属于这种类型。

三 贵州可持续旅游扶贫的路径

结合贵州省情和已取得的旅游扶贫的成效，贵州省制定了《贵州省发展旅游业助推脱贫攻坚三年行动方案（2017～2019年）》，通过旅游扶贫"九大工程"，2019年全省力争旅游扶贫带动全省100万以上建档立卡贫困人口脱贫（见表7-1）。

表 7-1　贵州省发展旅游业助推脱贫攻坚
三年行动方案 (2017～2019) 实施计划

单位：万人

九大工程名	带动路径	带动贫困人口脱贫数量目标
1. 旅游项目建设扶贫工程	统筹乡村旅游专项资金、旅游厕所建设奖补资金和少数民族特色村寨、"五个100工程"、"四在农家·美丽乡村"六项行动计划等相关项目资金，通过资源整合、规划衔接、项目接入等形式，最大限度把资金配置到旅游扶贫项目上，确保每年投入2亿元以上。用好220亿元脱贫攻坚投资基金旅游产业子基金，支持带动就业作用明显的旅游景区和旅游产业项目建设。按照财政资金每投资10万元至少扶持3.6名建档立卡贫困人口脱贫，脱贫攻坚旅游扶贫子基金每投资50万元至少扶持3.6名建档立卡贫困人口脱贫的目标	17
2. 景区带动旅游扶贫工程	将旅游扶贫工作列入贵州省A级旅游景区管理办法和100个旅游景区建设考核重点内容，引导全省250家旅游景区（含188家A级旅游景区和62家在建旅游景区）带动贫困人口就业。其中，全省5家5A级旅游景区、69家4A级旅游景区和其他176家旅游景区，每家分别带动不少于700名、500名和300名贫困人口脱贫。从2017年起，全省4A级及以下旅游景区质量等级评定将与带动建档立卡贫困人口就业增收挂钩	9
3. 旅游资源开发扶贫工程	发挥自然生态和民族文化优势，用好全省旅游资源大普查成果，按照"科学、规划、分类实施"原则，以新发现未开发的5.2万处旅游资源和普查登记的77处优良温泉旅游资源为基础，结合新的交通格局以及14个深度贫困县、20个极贫乡（镇）和2760个深度贫困村的旅游资源分布，加快编制和完善《全省全域山地旅游发展规划》《全省旅游扶贫规划》《贵州省温泉产业发展规划》以及各地《县域旅游扶贫规划》，重点将2689处优良资源和极贫乡镇新发现的960处新资源优先予以规划和开发。支持14个深度贫困县至少各打造一个精品旅游景区，力争全省88个县（市、区、特区）至少各有一个精品旅游景区和两个乡村旅游点，新规划开发的旅游景区、乡村旅游点优先解决建档立卡贫困人口就业	7

九大工程名	带动路径	带动贫困人口脱贫数量目标
4. 乡村旅游扶贫工程	带动贫困人口直接到乡村旅游企业务工增加收入，直接参与乡村旅游经营增加收入，直接开办农事体验或旅游活动项目增加收入，直接出售农副土特产品等增加收入，直接出租房屋或土地等自有资产增加收入，将房屋、土地、人力等自有资源折算入股分红，通过政府、企业低价或无偿提供的停车场、商铺等经营性资产增加收入，从乡村旅游发展中获得补助收入，通过乡村旅游发展获得资产增值收入等，2019 年力争乡村旅游经营户数从 2016 年末的 16284 户增加到 44500 户。结合"四在农家·美丽乡村"六项行动计划、农村人居环境综合整治、"一事一议"、"厕所革命"等工作，加快改善旅游扶贫重点乡村旅游基础和公共服务设施，实现每一个重点乡村旅游扶贫点至少有一个 A 级旅游厕所和一个综合性游客服务中心	25
5. 旅游商品扶贫工程	大力发展"贵银""黔绣""黔蜡染"等系列旅游商品，创新改革地方特色美食和民族手工艺品。深入实施乡村旅游"后备箱"工程，在重点景区景点、高速公路服务区、机场、高铁站、主要交通干道旅客集散点等重点区域设立贵州绿色农产品、旅游商品销售专区、专店或专柜，鼓励酒店、农家乐等旅游餐饮场所积极采购深度贫困地区的农副产品。支持各景区利用自身品牌开发系列旅游商品，利用自身融资能力扩大旅游商品生产规模。每年开展"游客喜爱的贵州旅游商品"评选活动，评选出一批质量高、特色足、设计新的精品品牌	10
6. "旅游+"多产业融合发展扶贫工程	推动"旅游+"多产业融合发展，引导社会资本以租赁、承包、联营、股份合作等多种形式投资开发乡村旅游项目，兴办各种旅游开发性企业和实体，对吸纳农村贫困人口就业的旅游企业，按照规定给予税收优惠、职业培训补贴等政策支持，推进旅游与农业、水利、工业、林业、文化、交通、体育、康养、养老等多产业融合发展，深度开发森林康养、户外运动等体验性文化旅游活动，打造采摘耕作、农事感知等旅游产品，培育精品客栈、特色民宿等旅游业态，把全省的旅游资源优势转化为产业优势。鼓励成立旅游专业合作社，支持村级集体经济组织兴办旅游公司、旅游农场，采取"公司+农户"、"专业合作社+农户"、综合开发、整村推进等多种方式，为参与旅游业的建档立卡贫困户提供 5 万元以下免担保免抵押贷款、3 年以内扶贫小额贷款、"特惠贷"支持，充分调动广大农民发展乡村旅游的积极性，助推一大批贫困人口脱贫。到 2019 年，全省重点培育 300 家以上"旅游+"融合发展企业，每家企业扶持 100 名建档立卡贫困人口脱贫	3

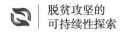
九大工程名	带动路径	带动贫困人口脱贫数量目标
7.旅游结对帮扶工程	坚持开放式旅游扶贫,充分调动体制内外两种资源、省内省外两个渠道和全社会力量,重点利用7个对口帮扶城市资源优势,采取分级分类结对帮扶方式,创新帮扶联动机制。在第十二届贵州旅游产业发展大会期间召开全国涉游企业结对帮扶深度贫困地区对接会,重点帮扶14个深度贫困县、20个极贫乡(镇)和2760个深度贫困村发展旅游。组织和引导大学毕业生、专业艺术人才、青年创业团队返乡农民工等各类"创客"投身旅游扶贫开发,通过创意研发、产品开发、宣传推广等,建设一批乡村旅游创客示范基地,推动贫困村旅游创新创意和升级转型发展	4
8.乡村旅游标准化建设工程	大力推广实施《贵州省乡村旅游村寨建设与服务标准》《贵州省乡村旅游客栈服务质量等级划分与评定》《贵州省乡村旅游经营户(农家乐)服务质量等级划分与评定》标准。重点指导贫困地区开展乡村旅游村寨、乡村旅游客栈及经营户(农家户)评级定档工作,提升乡村旅游经营场地、设施设备、特色创意、环境卫生、旅游厕所、污水和垃圾无害化处理设施等硬件和软件水平,以户带村,以村带乡(镇),加快形成标准化、规模化、现代化的乡村旅游产业体系。2019年底前,全省评定标准级以上乡村旅游村寨、精品客栈和三星级以上乡村旅游经营户1500家以上	2
9.旅游教育培训扶贫工程	将旅游扶贫从业人员培训纳入各级旅游部门年度培训计划,突出精准培训,把培训与发展产业、文化传承等结合起来,强化旅游骨干培训,培养一批旅游经营企业、导游、烹饪、乡村旅游创客、乡村旅游经营户、能工巧匠传承人和乡土文化讲解员等实用人才,鼓励各地采用政府购买服务方式,组织本地旅游从业人员就地就近参加乡村旅游食宿服务、管理运营、市场营销等技能培训。围绕多彩贵州文化品牌,结合贫困地区民族文化旅游发展需要,鼓励建立民族技艺旅游文化方面的特色民办职业培训学校,积极为贫困劳动力开展民族芦笙演奏、民族传统文化和民风民俗、民俗歌舞表演、民族手工艺品制作、文化旅游商品制作、导游基础知识、银饰、刺绣、蜡染、电子商务等方面的特色技能培训,为全省旅游文化产业及相关的民族餐饮业、酒店业等提供特色技能人才。省市县培训旅游扶贫重点村干部1000名以上、乡村旅游致富带头人10000人以上。开展旅游扶贫助学活动,落实中职免学费政策,其中省旅游学校对建档立卡贫困学生免除学杂费,并采取多种方式,分类分批培训1000人以上贫困人口并将其发展为乡村旅游骨干。全面开展乡村旅游人才培训,推进贫困村寨旅游人才培育工作	到2018年,实现旅游扶贫重点村旅游从业人员培训全覆盖

四　可能存在的问题和风险

（一）投资与收益不成比例，旅游项目扶贫的风险较大

不难发现，政府作为以上九大旅游扶贫工程项目的实施主体，更多考虑的是项目能否顺利实施和按既定时间完成，项目建成后能否产生旅游消费业态，进而生成盈利点并未在考虑之列。另外，短期内未经过市场细分与差异化战略深入研究并展开如此大规模项目建设容易导致产品同质化竞争，导致大量项目落地后无法获得持续收益，导致资源浪费以及以旅游产业发展作为扶贫路径的希望落空。

上述1~6项旅游扶贫工程，内容仅包含工程如何建设，但由谁建设，似乎并没有做出恰当的安排。旅游扶贫工程项目实施中，文化、农业、旅游部门作为业务管理部门，在项目实施中的话语权关乎旅游产业是否能够为市场接受，产业之间的关联效应以及旅游业的可持续发展。但不可否认的是，受体制惯性的影响，各地虽成立了旅发委，旅游管理部门作为地方政府行政管理部门中的相对"弱势"部门，排名不仅靠后，且需要发改、财政、新农办等部门的积极、有力支持。在目前我国现行的条块分割的体制结构下，旅游管理部门并非有真正的话语权。其他"强势部门"在项目时间考核的约束下，容易导致重项目建设，轻市场需求与产品业态考量。

2016年4月，课题组曾到省内某国家级乡村旅游扶贫示范点考察。座谈会上，该镇干部反映，2015年该村投入8000余万元用于打造乡村旅游扶贫示范点，但效果不明显。目前仅有的利润点为出租自行车、收取停车费，开业1年后收入不足30万元，投资与收益完全失衡，入不敷出，所获收入无法维持整个景区的正常运转。十余家农户开设农家乐，产业链过短，无法延长游客的停留时间，增加消费额，找到利润增长点，拓展盈利空间值得深入思考。后通过实地观察与深入访谈得知，该项目的实施主体为县发改局、县财政局，县旅游局并没有机会参与和介入，甚至出现先建

设，后规划的情况。旅游扶贫作为一种开发式扶贫，其成功与否当然要求以经济运作是否成功为先决条件。旅游开发是一项系统工程，尤其是六要素的系统构建，产业深度融合，产业链的拓展和延伸，需要旅游、文化、农业、畜牧等行业部门专业人士长期介入和有效干预。但据该县旅游局田局长介绍，该项目为县里财政统筹项目资金完成，参与单位该景区建设完成后，县里欲移交旅游局管理，但该项目无利润增长点县旅游局并未答应，后准备移交县国有旅游公司负责经营管理，但并没有获得认可。县旅游局的田局长表示，这样的建设并没有考虑乡村旅游产业发展的需要，产业要素不完善。换言之，国家投资建设的项目难以找到经营管理的主体，最后，由村里成立合作社来负责经营管理，村长作为法人代表。村民以每股1万元参与公司经营，但至今股民未能分红。

（二）暗藏腐败的风险

上述旅游扶贫工程项目实施中，信息、资源、资本主要在体制内流动，依靠科层制治理结构贯彻实施。科层制所固有的信息不对称以及基层政府之间的合谋会导致上下级之间监督失灵。而被扶贫主体由于个人所掌握的信息资源有限，自组织能力缺失，无法对项目的实施过程与环节产生有效监督。这样，如此大规模项目资金的投入，缺少体制内部有效监督机制与社会监督缺失的结构下，如何保证以扶贫为借口的资金不落入私人腰包，领导干部们不优亲厚友，显然值得关注。

（三）贫困问题无法从根本上得到解决

旅游扶贫除了考虑旅游资源能否成功转化为市场接受的旅游产品外，还取决于蛋糕分配中的话语权以及相应的制度安排设计。从九大工程项目来看，贫困农民在项目选择、规划、实施、管理与监督等过程中如何参与，并没有凸显。现有的既有法定效应的《国家旅游规划通则》更多关注的是自然景区资源禀赋和等级等内容，并没有涉及贫困人群如何参与旅游。2013年颁布的《旅游法》同样没有涉及社区参与的内容，这使得旅游扶贫工程项目实施中贫困人口的参与缺少制度支撑。

（四）旅游扶贫难以真正可持续

从项目规模和数量来看，上述项目的顺利完成对于解决贵州民族贫困地区民生问题无疑是非常重要的。但民生项目并不等于民心项目，由外来主体负责实施的民生项目因缺少被扶贫人群参与无法真正得到他们的支持和认可，许多项目完成后被束之高阁，处于闲置状态。因此，民生项目不易转换为被扶贫主体所接受的民心项目。不仅如此，西部少数民族贫困地区，经历了中华人民共和国成立后强势介入引发的传统秩序的断裂，改革开放后经历市场化的冲击，农民原子化、理性化益发明显。项目入村本身缺少社会基础作为支撑，若项目实施中未能将村民自治、自我组织能力有机联系起来，不仅不能带动旅游发展，进而落实扶贫的任务，反而可能会因为政府携带项目介入导致村寨法定组织行政化从而可能加速公共性的消解，导致旅游扶贫因社会基础缺失、整合难度增加从而影响可持续旅游扶贫。

五　贵州省可持续旅游扶贫的对策建议

（一）以创建全国全域旅游示范省为抓手，推动"旅游+"，延长旅游产业链，增加农民收入

创建全域旅游示范省是贵州省推动"旅游+"，延长旅游产业链，增加贫困群体旅游收入的重要抓手。借此机会，文化、建设、农业、交通、林业、水利等部门实施部门项目时，强化与旅游部门的沟通与协调，将旅游功能融入项目建设中。尤其是旅游扶贫重要依托的乡村旅游，结合贵州省喀斯特面积大、可耕地少，农业规模化、产业化种植难度大的省情，瞄准绿色无公害和有机农产品，选择在"小而精、小而特、小而全"上做足旅游与农业深度融合的文章，让旅游业与农业、养殖业深度融合发展。农业与旅游的融合不仅仅着力于结果的融合，还应关注过程和细节，通过农业生产过程展示与细节体验，不仅能增强农业生产过程与产品的诠释功

能，让游客获得深度体验，增强游客的旅游商品购买欲望，增加旅游消费额进而提高旅游经济体量，还能实现资源充分利用和优化配置，为当地农民脱贫致富提供产业支撑。

（二）以项目为载体，加强对贫困区域农民自组织能力的培育

著名学者贺雪峰指出："只有当国家向农村转移的资源可以提高农村社会自身的组织能力，即农民自己组织起来解决问题的能力，这样的资源转移才是有效的。"① 为让旅游扶贫项目能够达成既定目标，地方政府探索将旅游项目实施的决策、管理与监督权赋予村民。以旅游项目为平台，国家在发挥公共产品生产与分配职能的同时，将行政性主导与农民主体性地位有效结合，借助资源输入激发贫困村民积极、有序、自主参与公共活动，培养村民自组织能力，增加村民获益机会，真正实现旅游项目的"造血功能"，使旅游扶贫的可持续性得到有效保障。另外，贵州少数民族贫困地区蕴藏着丰富的地方性治理智慧和类型多样的民间组织，地方政府应通过挖掘这些民间治理资源，以项目或公共仪式活动为载体和依托，在尊重传统文化精神和农民需求的基础上借助公共活动的传统文化根脉将隐藏在村寨内部内源性自组织能力有效撬动起来，把日益原子化的村民重新组织起来，通过各类项目的实施或以村庄公共性、重大事件为平台，逐步修复、激活、拓展社会经济组织功能，以便更好地满足旅游产业发展的需要和扶贫目标的落实。

（三）对贫困村寨社区进行社会评估的基础上做出旅游扶贫模式选择

国际发展干预项目实施经验显示，项目实施前通常需要做基线调查和社会评估，以便为后来干预绩效评估提供依据。同时，通过基线调查，增强社区居民对项目的了解和认同，为项目的顺利实施提供社会基础。从旅

① 贺雪峰：《乡村建设中提高农民组织化程度的思考》，《探索》2017年第2期，第41~46页。

游项目顺利实施的角度来讲,若缺少群众基础和贫困人群有组织的参与,项目成功的可能性较小。我国之前的各类扶贫项目之所以未达到预定目标,与项目本身的"一刀切"和缺少对贫困地区社会基础的应有关注有关。有鉴于此,落实扶贫项目前,应先对贫困群体做社会评估,按照社会关联的强度将贫困群体分为集体行动能力较强的群体、集体行动能力较弱的群体以及无集体行动能力的群体。在此基础上,对项目安排进行选择性介入。如集体行动能力较强的区域,地方政府考虑将项目决策、管理与监督权交给当地人,地方政府仅发挥监督者的作用。集体行动能力较弱或已经空心化、原子化的区域,地方政府首先加强对贫困群体行动能力的培育,甚至通过购买社会服务方式培育贫困群体的自组织能力,待旅游扶贫的"造血功能"完成后,再逐步退出,将经营与管理权委托给外来资本和当地村民,专注于改善道路交通基础设施、制定市场秩序与规则、协调公司与村寨社区之间的矛盾。

(四)制度创新的基础上,推动外来资本与村寨社区一体化发展

贵州旅游扶贫实践中,外来企业与村寨之间多属松散型合作,一体化程度不够高,发生机会主义风险的可能性较大。实际上,对于村寨自组织能力强,资源环境保存较好的村寨,地方政府可考虑以项目为契机和载体,积极探索推动企业和村寨社区的紧密型的合作模式,一方面有利于降低企业外部成本,实现外部成本内部化;另一方面有利于真正解决贫困人口的脱贫问题。六盘水娘娘山景区"三变"改革虽在一定程度上确保当地农民拥有资产性收入,但股权结构的科学性、合理性以及可延扩性有待商榷。现有的股权结构安排为农民权利意识觉醒后的利益诉求留足了制度空间,但过低的股权比例显然无法确保旅游扶贫目标的顺利实现。若资产性收入"有名无实",无法对当地农民的机会主义行为产生内在约束,必将影响当地旅游吸引力和旅游产业可持续发展。随着旅游业的发展,在地方政府的监督引导下,对股权结构进行商议,既要确保合作社与村民利益,又要保证管理团队的内在动力。

第八章

文化资源与脱贫攻坚可持续发展

可持续发展的核心是保护生态系统与消除贫困。贵州省脱贫攻坚需要牢牢把握两条底线，即习近平总书记在贵州调研时强调，要守住发展和生态两条底线。两条底线是内在有机统一的，守住发展，是要有质量有效益的可持续发展，也就是生态经济发展，将"绿水青山"与"金山银山"统一起来，追求绿色发展。"生态扶贫"已经成为学界的共识，但大多数仍然停留在通过资本投入和资金扶持，以改变传统生计来源和耕作模式来改善当地居民的生活水平的一种传统扶贫模式的层面。从贵州省"脱贫攻坚"的主战场来说，贫困山区一般为生态环境较为脆弱且生态差异性较大的少数民族地区。这些区域，既有"富饶"的生态资源，也有"富饶"的文化资源，但从现有的"工业化农业"和"GDP"货币收入来衡量，这些区域不仅"贫困"程度极深，且改造难度极大，也就是"最难啃的骨头"。由此，以传统的经济学视野实施扶贫，实践已经证明难以"毕其功于一役"。因此，我们需要开拓新的视野和思路，即以更广阔的视野，将贵州贫困山区与发达都市圈视为一个整体，挖掘贵州各民族传统文化资源，恢复和形成"文化生态共同体"，重新确定贵州生态文化主体功能区的作用，实施生态经济。

贵州文化资源极为丰富，文化具有三个维度：其一是作为村民自己的文化精神生活，或者说文化生活；其二是作为公共服务的文化，即文化作为公共性的制度层面；其三是作为发展资源的文化传统或文化产业，这是三个不同的维度。民族文化是人们在长期生产实践中适应环境而产生，流传至今。在脱贫攻坚中，传统的文化资源需要保护和利用，尤其是在新时代"乡村振兴战略"视野下，文化的作用极为重要。

习近平总书记在党的十九大报告中提出"乡村振兴战略"。中国乡村不仅仅是承载农民、农业这一最大的人口和最基础的产业，更为重要的是乡村文化和伦理价值是中国五千年文明的源泉和中国人心灵的家园。中国人口规模和小农经济特性，不可能走欧美国家的规模农场制度，中国乡村需要承担现代中国的两项重任：其一，生态农业的可持续发展；其二，高度和谐的乡村社会。贵州省脱贫攻坚可持续性发展首要的任务是坚持生态发展，在提高贫困群体生活水平的同时，繁荣乡村文化，构筑高度和谐的乡村社会。

一 贵州的文化富饶与经济贫困的状况

改革开放以来，中国国内经济在发展的同时出现严重的不平衡现象，有学者将国内不同发展程度视为"三个世界"的划分。贵州省属于云贵高原东部，不管是地理矿产资源还是民族文化资源均相当"富饶"，但经济发展却很"贫困"。王小强、白南风《富饶的贫困》在于对"落后"的本质规定，不是产值的低下，收入的微薄，而是人的素质差；并批评了依赖"外援"的传统模式和基础结构建设先行的传统观点，提出落后地区经济振兴的首要目标是调整社会经济关系。① 《富饶的贫困》最大的贡献在于提出"问题"，西部少数民族地区拥有丰富的资源，但为何在经济发展方面反而是落后的。

其实，这一问题也在国家与国家之间发生。美国经济学家道格拉斯·C. 诺思重视"制度"在经济发展中的作用，"制度提供人类在其中相互影响的框架，使协作和竞争的关系得以确定，从而构成一个社会特别是构成了一种经济秩序"②。西奥多·威廉·舒尔茨不同意传统农业中生产要素配置效率低下和隐蔽失业理论，认为改造传统农业的出路就在于寻找一些新的生产要素作为廉价的经济增长源泉。③ 根据舒尔茨的观点，引进现代生产要素来改造传统农业，需要建立一套适合于传统农业改造的制度，从供需引进现代要素创造条件，以及对农民进行人力资本投资。

根据本课题组的调研，认为贵州省农村产业和农民并不是绝对的"落

---

① 王小强、白南风：《富饶的贫困》，四川人民出版社，1986。
② 〔美〕道格拉斯·C. 诺思：《经济史上的结构和变革》，厉以平译，商务印书馆，1992，第 227 页。
③ 〔美〕西奥多·W. 舒尔茨：《改造传统农业》，梁小民译，商务印书馆，2006。

后",其农业生产要素的配置并非没有效益,而是在现代经济,即先进科技和市场经济等方面远远"落后"于中部和东部。如贵州省从江县"稻—鱼—鸭"生态系统不管从生态保护还是从单位面积复合产出上计算,侗族农民的生产均是相当有效率的。而且当地农民拥有一套生态智慧和稻作种植的本土知识维系其农业的稳定性,足以使农业科学家赞叹。但因地理交通的不便和市场信息的封闭,拥有丰富自然资源的农民仍然处于"贫困"状态,因为其丰厚的资源难以兑换成现代社会所需求的货币。

贵州省在历史上并非一直处于"落后"状态,明代洪武时期在贵州建省,就在于贵州处于西南交通的"中轴线"上。明代卫所移民将江南较为先进的水利稻作技术移植到黔中,建立了以屯堡水利田为中心的稻作系统,并影响到周边各少数民族地区。尤为关键的是,云贵高原矿产资源丰富,清代开辟金沙江水道,一个重要因素就是为了打通西南交通线,将云贵铜矿运到北京以便铸钱。对于贵州省来说,因拥有丰富的木材而形成了世界上最大规模的人工营林,贵州省的遵义府和黎平府在经济上比其周边省区要发达得多,也是当时四川、湖南移民进入的核心区域。

贵州省至少在近代化工业化以来的地区发展中落后了,尤其是改革开放以来,东部沿海进入世界现代市场,参与市场分工,享受到改革开放的"红利"。而对于贵州省来说,经济在制度的改革下有一些进步,但相对于其周边地区来说,则远远落后了。贵州省脱贫攻坚可持续发展首先需要找准贵州省经济落后之根本原因,一部分人认为贵州省的发展就是在规模化和资本化上落后于东部,盲目地以规模化资本投入来解决贵州省的短板,势必造成资源的浪费和生态的破坏。

作为山地和长江珠江水系生态屏障的贵州,其任务不是发展大规模工业和城市集群,而是发展具有可持续的生态山地农业,建设高度和谐的民族示范区。正如姚洋所指出:"中国农村的发展方向,我认为应该是低度发展、高度和谐。别想农村也高度发展、收入倍增;也不要遍地发展工业,因为农村太分散,而工业一定要集中起来发展才好治理污染。但是农村的生活水平一定要提高,农民要能过上一种体面的生活:比如说要有比较完善的社保,让农民老有所养、病有所医;稳定有序的社会生活、乡村民主机制等，都要慢慢建立起，形成一个比较和谐的社会环境，让人们在农村安居乐业。"①

如何"对症下药"和走出"经济洼地"是贵州省脱贫攻坚最难的地方，也是脱贫攻坚战能不能可持续发展的核心问题。因此，课题组针对贵州省文化资源丰富的特点，试图找到贵州省脱贫攻坚可持续发展的路径。

二　贵州文化资源与脱贫攻坚的经验

"发展"已经成为世界的主题，但发展战略不仅仅强调经济发展本身，还需关注发展后的利益分配，以及何种发展。文化资源，特别是传统文化资源的利用，在脱贫攻坚可持续发展中具有重要作用。一个是如何应对当前出现的问题，文化具有功能，现代生态环境的恶化，主要原因就是传统文化维护生态的功能遭到废弃。传统的农耕文化是一个系统性的体系，自然跟社会是融为一体的，也就是说生物性的生存和社会性的生存是融为一体的。当前生态环境恶化是工业化所带来的一种后果，人类需要重新反思当前重发展轻生态的工业化思路，走绿色发展之路。

贵州作为西部经济较落后的省区，贫困面广，贫困程度深，脱贫攻坚任务重。贵州省因山地阻隔，经济长期处于滞后状态，如果简单地模仿东部沿海模式，贵州难以走出"经济洼地"。由此，贵州需要探索适应自身山地特色的经济模式。在脱贫攻坚实践中，贵州各民族利用民族文化资源，不断总结经验，创造了较成功的一些经验和模式。

（一）民族文化资源与生态智慧

当人类迁徙乃至定居到相应的地理区域时，首先需要构建与当地生态系统相适应的生计方式和社会系统。当然，人类从所在的生态系统获取生存和发展资源时，因不同的理念和文化，必然有意无意地对生态系统形成破坏；人类在生产过程中也会不断地调整自身的行为，以与之相适应。传

---

① 姚洋：《中国农村发展之路：低度发展，高度和谐》，《中国老区建设》2010年第2期。

统小规模社会很少对环境造成毁灭性的破坏，生态危机往往是工业革命后大规模商业社会兴起的结果。如约翰·博德利认为，分散居住在亚马孙流域的部落农民、猎人和渔民，依靠小规模的轮垦技术已经生活了几千年。他们的适应有赖于保持足够长的休耕期，让主要林区在下次耕种前重新生长起来。大规模商业社会鼓励永久性的耕作和放牧制度，严重破坏了森林，雨水浸泡的土壤日益贫瘠并板结，当地的热带旱生林不断减少。①

贵州各少数民族长期生产生活在高原山地之间，并有效地发展出一套不同于平原三角洲的生态农业。高原山地不同于平原的单一性，而是一个垂直的立体复合系统。不同民族因生产生活方式的不同，且历史文化背景不同，在共同空间格局下形成了生态性分布和生计互补型社会。也就是说，贵州省民族地区和高寒山区并不是本来就生态恶化和经济贫困的，相反，历史上这一地区均形成了具有自身特点的生态农业。

黔西北彝族采取农牧结合的经济，两个产业随季节和地点不断地交叉转换，作为耕种的农田，在春夏季节水稻耕种时为农田，而秋冬季节收割之后就为牧场。彝族在植物种植方面也是以多样化来维持生态的多元性，不仅种植不同的季节作物，更为重要的是利用生态地理优势，"靠山吃山"，以高原山地丰富的"圆根"等解决主粮食物的不足。彝族农牧两用一方面有效利用农业作物，农地作物收割后，剩下的草和作物秸秆正好为牲畜提供食物，而牲畜的粪便则是农地作物的肥料。清代"改土归流"后，国家将土地分割为小块卖给私人，外地迁来的汉人将土地围起来，种植玉米或其他经济作物，从而改变了原有的生计经营方式，也改变了原有的生态系统。20世纪60年代，"以粮为纲"，将农牧混合区改造为单一的农耕区，水土流失更为严重。山地彝族对付水土流失的方法也有特色，即把河坝修在河中间，不是为了堵水，而是为了使河流转弯，让河水绕着坝改变方向，从而将河水携带的泥沙沉淀下来。据孙庆忠介绍，河北涉县旱作梯田边缘种植花椒，不仅加固石堰，还成为当地农民重要经济来源，与

---

① 〔美〕约翰·博德利：《人类学与当今人类问题》，周云水等译，北京大学出版社，2010，第 34 页。

梯田共生的驴子在落差很高的梯田耕地，没有半点闪失。①

贵州麻山地区石漠化生态极为脆弱。然而，麻山地区在清代改土归流前，其生态仍然较好，麻山地区处于喀斯特岩溶地貌，地下河和溶洞较多，在每个洼地较低的地方有漏斗与地下河相通，由此漏斗成为地表水资源流失的通道。历史上，因漏斗小，树枝杂草等容易堵塞漏斗，因而形成大小不等的浅水沼泽地或溶蚀湖。这样，喀斯特地貌的麻山地区水土资源聚集于洼地，能有效维持该地区的生态平衡。麻山支系苗族根据这一地区地理特征，采用不动土的耕作方法，将地表的灌木杂草砍伐焚烧，雨季来临前撒播小米、红稗等。在石山区，苗族种植构树等，作为家庭燃料和牲畜饲料。紫云县水塘镇一带苗族有"采集（植物的）籽实，不能采集（植物的）根系"，"想吃盐巴就保护好构皮树，想当家就先把媳妇娶"等谚语。② 麻山苗族所生产的粮食品种多而单种作物的产量少，加上所生产的粮食不符合国家规定的纳税规格，这样在国家力量作用下，当地居民放弃原有的传统资源利用模式，毁林开荒，建造梯田等大规模"动土"运动。由于麻山喀斯特地貌表层土薄，地下河和溶洞多，很快诱发大规模水土流失。这一过程在经历了 200 多年后，到了 20 世纪中期，不少苗族的栖息地严重石漠化，有的地方岩石和砾石的裸露率超过 70%。这样的生态灾变加剧了当地苗族的贫困，成为现在贵州省最贫困的地区之一。鉴于麻山地区的生态灾变和石漠化，杨庭硕指出，各民族传统生计方式是当地居民长期适应生态环境的产物，当地的生态环境演化的速度比人类社会的演化速度要慢得多，因而这样的传统生计必然具有长效性，同时也不缺乏科学性和合理性。因此引进外来作物时，永远有必要参考一下当地各族居民的传统生计中的资源利用方式，从中找经验、找借鉴，肯定有助于规避引种工作的盲目性。③

① 杨庭硕、孙庆忠：《生态人类学与本土知识研究》，《中国农业大学学报》（社会科学版）2016 年第 1 期。

② 吴正彪：《生态人类学视野中的生计方式调适》，《三峡文化研究》2010 年第 1 期。

③ 杨庭硕：《论外来物种引入之生态后果与初衷的背离》，《云南师范大学学报》（哲学社会科学版）2010 年第 1 期。

20 世纪后期，西方已经意识到工业文明所带来的问题，提出了"增长的极限"：如果在世界人口、工业化、污染、粮食生产和资源消耗方面以现在的趋势继续下去，这个行星上增长的极限有朝一日将在今后一百年中发生。最可能的结果将是人口和工业生产力双方有相当突然的和不可控制的衰退。① 因此，当下的发展需要寻求另外一条路径，单从经济视角去实施经济发展战略，势必造成对生态环境和人类生存的危机。

文化建构的生物性法则和社会性法则并存。文化建构的生物性来源于人类自身的特点，从生物学的角度看，人类仅是地球生命体系中的众多物种之一，他必须以其他生物物种为食，生命活动留下的废弃物也要参与其他物种的物质与能量循环。这一点并不因为人类能建构自己的社会而有所改变。这就导致了无论人类社会如何发达，却一刻也离不开地球生命体系。文化的建构不仅具有生物性的一面，还具有社会性的一面。在这种情况下，人类社会不仅仅是从所处的自然生态系统中获取生命物质、生物能和信息，还可以凭借群体的力量将正常情况下地球生命体系中所没有的物理化学过程及其相伴的物质能量形态引入自然生态系统中，使它们与自然生态系统中的生命过程一道并存。

文化建构的原则是族群在长期生产生活之中形成的，各民族之间的跨文化活动注重各民族的生计方式及其生态系统的稳定，从而形成"文化生态共同体"：正当长江中下游和珠江下游农田大规模开辟，建筑用原木出现了市场短缺时，湘黔桂三省区毗邻地带却兴起了一个庞大的原木供应基地，并孕育出侗族那样的林粮兼营里手。从侗族地区采伐集运到了江边的原木，只要一出山就能一本万利。可是大规模的木材出山在持续经营了六百多年后，并没有导致上述地区木材资源的匮乏，更没有诱发为连片的人为水土流失。在这里，对人为水土流失的有效控制，同样得力于民族间的文化制衡。侗族尽管长于育林、护林和采伐集运，但黔阳流域以下的木材漂运由于进入了汉族聚居区，不得不在一定程度上仰仗汉族木商去从事批

---

① 〔美〕丹尼斯·米都斯：《增长的极限：罗马俱乐部关于人类困境的研究报告》，李宝恒译，四川人民出版社，1984，第 17 ~ 18 页。

发零售。而汉族木商要深入远口、挂治流域以上的地段，收购原木又要受到侗族的牵制。因为在侗族地区宜林地是家族共有的，在家族村社内不允许其他民族成员定居，更不允许其他民族成员拥有土地产权。生息在深山区的苗族，其宜林地往往以租赁的方式交由侗族生产原木。而侗族又往往雇用苗族、瑶族居民去从事垦殖和林木更新。土家族则更多的是参与水上漂运和木材集运。水族地区也是宜林地，其育林办法与侗族相似，林木的更新同样是雇用苗族和瑶族居民充任。可以说，围绕着原木的生产和贸易，结成了一个错综复杂的民族关系网络，而不同于健全的市场经济运作，是由不同的职业集团去协调完成的。在企业化的经营中，一旦决策失误，就会导致企业经营时水土资源的毁损。但是在这里却很难出现这种不利后果，因为在民族制衡关系网中，各民族间的关系错综复杂，个别人、个别民族的失误和判断偏差，都不可能给整个复杂体系造成重大的创伤。因而对水土资源始终保持有节制的、均衡的利用格局，相应地区的水土资源也从中得到了有效的维护。①

人类社会利用生态原则所构建的民族文化一直支持相关族群的生存和发展，贵州各少数民族在各自生态区域内形成了一套生态智慧，并创造了灿烂的文明。"生态扶贫"的提出和脱贫攻坚"可持续发展"之问其实就是提醒我们，如何在经济发展的同时，尊重和继承各民族几千年传承下来的文化传统，在维护生态的同时进行跨越式发展，真正摆脱"贫困"状态。

（二）乡村价值与农业文化遗产

中国乡村发生巨大变化，有学者专门对乡村"留守"进行了概括，以"别样童年""阡陌独舞""寂寞残阳"形象地展现了留守儿童、留守妇女、留守老人独立支撑乡村的景象。② 中国乡村尽管历经千年未有之变局，但其价值仍然受到学者关注。

---

① 杨庭硕、吕永锋：《人类的根基：生态人类学视野中的水土资源》，云南大学出版社，2003，第426～427页。

② 叶敬忠等：《别样童年：中国农村留守儿童》《阡陌独舞：中国农村留守妇女》《寂寞残阳：中国农村留守老人》，社会科学文献出版社，2008。

村落是农业生产的载体、人们的情感之根、文化传承的"活化石"、城市发展的"镜像"、联结人与自然的纽带等，其价值具有多功能性，生态价值和教化功能相当突出。朱启臻指出：村落文化和社会规范深深植根于人们的心里，约束和规范着人们的行为，进而维持着和谐的生产和生活秩序。这些优良的传统文化之所以延续至今，无不得益于村落的存在。任何文化的产生、流传及发展少不了将其蕴含于自身的载体，就像每一个物体的存在需要有一个盛放它的容器一样。而容纳村落文化的实体就是村落。①

中国传统文化具有厚重的"乡土气息"，现代中国尽管"离土"成为常态，但文化仍然扎根在"乡土"。中国20世纪90年代以来，大规模的农村劳动力的流动与转移改写了"乡土中国"的发展轨迹，同时也宣告了"离土"时代的到来。然而，农业社会的转型并未使乡村文化瓦解，农业凋敝与农村"虚空化"所衍生的社会问题，不过是乡村文化危机的表象，是"离土"之"形"，那些植根并存活于乡土社会的生活观念和价值体系，乃"乡土"之"神"，"形散"而"神聚"才是乡村文化的实质。因此，孙庆忠指出："离土"是我们这个时代乡村社会转型的主旋律。"离土"的动力彰显了乡村发展所面临的问题，也为新农村建设绘制了一幅蓝图：农业在传统与现代的交织中永续发展，乡村在城乡互动中成为"诗意地栖居"之所，农民则在乡土文化资源的开发与利用中被各种民间组织所整合。从这个意义上说，"离土"是"乡土重建"的序幕。今天所谓的新农村建设，究其本质是重新建构一种我们理想生存状态的乡村文化。中国社会向来以乡村为本，尽管社会财富的积累已经不再依靠农业，但无论是过去、现在还是将来，决定中国社会形貌的因素依然是农村、农民和活在生活中的乡土文化。其鲜明的生态属性和社会文化属性，其自身所蕴含的强大的转换能力和惯性，正是我们认识"三农"问题和研究乡村社会的理论基点。②

---

① 朱启臻：《论村落存在的价值》，《南加农业大学学报》（社会科学版）2011年第2期。
② 孙庆忠：《离土中国与乡村文化的处境》，《江海学刊》2009年第2期。

　　乡村文化的价值还集中体现在"农业文化遗产"上。农业文化遗产是与农业相关的世界文化遗产或文化景观遗产，为人类文明遗留和传承下来的最为重要的农业财富和智慧。贵州省尽管在现代农业上远远落后于东部地区，但因地理封闭和山地限制，一些地方仍然保存有几千年来传统的物种和生产技术，而这些多样性本土种子资源和本土知识，正是全球最为重要的农业文化遗产，对于现代生态农业的发展至关重要。

　　2002 年 FAO 提出全球重要农业文化遗产（GIAHS）的概念和动态保护理念，农业文化遗产的提出实际上是为了应对 20 世纪以后农业方面出现的一系列问题。近代以来，从原始的刀耕火种、自给自足的个体农业到常规的现代化农业，人们通过科学技术的进步和土地利用的集约化，尤其是在农业技术、育种、生物技术、信息技术方面，取得了巨大的成就。需要指出的是，建立在以消耗大量资源和石油基础上的现代化农业取得了很大的成就，但在生产发展的同时，也带来了一些严重的弊端，包括农业生态与环境问题日益加剧，比如说土地减少、荒漠化、环境污染、生物多样性丧失以及气候变化等。另外，粮食保证问题、食品安全问题以及农村贫困问题，都和农业密切相关。而解决这些问题需要关注三个方面：食物食品和其他农产品；如何提高农民的生活水平；资源的节约利用和环境的改善。面对这种情况，人们开始反思农业发展的政策、技术与模式，并陆续提出了各种替代农业发展新思路。人们提出了许多新概念，比如有机农业、生物农业、自然农业、生态农业、复合农业、循环农业、可持续农业，尽管它们的内涵不尽相同，但是都反映了一种适应时代变革的迫切愿望和探索农业可持续发展的强烈要求。现在看来，真正解决这些问题，需要思想方面的转变。第一，要把目光对准整个生态系统，目标不能只盯着粮食产量，不然就会因为倾向于增产而带来一些问题，我们必须采取一个综合的评价；第二，要把新技术和传统技术充分利用和结合，既要利用现代人的智慧，又要借鉴过去人们长期以来智慧的结晶，两者要紧密结合而不是互相排斥；第三，要让农民参与到整个保护与发展工作中来。第四，就是要在农村建立一些示范区，并充分重视土壤的问题，让科学家和公众很好地结合起来等。根据李文华院士的理解，全球重要农业文化遗产是

"农村与其所处环境长期协同进化和动态适应下所形成的独特的土地利用系统和农业景观，这种系统与景观具有丰富的生物多样性，而且可以满足当地社会经济与文化发展的需要，有利于促进区域可持续发展"。基于这个概念，衍生出这样几项入选的标准：第一，提供保障当地居民食物安全、生计安全和社会福祉的物质基础；第二，具有遗传资源与生物多样性保护、水土保持、水源涵养等多种生态服务功能与景观生态价值；第三，蕴含生物资源利用、农业生产、水土资源管理、景观保持等方面的本土知识和适应性技术；第四，拥有深厚的历史积淀和丰富的文化多样性，在社会组织、精神、宗教信仰和艺术等方面具有文化传承的价值；第五，体现人与自然和谐演进的生态智慧。①

骆世明将生态农业的模式，按照生态学的组织层次分为三个层面。在生态学中关系的第一个层次叫生物个体；第二个层次是种群，同一个生物种的个体集合起来叫种群；第三个层次是群落，在同一个地方的多个物种的种群集合称群落；第四个层次是生态系统，生物群落跟非生物环境一起构成生态系统；第五个层次是景观，一定区域的多个生态系统构成景观。所以，生态农业模式的第一个层面叫生物多样性利用，它是在个体、种群和群落组织层次的。生物多样性的含义，第一是基因多样性，即同一个物种的不同基因类型；第二是物种多样性；第三是生态系统或者景观的多样性。生态农业模式的第二个层面涉及生态系统的循环体系构建。生态系统中连接环境和生物最重要的是能流和物流，用到农业里最重要的就是建立一个循环体系。第三个层面是景观布局设计。在一个大的流域中草畜平衡、保水用水平衡、城乡供求平衡就与景观布局有关，农村的花草树木种在哪里，作物是单一布局还是镶嵌布局，都跟景观布局设计有关系。农业是人与自然之间的一个产物，是人与自然打交道的过程，是人为了取得稳定的生存方式，才在自然里建立了一个受到人类干预的农耕区域。由于要长期生存，必然发展出人与自然长期共存的生产方式。所以，传统农业之

---

① 李文华、孙庆忠：《全球重要农业文化遗产：国际视野与中国实践——李文华院士访谈录》，《中国农业大学学报》（社会科学版）2015 年第 1 期。

所以宝贵，就在于人和自然的关系达到了一种和谐，其实在这个过程中也取得了人与人之间关系的和谐。传统的农业文化遗产里面包括了两层含义，第一个是人与自然的关系；第二个是人与人的关系。①

"江南千条水，云贵万重山"，贵州省作为西南民族地区的"腹地"，各民族长期在此栖息、交流，发展出一套巧夺天工的农业生态智慧，保护着长江水系、珠江水系上游的生态安全，同时也维系着各民族之间的和谐。

1. 黔中高坡苗族"东苗茶"

明清两代典籍多次提及"东苗茶"属于所谓的高树茶，（嘉庆）《续黔书》卷六《茶》载，"黔之龙里东苗坡及贵定翁栗冲、五柯树、摆耳诸处产茶。而出婺川者名高树茶，树高数寻。蛮夷长官司鹦鹉溪出者名晏茶，色味俱佳，大吏岁以为问，有司咸买他茶代魂之"。

"东苗茶"的产区正好位于长江水系和珠江水系的分水岭上，是这两条大河的产流带。这里生态系统的健康程度不仅关乎当地的生产与生活，还将直接影响到长江和珠江的流量稳定。在这样的背景下，将整个"东苗茶"产区确认为天然林保护区，显然是一项正确的决策。但如何管护这样的天然林却会诱发新一轮的争议。争议的焦点在于对天然林该不该允许当地居民加以利用。当地苗族"改土归流"前的资源利用方式并没有导致原有生态系统的受损，其生态效益在"改土归流"后的漫长历史时期，一直发挥着重大的生态公益服务功能。反倒是资源利用方式改变后，传统文化和生态系统才同时受损。以此为例，确认当地的最佳资源利用办法，允许乡民恢复传统的资源利用办法，包括复兴"东苗茶"的生产，对生态系统的快速修复和可持续的维护更有价值。事实上，人类恰好是生态系统中最积极、最能动的因素。只要选用能与当地生态系统兼容的利用办法，人类的利用反而可以加速生态的恢复和生物产量的快速提升。并能通过生态系统的复壮，使这一地区发挥水资源的截流、储养和再生能力。②

---

① 骆世明、孙庆忠：《农业生态学的开拓与大学使命的担当——骆世明教授访谈录》，《中国农业大学学报》（社会科学版）2017 年第 1 期。

② 杨庭硕、彭兵：《明代东苗贡茶生产的文化生态基础》，《贵州大学学报》（社会科学版）2017 年第 5 期。

2. 黔东南侗族"稻—鱼—鸭系统"

侗族"稻—鱼—鸭系统"的农业文化遗产在侗人的生活中占据核心位置，其糯禾不仅仅为侗人提供了食物，养育了侗人的身体，"苟（糯禾）养身，歌养心"；而且还造就了侗人的认知体系和情感维系。三省坡一带的侗人就自豪地称自己为"糯米崽"，即表示自己是吃糯米饭长大的，以示与"客家"（汉族）相区别。

侗族"糯禾"作为森林梯田系统，将以"鱼塘"为中心的聚落水域系统、"梯田"为中心的"稻—鱼—鸭系统"和"森林系统"有效地结合在一起，成为一种巧夺天工的共生机制。森林系统保障梯田、鱼塘的水源，而梯田、鱼塘的蓄水不仅为鱼、鸭提供了生存空间，而且反过来为森林系统储存了丰富的水资源。如何与自然相处，不同的民族创造、设计了不同的方案，其积累下来的生态智慧即是人类宝贵的财富和文化遗产。当然，生态的适应性并不完全等同于社会的适应性，在黔东南处于同一区域的苗族和侗族就有很大区别：苗族往往将聚落安排在半坡，而侗族则将其安排在河谷盆地，从而形成了不同的地方性民族文化。侗族的糯禾生产、消费并非只是简单的"物"的生产，而是与社会关系的生产紧密连接在一起。

然而，2000年以后，都柳江流域在市场化的冲击下，糯禾的生产规模不断萎缩。年青一代主要在外打工，其经济已经依靠全球化的大生产，而在认知上也将糯禾文化等同于落后的民族文化。因此，糯禾文化所面临的真正挑战在于市场化经济冲击下的挑战。现代性挑战之所以形成在于人们对传统农业认识的误区，即只简单地从作物所能获得的货币数量上进行比较，没有看到传统糯禾生产的综合效应，更忽视了其生态效果，没有将糯禾与整个珠江水系的水资源安全结合起来进行考察。其实，糯禾面临市场的失败本身就是市场在生态治理方面的失败，是人为短视的一种失败。侗族糯禾的交换是将经济的"物"与社会的"人""互嵌"在一起，货币将糯禾从社会中"脱嵌"出来，货币成为第一要义的东西，必然侵蚀社会，使"人"成为单个的个体，并不断地物化。

由此，作为农业文化遗产的糯禾，其保护与传承离不开社会的维度。我们不仅需要看到糯禾的经济价值，更要看到其生态价值、文化价值和社会价值。那种以"发展"的名义把当地人的想法排除在外，将农民从本土之根中剥离出来的思想必须"缓行"，只有以当地人的视角来看待糯禾及糯禾文化，才能够真正理解农业文化遗产。

贵州省拥有丰富多样的"农业文化遗产"，如梵净山的"蜂蜜""古茶园""贡米"等，雷公山的"苗药""稻—鱼—鸭系统""苗寨""侗寨"等，乌蒙山的"苦荞""农牧混合生态"等。贵州省需要挖掘"农业文化遗产"，吸取和传承千年来各民族的农业知识和生态智慧，走出一条具有特色的山地生态农业之路。

当今中国的食品安全出现一些问题，其中最为重要的是单纯追求产量而忽视质量所导致，尤其是农业产业与生态保护的问题。贵州民族文化资源不仅强调食品的"原生态"，而且对于有效保护长江流域、珠江流域上游生态环境具有重要意义。

（三）文化资源与脱贫攻坚

贵州省脱贫攻坚可持续发展需要发挥贵州省民族文化资源的优势，特别是民族文化中强调"合作"与"和谐"的"软实力"。诺思、舒尔茨等经济学家一直强调经济发展过程中的"制度"优势，而制度最为核心的就是解决"合作"问题。可以说，"合作"是人类发展最为重要的文化和"软实力"。

贵州山地经济强调"合作"，传统文化资源中社会整合程度较高。现代市场经济一个弊端就是社会的个体化，这些东西在现代化面前慢慢都出现了无能为力，即农业的小生产难以面对大市场的竞争。文化资源不是死的，而是可以开发、利用的。传统文化资源，现代社会需要返璞归真、寻找乡土的"合作"精神。在旅游开发、乡村建设当中，我们首先要对传统的乡村文化原有的资源给予适当的评价，特别是客观的评价去鉴定它。

在任何人类文明社会中，在人与人之间总是存在这样和那样形式的合作，因而阿克塞尔罗德（Axelrod）曾认为："合作现象四处可见，它是文明的基础。"这样就出现了一个经济社会理论所必须回答的问题：在每个人都具有自私动机的情况下，人们怎样才能通过社会博弈而自发产生合作？换言之，人类合作能否从有着自己利益最大化推理逻辑的行动者的行为互动中自发产生？或更直接一点说，人们到底是如何跳出这处处存在且没完没了的种种"囚徒困境"迷局的？①

扶贫不仅仅是硬件投资，更为重要的是"文化"，没有"软件"的投资，硬件均会成为废弃物。朱启臻提出"柔性扶贫"的概念，认为乡村是一个有机的价值体系，有自身的价值和发展规律，通过制度创新、要素重新组合可以使乡村价值得以放大。外来因素只有融入乡村体系才能落地生根、开花结果。柔性扶贫不仅表现为一种理念，也是一种有效的工作方法，可以形成一套完整的扶贫策略。柔性扶贫理念对精准扶贫和可持续脱贫具有重要的理论和实践意义。朱启臻专门探讨了"柔性扶贫"的内容，即任何单一的扶贫项目或措施都不可能成为解决乡村贫困的灵丹妙药，越扶越贫的现象也是存在的。一些产业扶贫项目不仅没有增加农民收入，还破坏了当地生态环境，丧失了乡村的和谐文化，甚至使农民背上了债务的包袱；一些教育扶贫项目，注意力集中在把少数有头脑的人教育出了乡村，留下的是缺少生机的乡村空壳，使乡村进一步衰败。诸如此类，不一而足。"柔性扶贫"内容不是仅盯着一时一事，而是体现扶贫的综合内容和综合措施，不仅要重视基础设施、产业与文化设施、民居等硬件建设，还强调与硬件建设相配套的柔性项目，如社区对资源的配置及管理能力，社区内部对公平性的认知与行动，村民文化、法制、道德与社会责任素质的提高，民俗与乡土文化的传承与活化，村民健康生活方式的培养等，同时也注意对贫困村民价值观的教育与培养。也就是我们常说的硬件建设与软件建设的配套与协调，所追求的不仅是收入的增加，更着眼于村民幸福指数的提高。②

贵州省各民族在长期发展过程中，结合自身民族文化特色，形成了一

---

① 〔美〕罗伯特·阿克塞尔罗德：《合作的复杂性：基于参与者竞争与合作的模型》，梁捷等译，上海人民出版社，2007，第3页。

② 朱启臻：《"柔性扶贫"理念的精准扶贫》，《中国农业大学学报》（社会科学版）2017年第1期。

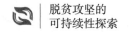

套"合作"发展的制度设计。

1. 贵州省乡村旅游的"郎德模式"

中国乡村面临的最大变化就是遭遇前所未有的发展，基于发展主义的思路忽视了社会的视野。上郎德苗寨"工分制"旅游发展模式坚持村民共同参与、共同分享旅游发展红利的原则，这一制度设计在激发村民参与积极性的同时，也保证了旅游产品的原生性。工分制的郎德模式是建立在苗族集体行动的文化逻辑之上的，具有坚实的社会基础；也为郎德村落共同体的建设提供了经济基础。鉴于郎德模式，中国乡村建设需要保卫村落共同体，开启以文化—社会为路径的乡村发展之路。

工分制分配制度旨在号召村民人人参与旅游接待，并按挣工分模式进行按劳分配，以提高参与者的积极性。郎德苗寨以"家"为单位，每家均有一个"工分本"，分别填写日期、表演场次和工分三栏。表演结束后，该家庭拿工分本到"村旅游管理小组"登记，将每家的工分总数记入家庭工分本和村旅游管理小组工分本上。每月底进行结算，年底分红，到时需要将家庭工分本与村旅游管理小组工分本进行对照核算。上郎德工分制较具特色的就是"工分牌"和工分核算标准。"工分牌"由旅游接待小组设计制作，一般用烟草盒的硬纸片制成，在"工分牌"上印制旅游接待类别和分值。郎德苗寨工分制以接待的"角色"和"着装"进行不同的分配。"郎德模式"是由村民自我组织自我管理的一种全民参与的旅游经营模式，村旅游接待小组如同"公司"需要经营好整个村寨的旅游业，同时还是村寨的服务机构，需要为村寨的每家每户利益负责，大到产业经营，小到家庭纠纷，因此没有一批善于经营并具有公益心的人参与是不可想象的。旅游接待小组并没有脱离村支"两委"，而是建立在村民自治基础上的，成员主要由村支书、村主任、会计及各村民小组组长构成，与村支"两委"形成两块牌子，一套人马。

全民参与的工分制是上郎德苗寨的创举，在民族文化旅游领域树立了一个典范。郎德苗寨的核心旅游产品为进寨的12道"拦路酒"仪式和铜鼓坪的"歌舞表演"，吸引中外游客跋山涉水来到这里的原因就在于此。然而，这两项核心产品参与性、体验性极强，需要整个村落共同体的共同参与才能完成，且"拦路酒"和铜鼓坪表演本身就是全体村民的专利。"工分制"体现出的只要参与就有报酬，人人有责，人人有份，既保证了旅游产品的质量，也有利于激发群众参与的积极性。工分制模式不仅体现在经济产业上，更为重要的是有助于民族文化的保护与村落共同体建设。

2. 黔中屯堡农耕合作机制

黔中屯堡肇始于明洪武十四年（1381）朱元璋调集 30 万大军分三路汇集黔中，进而向云南推进，此为第一次征南战争。随着战事结束，当下贵州地域在整个西南地区的战略地位被凸显，朱元璋令部队在各"重要之地"树栅置堡，驻兵屯守。中国自西汉始启的边疆屯兵制度在一千多年后，由明代完善改进，再次上演了国家实施军事移民戍守屯边。"屯兵百万，不食百姓一粒米粟"的军屯制度安排。战时三分屯种七分征战，平时反之亦然。

黔中毗邻三块万亩大坝提供了贵州难以一见的屯军自然宝地，发源和通过于此的波玉河、三岔河、王二河、邢江河，通过乌江、盘江水系汇入长江、珠江过程中，浇灌着数十万亩土地，从华北、江南母源地聚合而来的屯军及家属，以军户定身的刚性身份，从此屯守繁衍在 600 多年后仍哺育着他们后代的黔中坝子中，深耕细作创造出稻作水利系统完整的一套物质和非物质技术成果，并镌刻下中国古代屯田史、军事移民史、浓墨重彩的社会文化活态印记，至今不衰。黔中屯堡 300 余村，普遍以稻作水利系统的运行机理为村庄生产、生活、社会、文化运行机理的基础法则。以鲍家屯村为例：在鲍家屯村所处的坝子上，邢江河自西流入，数百年来是该村饮水、灌溉的水源。而满足该村 2000 多亩田地灌溉的是一项古水利工程。该工程由分水枢纽水仓坝，将河流分为两条干渠，再经过二级分水坝，将水量分配到下级渠道，逐次递推，形成"一坝一水一片田"的功用，可以满足不同高程农田的自流灌溉。在鲍家屯水利的维护和使用中，家庭间的合作秩序发挥了重要作用。

合作秩序的建立和维持，需要合作群体形成一致的合作共识，这样的合作共识既包括合作的目标，还包括合作的规则。鲍家屯水利管理中，历史上就有成文的规约，有两则石碑为证。其一，在移马坝附近水井旁发现的明正德年间（1506～1521）残碑，内容为某年干旱时，有人不遵守村规，私自盗水灌溉，事情败露后遭到谴责，并刻石立碑，以示惩戒，同时重申用水制度的村规。另一则发现于水碾房钱水仓坝附近，清咸丰六年（1856）的石碑，全文为："禁止毒鱼、挖坝，不准鸦子（鱼鹰）打鱼、洗澡，不准赶署（一种捕鱼工具）赶鱼。违者罚银一两二钱。"对违规者的惩罚，亦有来自合作规则自身的约定，村中有权威耆老的惩训，以及佛道因果报应等，从众心理舆论公开发布等。

建立在生产与经济层面的合作，几乎是农民社会抵抗脆弱性的最初和基本方式。与家族式的生产单位相比，小家庭在经济活动中的活跃和经济能量上的不足，必然导致家庭功能的外移，需要社区作为第二环境，对家庭经济功能进行补充，以实现核心家庭功能完整性。由于小家庭功能不全，且没有提供资源的余地，因而只能求诸社会性的互助互惠方式。如果社会中原先没有相应的方式，就会根据需要创造出来。在屯堡社区，各种丰富多元的社会互助形式会不断地完成使命又不断创生。屯堡人在社会交换过程中，创立了一套与熟人社会互惠交往相同构的理性计算规则。依此规则形成机理，家庭间的交往一般都能得到对等的回报，而兑换原理总能将时时出新的内容，包容进自己的换算体系，使之成为本土的知识。懂得和遵循这些知识，成为道义和情感交往的理性基础。在社区生活中，以"事"为载体的社会交往，应遵循的规则就是"理"。社会合作，即事与理的坐实。

屯堡稻作水利系统的社会合作机制亦有五种类型：其一，直接互惠；其二，间接互惠；其三，空间博弈；其四，群体选择；其五，亲缘选择。屯堡农耕社会中多层次、多维度、广参与、重叠多的合作机制，即使合作成为社会永续和"遗产"不朽的根本依托。形成"皮"之结构，支撑着、养育着寄于自身的"毛"。是整体性与基础性的合一，是生态系统与人和社会系统共嵌关系的载体。如果从农业文化遗产的各子系统构建上看，其整体性的构建机理也得到机制组合的凸显。

3. 清水江木材经营制度

制度对于一个社会，特别是经济的发展与市场的运行具有重大作用，而制度的形成与变革是一个复杂的过程，其中文化的影响尤巨。清水江流域在清代改土归流后，由于河道的疏通，木材贸易获得巨大发展，并形成了一系列木材交易制度和林业经营制度，而这一整套制度是在清政府的"苗疆"政策、当地具体的权力格局和当地苗侗民族文化习俗的共同作用下形成的。清代贵州清水江流域由于木材贸易的发展从而诱发的一系列制度变迁，为了保障木材市场，清水江流域逐渐形成了有效的经济制度和市场秩序，确立各利益集团的行为规范。

贵州清水江流域在明清时期形成了具有良好秩序的木材市场，并在当地少数民族中发展出一种林业经营模式。清水江侗族木材市场及其林业经营模式是在内地汉族商人渐次深入这一区域，并在内地经济制度的影响下形成的，然而，其制度的形成并非单纯受外来文化的影响，事实上，清水江流域侗族的传统知识与行为方式在木材市场形成与林业经营中至关重要。清水江侗族社会在木材市场形成过程中，利用自身文化的内在逻辑，主动发展出一套适应市场秩序且利于市场发展的林业经营模式。在木材贸易方面，形成了一套由卦治、王寨和茅坪三个村寨轮流值年"当江"、开店歇客、执掌贸易的制度；在采伐和运输方面，规范和约束木材采运活动的"江规"应运而生，即分步放木的江规，每一河段的木材只允许这一河段的民众放木；在林业经营方面，形成了较成熟的人工营林经济模式。清水江木材市场及林业经营有其独特的模式，侗族传统文化在这一经济制度的形成中，不是简单地回应外来汉文化的冲击，而是主动利用自身的文化传统在历史发展中形成了适应时代发展的良好秩序和经济制度。

清水江流域木材市场在形成、发展过程中具有较特殊的历史因素和民族文化根源。清水江木材之所以得到内地商人的青睐，其根本原因在于内地的开发，森林资源受到较大的破坏，而明清长江中下游流域城市的兴起又需要大量的木材，因此，内地木材商人沿沅水河道逐渐深入贵州"苗疆"腹地，将这一带较为丰富的木材输往内地。清水江流域在历史上属西南蛮所在地，内地汉族商人与当地少数民族接触很少，两者之间存在较大的文化差异，并且清水江河道有很多险滩，木材难以运输，这一状况直到清代雍正时期改土归流后才得以改变。清政府在改土归流后不仅疏通了清水江河道，而且承认了卦治、王寨和茅坪三个村寨轮流值年的"当江"制度。

清水江木材市场在当地少数民族生活中具有重大的作用，木材市场是否顺畅成为当地社会发展的关键，清水江沿岸少数民族的生活已深深卷入以清水江木材市场为中心的市场体系之中。在木材市场兴盛的年份，清水江各木行、旅社、伙埔等人满为患，地方小，往来的人很多，特别是卦治、王寨和茅坪三个当江村寨，每个寨子达200多间店房，而且清水江流域各种物产也得以与内地顺利交流。在木材滞销的年份，则出现经济萧条，如咸同时期，因战乱，木材交易受阻，有许多人家无法生活，只得离开家乡。木材市场对人们生活具有重大影响，当时流传有谚语："篙子下水，老婆夸嘴；篙子上岸，老婆饿饭"，清水江沿岸人们在经济上已严重依靠清水江的木材贸易。

清水江木材市场需要市场的交易、木材的运输以及林业的经营三个不可缺少的环节。在市场方面，清政府为了维护贵州"苗疆"的稳定及木材交易的顺畅，支持了卦治、王寨和茅坪三个村寨轮流值年的"当江"制度，这也是清代初期政府为什么一直支持内三江而打压外三江的深刻原因；在木材运输方面，清水江形成了按"步"分"江"的制度，即按清代初期改土归流时疏通清水江负担的多少赋予沿边村寨的一种经济权利；在木材经营方面，主要是形成了有效的产权制度，山林的交易成为一种较成熟的经济制度，也为山林的开发、经营开创了有利的制度基础。

贵州省各民族在发展中探索的"自发秩序"和"合作制度"有效地解决了个体小农难以完成的"公共项目"。埃莉诺·奥斯特罗姆等指出：使用者的自主治理能力，通常是克服公共池塘资源困境中各种诱惑的必要条件。然而，自行设计并执行规则的能力并不是确保复杂困境得到解决的充分条件。若人们不愿意彼此扩大互惠，尽管建立了信任与更好的规则，初始的协议也会很快破裂。若不能获得有关复杂过程的可靠信息，参与者可能无法理解自己所面临的模糊情境，而此时，如果影响情境的外生变量很多，那么创制与维护规则的可能性就会大幅降低。对于互不信任且狭隘自私的人而言，自行设计规则的能力并不会帮助他们改善结果；只有那些愿意采取互惠行动并选择与同类互动的人，才能从这种能力中受益。而已经建立相互信任与社会资本的人，则可以利用这些财富来制定能够避免公共池塘资源困境并实现合理结果的制度。[①]

党的十九大报告指出：坚持人与自然和谐共生。建设生态文明是中华民族永续发展的千年大计。必须树立和践行绿水青山就是金山银山的理念，坚持节约资源和保护环境的基本国策，像对待生命一样对待生态环境，统筹山水林田湖草系统治理，实行最严格的生态环境保护制度，形成绿色发展方式和生活方式，坚定走生产发展、生活富裕、生态良好的文明发展道路，建设美丽中国，为人民创造良好生产生活环境，为全球生态安全做出贡献。

仅仅从经济结构入手，但更应该看到重建乡村生活的价值，需要对农业文化遗产有深刻的认知。至少，在中国未完成城市化进程的时域中，同时也在投入大量公共财政资金搞"新农村建设"的"硬性投入"时，应更多关注类似贵州省各民族"合作"社会的生成和价值机理，也许能走出一条脱贫攻坚的中国道路。因为最基础、最悠久的生计方式和与自然合作共进的关系，才能走出一条适合中国国情的发展之路，或许是人类共同体的希望之路。

三　贵州省文化扶贫中存在的问题

贵州省拥有丰富多彩的民族文化资源，如何发挥文化资源的优势是贵州省脱贫攻坚可持续发展的关键所在。其中，文化资源在脱贫攻坚中具有三种不同的层次：第一层次是农业文化遗产和生态智慧，有助于形成贵州省山地生态农业，如贵州省茶叶、糯禾等生态农业产业；第二层次是作为

---

① 〔美〕埃莉诺·奥斯特罗姆等：《规则、博弈与公共池塘资源》，王巧玲、任睿译，陕西人民出版社，2010，第364~365页。

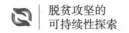
产业的文化，现代社会中文化产业已经成为阳光产业，贵州省所拥有多彩文化正在成为中国最有前途的旅游文化产业即是明证；第三层次是"制度"文化，即作为最有"合作"和"集体"文化的各民族在经济—社会发展过程中构建有效的组织制度，这一文化是贵州省脱贫攻坚的"软实力"，必须充分运用和发挥贵州省的"软实力"，才能更好地走向乡村现代化。

（一）对传统文化的认识问题

目前，人们在对待传统文化方面具有两面性。在脱贫攻坚中很多人会把传统文化作为劣根性的一面进行夸大，比方说天天喝酒唱歌、不思进取，但谈到发展旅游的时候，又认为这个是本地的传统，好客而休闲，文化资源丰富。这种两面性导致传统文化无所适从，文化资源的认识存在严重误区。作为外来者看来，因视角不同导致对传统文化的态度也不同。如何正确对待此问题呢？这需要回到文化的主体性，主体性怎么被尊重是传统文化保护和传承的关键。

另外，还需注意区分文化资源和文化产业的不同，因为文化资源是一种基础性的东西，它只有转化成文化产业之后才具备了商品的功能，所以文化资源是一种基础，而文化产业是作为生成利益的一种工具，从文化产业上看文化是具有货币价值的，但文化本身并不能简单用货币来衡量。文化资源需要保护，至于如何保护和挖掘，需要尊重文化主体，而不是外来者的功利主义。贵州在发展文化旅游过程中，一些企业和单位简单地认为就是"卖文化"，"文化搭台，经济唱戏"，导致一些地方创造大量伪民俗，不仅破坏了原生文化，而且严重损害贵州省的旅游形象。

（二）文化资源的利用问题

文化资源的利用问题较为突出，其中最核心的问题是公众参与。在文化资源利用方面，如在文化旅游和文化产业上，往往是由政府和企业单方面的改造和利用。因此是政府、企业等外来者改造还是让老百姓也参与到里面去，这是个问题。当地文化主体被排除在外，没有参与文化产业，而外来的企业单纯为了经济利益，必然按照外来者想当然的理解和想象，必然歪曲原生态的传统文化。文化扶贫就是把文化作为一个资源来使用，怎么来发挥文化主体性作用呢？在产业发展中，企业要参加，政府要参加，村民更要参加。政府、企业、民众这三者怎么形成，这是个治理关系。社会建设做村庄也在改造文化，用文化作为工具说把村民调动起来，把村民的内在文化、感情激发出来，这是最关键的。政府往往缺少这个东西，如果政府单独阐释文化，不仅老百姓不认可，而且会产生很多问题。在利益分配上也存在矛盾，对外引资需要给资本利益，而作为扶贫项目，当地人的利益何在又成为问题。所以文化资源的利用要么走成假的文化，要么就是没有经济价值。文化资源的利用其实是个治理上的问题，即如何有效配置资源，以及利益如何分配的问题。

（三）山地文化资源与"小农"

贵州是一个山地省份，各民族长期与山地打交道，形成一种独特的山地经济。山地经济不是依靠"规模化"和"单一性"，而是经营的多元化和多样性。如苗族居住在高坡，其传统生计依靠狩猎、采集和种植等多元化经济，在种植业方面完全不同于平原经济。在黎平、从江县交界的侗族村寨，因山地水热条件的不同，一个村寨往往拥有十多个稻米品种，以适应不同的土壤和水热条件。种植的多元性需要单个"小农"家庭进行多元化经营，而脱贫攻坚中，一些地方为了"毕其功于一役"，试图用单一的模式规模化地解决产业扶贫问题，其结果往往导致生态的破坏和产业的失败。

脱贫攻坚离不开乡村和"小农"，全面规模化和工业化是对中国国情的误读，更是对贵州省省情的无知。乡村是脱贫攻坚的主战场，而中国从长远来看，仍然离开不"小农经济"。姚洋指出：大规模的农业经营或者农业商业化，我们都做不到，因为中国的国情是人多地少，跟欧美动辄几百英亩的大农场相比有着天壤之别。2017年的中央一号文件锁定农业供给侧结构性改革，政策的核心之一是降低农业的生产强度。这一政策方向是对的，降低农业耕作强度，有利于农业生态环境实现自我修复，尤其是中国北方水源缺乏，对土地的污染非常严重。为了实现这一目标，不少经济学家认为，出路在于农业规模化、农民组织化，小农经济已然过时。然而，事实并非如此。当前中国仍有超过 2 亿户"人均一亩三分、户均不过十亩"的小农，我们有必要重新审视小农经济对中国发展的历史作用。①

作为山地的贵州，文化的丰富性和多元性是其特色，但经济确实是洼地，在 GDP 的发展上滞后于东部、中部等平原省份。现代经济发展滞后的深层次原因，肯定一个是交通。在现代市场化过程中，有些产业出现失败，这是因为贵州在脱贫攻坚的产业政策中没有找到贵州山地特色经济，出现与东中部比拼"规模经济"的平原模式。如果贵州没有抓住自身特色，单纯靠卖"农产品"，比拼产量，绝对竞争不过中部地区。黔东南西江苗寨经济之所以发展起来，就是利用民族文化资源，发展旅游业。如黎平县黄冈侗寨，形成了"稻—鱼—鸭"复合农业生态系统，如果单纯从养鸭成本来说，养殖鸭子"得不偿失"。从小鸭子孵出来每天差不多都要有 2 小时挑到山上的水田里面，每天晚上还要挑回来，如果按这种价值，谁都吃不起。黄冈侗寨的"糯禾"同样如此，但是我们从另外一个价值来说，如果它打造另外一种产业，如社区营造或是一种高端旅游的乡村景观，从这个方面它又能够存在下去。

中国作为全球经济发展最为重要的力量越来越受到国际社会的关注，其发展模式也成为学术界研究的热点。中国乡村遭遇经济发展的转型，出现了较大的社会变迁：（1）社会流动性增强，市场经济渗透到村落及其人际关系之中；（2）社会合作能力下降，村庄共同体趋于瓦解；（3）文化传统和价值伦理丧失，乡土文化失去承载的土地，乡土不再是精神的"家园"等。如何重建乡村，增强村落的社会发展能力成为基础。然而，在扶贫开发和发展小康社会过程中，政府对中国农村，特别是西部少数民族地区的农村增加了开发的力度，大量的人力、物力不断向边远贫困农村投入，但这种依靠外力推动型的发展遇到了较大的瓶颈。一方面，单纯的外

---

① 姚洋：《重新认识小农经济》，《中国合作经济》2017 年第 8 期。

力扶持，导致农村成为被动的发展者，发展的动力不足；另一方面，主导发展的政府、公司利用市场，在促进经济发展的同时，导致个体市场主义盛行，社会合作能力丧失。"二战"之后，"发展"成为欠发达地区的中心话语，也成为外界干预的借口，"大规模贫困，将第三世界的资源随意贩卖给竞标者，损害他们的自然生态和人类生态环境，杀戮、折磨、声讨他们的原住居民，将他们逼入绝境；以至于很多第三世界国家的人们开始认为他们自己是低等的、欠发达的、无知的，开始怀疑自身文化的价值"①。经济是"嵌合"在社会之中的，影响一个地区经济发展的因素具有多样性，经济发展与整个社会体系相关联。在中国乡村社会遭遇发展的巨大变化之际，谁的发展，何种发展，成为中国乡村重建的主题。在主流的"发展"和"扶贫开发"话语体系中，需要尊重发展的主体，在经济发展的同时，需要具有社会的视角。一个区域社会的扶贫开发，如果单向度地针对贫困者，是难以成功的；贫困地区之所以贫困，深刻根源在于整个社会发展能力低下，需要从社会合作能力的维度解决发展的瓶颈。但在自上而下的发展体系之中，底层的发展主体往往被遮蔽。中国乡村的发展急需社会公共性重建，只有构筑稳固的社会基础，提升发展主体的社会能力，才能真正有效地解决"造血"问题。

四 贵州省文化扶贫的对策建议

文化资源的利用，尤其是文化扶贫，在脱贫攻坚中具有关键性作用。有学者指出，日本人的成功，部分的原因在于他们有着强烈的集体负责的精神：一个工人若好逸恶劳、吊儿郎当，就不仅会损害自己，而且还伤害全家人的声誉，还有国家——不要忘了国家，在德川幕府统治时期，日本人很少会有国家意识，因此多数日本工人和农民在维新后初期还想不到国家，这成为新帝国的首要任务：向国民灌输"忠君爱国"思想，并将它贯

---

① 〔美〕阿图罗·埃斯科瓦尔：《遭遇发展：第三世界的形成与瓦解》，汪淳玉等译，社会科学文献出版社，2011，第59页。

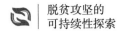
彻到工作中去。① 文化不仅作为一种资源，可以转化为阳光产业，如贵州省当前的乡村旅游、特色小镇等品牌的打造，更为重要的是文化作为一种"软实力"，能够为"小农"的合作与良好经济制度的运行奠定基础。

（一）文化资源与社会治理

现代市场经济个体的原子化和合作需要，将社会治理提上关键位置。习近平强调"区域性发展要与精准扶贫，精准脱贫相结合"。中国经济的长期发展需要各个区域和每一个人都得到发展，同时，单个的人和农户是难以独自发展的。经济的发展需要"合作"，增强合作能力和社区发展能力是精准扶贫最重要的基础。中国精准扶贫和整个减贫事业需要国家整体经济的长期发展，对于连片特困区同样如此。在脱贫攻坚、贫困治理中，一定要依靠村庄共同体的主体性力量去克服各种贫困形成的脆弱性。中国减贫事业所创造的成绩正是在国家经济的整体发展，并兼顾贫困地区的发展而获得的。

文化资源能够有效地转换为社会动员力，增强社会资本。如凯里组织当地苗族进行"万人唱苗族飞歌"，侗族"万人唱侗族大歌"等，广大民众热烈支持，自发组织演员队伍到凯里进行演出。安顺屯堡人让农民自己去办节日舞会，让老头老太都上去，那种整个生命的激发。当时全村两千多人跑到安顺说他们自己想出来的，要去给安顺人民拜年。全村四千多人有两千多人，组织了两百多辆车，真的就从九溪到安顺去给安顺人民拜年。文化资源能够调动人民群众的积极性，增强社会资本，提高社会运作的效率。目前，很多苗族村寨、侗族村寨、布依族村寨等"夜不闭户"，社会治理成本低，这自然增强了合作的可能。尤其在脱贫攻坚中，因民众的积极参与，一些扶贫项目运行非常顺利，降低了成本。如课题组到铜仁调研，发现一个侗族村寨因发展旅游业，需要征用土地和改造村寨，这是一个较为费时费力的工程。但因村民主动参与，多次召开民主协商会议，

---

① 〔美〕塞缪尔·亨廷顿，劳伦斯·哈里森主编《文化的重要作用》，程克雄译，新华出版社，2002，第 39 页。

社会工作者也全程参与，反复与个别不理解者讨论。在充分讨论协商的基础上，最后村民对征地方案达成一致。

如何解决不同的公共资源利用的行为选择，需要利用传统文化资源。贵州省民族文化极为丰富，特别是村寨之间的"合作"传统。针对现代经济的合作，需要成功做到如下三点：（1）民众的主动参与，在群体充分协商和理解的基础上形成真正的共识；（2）参与者和公共资源的利用必须采取"互惠"模式，任何不正义和不公正的行为必将导致协商的失败，由此，在正义基石之上的互惠是合作可能的要义；（3）民众参与、互惠与规则的遵守极为重要，三者不可缺一，规则的制定需要民主协商，互惠的网络需要扩大，而任何规则均需要严格遵守，没有规则和随意破坏的协商难以建立起共识和真正的合作。贵州各民族在传统文化方面，均有良好的合作基础，如苗族的议榔、侗族的款等，现代经济产业与社会治理需要挖掘传统文化资源，增强社会资本，使合作成为可能。

精准扶贫对中国乃至世界的发展来说是一件大事，也是一次巨大的挑战。精准扶贫不仅仅是经济的发展问题，更是一国乃至世界的"治理难题"。由此，中国精准扶贫的成功需要经济发展和政治治理的双重护航，也就是从扶贫开发到治国理政是一个完整的体系，需要中国政治体制和经济体制的改革进一步深化才能完成的伟大创举。

（二）传统文化资源与扶贫产业

贵州的扶贫产业最为重要的有两大产业，其一是乡村旅游；其二就是生态农业、生态农产品的发展。恰恰这两大产业均需要利用传统文化资源，但如何利用文化资源呢？在乡村旅游发展方面，首先，从业人员本土化：实行互动发展的根本。在民族旅游发展进程中，本土社区居民是最受关注的主体之一。在旅游发展初期，部分居民到景区就业或者参与民族文化展演；随着民族旅游业的发展，社区居民逐渐发展成为旅游地东道主，成为旅游接待的主导者；达到高级发展阶段，民族社区与旅游景区最终融为一体或者重新创建民族旅游社区。在民族旅游深化发展的整个进程中，无论是政府、企业还是民间组织作为旅游开发和投资的主体，都离不开本土居民的参与。虽然在民族旅游开发初期，将民族社区排除在外的企业独立经营现象比较常见。但从民族旅游实践发展历程来看，这种完全企业化的经营方式很容易导致产品雷同化，并且缺乏地方特色感和民族文化真实感。所以，吸引本地民间组织和社区居民参与民族旅游业运营与管理成为主流趋势。本地居民的自发管理和自我管理不仅能提升民族旅游产品品质，更能给游客带来"真实"感受，而且更能激发其主人翁责任感和积极性。所以无论谁是投资者，在日常经营管理上，采取从业人员本土化策略是民族旅游社区化与民族社区旅游化长期互动发展的根本保障，也是民族旅游保持真实性和持续吸引力的最有力保障。其次，自然与文化环境生态化是持续互动发展的源泉。环境与旅游发展息息相关，民族旅游的可持续发展主要依赖于特定民族持久的独特文化吸引力。而独特民族文化的继承与发扬是以该民族所依赖的原生态自然环境和独特文化环境为保障的。从国内外民族旅游发展实践可以看出，那些破坏原生态自然与文化环境的过度商业化行为，不仅会直接导致民族文化的消逝或者变异，而且还会使民族旅游产品失去民族真实性，失去旅游吸引力。所以民族旅游社区化与民族社区旅游化要实现长期互动发展，就必须以自然与文化环境的原生化为保障，防止旅游经济增长和民族文化资源环境恶化现象同步发生。

生态农业、生态农产品的发展离不开传统文化资源。如侗族"稻—鱼—鸭系统"的农业文化遗产在侗人的生活中占据核心位置，其糯禾不仅仅为侗人提供了食物，养育了侗人的身体，"苟（糯禾）养身，歌养心"；而且还造就了侗人的认知体系和情感维系。三省坡一带的侗人就自豪地称自己为"糯米崽"，即表示自己是吃糯米饭长大的，以示与"客家"（汉族）相区别。人类的食物是自然与人长期双向选择的结果。小型社会往往能够不断调整人的思维与行动，不断地将生计模式与环境友好相协调，而大规模商业社会则因片面追求作物的产值，种植和使用单一的物种，与生物多样性背道而驰，势必导致生态灾害的不断攀升。由此，农业文化遗产的保护与传承就不仅仅是文化问题，还涉及全球的政治经济学。侗人用糯禾的隐喻来思考自己，思考整个宇宙，这在于糯禾作为"物"进入了侗人的仪式，转换成为"社会角色"。糯禾通过人生礼仪和岁时仪式，成为

"社会交换"的主体，作为物的糯禾不再是物，而是附在不同的亲属关系和人群关系之中。侗人也通过糯禾来展演亲属和人群的分类，并在仪式中构建新的社会关系。也就是说，糯禾在"交换"中，成为一个自我的隐喻。"交换"成为联结糯禾与人之间的纽带，侗人的糯禾在仪式中不断地流动，正是"交换"本身将糯禾与侗人的身体紧密相连，并以糯禾为核心，形成了侗族的认知体系和"人观"。"一季糯禾，一代人"，侗人往往用稻米的生产时间来表示人群的世代关系。如何使糯禾文化在不同的代际中不断传承，就不是简单的文化保护与传承问题。一旦人们对该物种的情感和认知发生了改变，不管使用什么样的手段和方法，都可能无济于事，难以恢复如初。本文试图以糯禾与交换来探讨侗人对糯禾的认知，以及稻作文化与社会网络之间的关系，并从社会的视角来分析农业文化遗产的保护与传承。

中国小农体系不仅创造了灿烂的古中国文明，而且为当代中国经济长期发展奠定了基础，更是中国当前农业经营的基本特征。中国农户户均耕地只有0.5公顷，2.5亿农户还要靠这些耕地来作为生存底线保障。这些条件构成了中国减贫发展的约束性前提。无论是依靠城镇化对农村人口的吸纳，还是将贫困户脱贫依赖于大资本下乡，通过农户土地流转给资本实现农业规模化、产业化和现代化的思路，都是对村庄价值的否定，都难以解决如此庞大体量的中国农村的发展问题。

贵州文化资源丰富，具有闻名于世的苗族梯田、古茶园等，但传统的农业文化遗产和山地农业难以实行规模化和单一化，且作为长江水系和珠江水系的上游，具有生态屏障的作用。发展贵州经济产业，不仅需要关注经济资源，而且需要注重生态资源，只有守住生态和发展两条底线，贵州脱贫攻坚才能做到可持续发展。

（三）精神扶贫与社会发展

精神扶贫不仅需要传统的智慧，而且需要把着眼点转移到扶贫主体上来。首先，重新评估才能使我们的文化资源、农耕文明得到重视，得到复制。其次，文化资源的价值不能看眼前利益，需放眼未来。加尔布雷思曾指出：如果我们只关注畅销品的生产，并将其作为一种社会目标，那么，我们的生活质量将会受到不同程度的损害。① 最后，精神扶贫在于利用传统文化资源，构建良好的文化制度。一个国家或民族经济运行的好坏，更多的因素在于制度供给，坏的或不好的制度将严重影响经济的发展。因此，贵州脱贫攻坚可持续发展需要构筑牢固的社会基础，加强群体之间的合作。

贫困不仅是经济状态的不好，更重要的是其群体缺乏机会和能力。正如阿玛蒂亚·森所言：有很好的理由把贫困看作对基本的可行能力的剥夺，而不仅仅是收入低下。对基本可行能力的剥夺可以表现为过早死亡、严重的营养不良（特别是儿童营养不足）、长期流行疾病、大量的文盲以及其他一些失败。例如，"失踪的妇女"这一可怕的现象（在某些社会中，特别是南亚、西亚、北非和中国等地，是妇女在一定年龄组异乎寻常的高死亡率所导致），就必须参照人口的、医学的和社会的信息，而不是根据收入低下来进行分析。对于性别不平等，收入有时简直不能说明什么问题。② 中国改革开放 40 年的"经济奇迹"的核心要义离不开有效的制度改革和社会建设：中国实用主义的经济政策包括追求经济增长和维持基本社会保障体系相结合。城市的社会保障建立在有保证的就业和企业的持续社会责任基础上。在实行农村改革时（建立在新的强调"家庭责任制"的基础上），土地仍是集体所有，农村里的每个成年人——男性和女性——都被授予一定数目的可耕地。以土地为基础的社会保障措施很大程度避免了出现一个没有土地的家庭的阶层，一定程度上防止了极度的贫困。这种集体所有和个体使用相结合是中国经济改革的一个特征。③

经济发展的方式及其制度对于脱贫攻坚具有关键性作用。中国经济的改革和发展，是由中国最底层的农民发动的，体制的改革和市场的激励，

---

① 〔美〕加尔布雷思：《经济学与公共目标》，丁海生译，华夏出版社，2010。
② 〔印度〕阿玛蒂亚·森：《以自由看待发展》，任赜、于真译，中国人民大学出版社，2002，第 15 页。
③ 〔印度〕阿玛蒂亚·森、让·德雷兹：《印度：经济发展与社会机会》，黄飞君译，社会科学文献出版社，2006，第 100~101 页。

首先是农村经济得到活力；东部沿海对外开放，将中国纳入全球市场体系，而东部市场的劳动力则主要由农村改革所带来的剩余劳动力构成。农民进入东部沿海市场、城市，不仅为中国经济长期发展提高了劳动力和智力资本，而且为整个中国减贫事业做出巨大贡献。由此，可以看到，中国经济制度和政治制度的群众基础，以及经济政策的整体国家利益，促进了一种新的经济增长模式，即有利于穷人的经济增长模式，而这一增长模式显然有利于减贫的绩效。

中国精准扶贫视野下扶贫开发的"社会建设模式"是一种新型的扶贫开发模式，其核心主要是针对连片贫困区域的"欠发展"不仅仅是经济的不发展，还有社会的欠发展。没有社会的发展，单纯的经济发展是没有根基的，尤其是在现代市场经济下更是如此。因此，扶贫开发的先行先试主要是探索扶贫开发与社会建设协调发展的新模式，以此为基础，探索欠发达地区现代化经济发展的"中国模式"。

反贫困要以社会建设为基础。在扶贫过程中的各主体的互动机制建设与发展，核心是在基层民主之上的社区团结与社区合作，是在扶贫行动过程中通过对话与协商整合资源，各参与主体共同发展的过程，并在此过程中特别关注贫困群体的发展机会及福利供给。所以，扶贫需要从如何提升农民的发展和社区参与能力，降低农民公共参与的门槛，增加农民的参与动力，减少其参与成本，确保不同群体在扶贫项目、农村社区发展参与过程中的参与收益，建立社区成员实质参与和有效参与的机制，在促进农村经济、社会发展的同时建立社区、农民合作组织对成员的约束能力。

由此，贵州省脱贫攻坚最为重要的是增加贫困群体社会能力和选择机会的问题。作为脱贫攻坚的主战场，贵州省推出一系列产业政策。根据课题组调查，相当一部分产业，特别是文化产业运行情况并不是很好，产业发展的问题在于一些产业在实施过程中，并没有根据实际情况，将产业发展与农民的利益结合起来，导致政府不断加大投入力度，而农民参与程度低。因此，目前贵州脱贫攻坚最困难的在于如何利用文化资源，创造农民发展的平台和经济制度，为产业发展注入新力量。

改革开放以来，贵州省农村社区受现代化冲击，社会共同体面临瓦解，货币主义盛行，社区合作能力衰退，传统文化和价值伦理丧失。中国乡村的衰败自晚清以来就已经开始，民国时期一批知识精英发起了乡村建设运动。20世纪50年代以来，中央不断加强对乡村的重建，21世纪以来更是加强了力度，党的十九大报告提出"乡村振兴战略"。其实，中国乡村的发展最为严重的问题不是经济的不发展，而是村落社会的坍塌和文化价值的沦陷：自上而下的扶贫开发项目促进区域发展的同时，也导致村落内部家庭发展的严重不均衡，更何况大部分项目面临水土不服难以为继。中国乡村建设思路是基于发展主义的范畴，这必然忽视乡村公共性的重建和共同体的维护；另外，作为封闭式的发展思路和制度设计，乡村的精英、资本不断流向城市，而城市"返乡之路"被无情切断。乡村社会重建的路径必须重新思考，即重新开启以传统文化为核心，以村落共同体为主体，开放社会各种资源，由乡村社会自主设计其制度，提升社会治理能力，发展它们自身家园之路。换言之，中国乡村建设需要保护和传承"文化传统"，保卫村落共同体，构筑坚实的社会基础，那样的乡村才是多彩的和有生命力的，才具有价值。由此，贵州省以文化资源为助力，在党的领导下，各民族团结合作，脱贫攻坚才能走向可持续发展之路。

第九章

以村党组织建设为中心，
促可持续减贫与发展专题

在贵州省人民政府与中国社会科学院重大战略合作项目《贵州省脱贫攻坚可持续发展战略》研究课题中，以党建促脱贫的研究视角，是切入围绕以实现维护好"人民的根本利益是我们党的宗旨"这一政治目标，"集中力量办大事"的社会主义制度优势，通过资源配置等制度安排，在村庄落地于实现公平、公正诉求的"渠道""机制""平台"建构的题旨展开。无疑，"过程"形塑如何链接制度资源与乡村减贫发展需求之间的"绣花功夫"，理应成为这一考察的方法论观照；而国家与乡村社会如何实现"对接"的问题意识，特别是村庄社会治理问题，将是探讨减贫与发展"最后一公里"论域的核心和基础，从而，从贫困治理内在衔接可持续减贫和可持续发展的制度建设，也就成为本文探讨的题中之义。

一 理论视角与问题意识

（一）理论诉求：可持续减贫与发展为什么要聚焦农村基层党组织建设

贫困治理的定义可以简要定义为：多主体参与的反贫困行动及过程。自上而下、自外而内与自下而上、自内而外要素的有机整合，才能形成合力以克服导致贫困的脆弱性。然而，这种结构的形成，受到自上而下既有体制机制的制约，同时也受到"最后一公里"内在脆弱性的限制。国际发展学中《国家为什么会失败》作为一种代表性意见，已经对自上而下的国家主导减贫的"权力任性"和"立场偏致"提出了国家制度和执政立场维度的质疑。而关于减贫与发展内源性基础和能力脆弱性视角的批判，早在20世纪二三十年代，中国乡村建设运动的先驱者们，优势性地站在工业化、现代化的"文明"高地，对中国农村"贫、愚、弱、私""落后"现象做出主流性的定论，从而，力图用外力去改造农村和农民。两种立场隔空博弈，也适时性表征出一种回光返照，影响到当下减贫发展的理念和实践总结的思维进路。因此，要求以中立客观的立场，尤要对实际的真相进行本质的把握。于此，对自上而下的体制与自下而上的基层实践进行深入了解，必然成为向度跨进的必经之道。

本文首先须建立的认识基础，即是对当下自上而下的党政主导减贫发展体制机制如何落地的客观认识；同时，也须对村庄"最后一公里"的基层减贫运作平台进行"入里"把握，以找到二者能以建设性框架加以嵌合的创新平台及形成的要件和机理。而在中国现存的体制中，国家与社会的关系的勾连在村庄层面，首当其冲的，无疑是农村党的基层组织建设这一关节要津。

（二）习近平关于脱贫攻坚中加强农村基层党组织建设的思想

如果说自上而下体制机制改革创新，是回应过往政府主导扶贫实际运行过程中表征出来的一些体制机制缺陷的根本性制度自觉的话，顶层设计思想、理念的前沿性和科学性，即是首要的破冰之锤。遵循自然规律、经济规律、社会规律的思想穿透性与政治立场的内嵌，具有领航意义。习近平总书记 2013 年提出精准扶贫战略思想以来，中国顶层设计中将这一战略从制度顶层到村庄末端的体系化创新，体现出从贫困治理到社会治理和治国理政路径具有突破口选择和奠定基础的极高战略意义。特别是在顶层设计完成之后，如何向"最后一公里"推进坐实的扎根性思想，包含贫困治理获得可持续减贫发展的深层底蕴，从而也是这些地区为乡村振兴打下坚实基础的前提奠定。

2013 年，习近平在河北省正定县考察时说，"给钱给物，不如给个好支部。农村要发展，农民要致富，关键靠支部。做好基层基础工作十分重要，只要每个基层党组织和每个共产党员都有强烈的宗旨意识和责任意识，都能发挥战斗堡垒作用、先锋模范作用，我们党就会很有力量，我们国家就会很有力量，我们人民就会很有力量，党的执政基础就能坚如磐石"。

在 2015 年减贫与发展高层论坛上，谈到中国式减贫经验时，习近平首先说的即是"坚持中国制度的优势，构建省市县乡村五级一起抓扶贫，层层落实责任制的治理格局"。

习近平2015年6月在贵州召开的部分省区市党委主要负责人座谈会上指出，"选派扶贫工作队是加强基层扶贫工作的有效组织措施，要做到每个贫困村都有驻村工作队，每个贫困户都有帮扶责任人。工作队和驻村干部要一心扑在扶贫开发工作上，有效发挥作用"。

2017年6月，习近平在深度贫困地区脱贫攻坚座谈会上强调指出：解决深度贫困问题，加强组织领导是保证。尤其要加强工作第一线的组织领导。要把夯实农村基层党组织同脱贫攻坚有机结合起来，选好一把手、配强领导班子，特别是要下决心解决软弱涣散基层班子的问题，发挥好村党组织在脱贫攻坚中的战斗堡垒作用。

党的十九大报告中特别论述要加强基层组织建设。要以提升组织力为重点，突出政治功能。党支部要担负好直接教育党员、管理党员、监督党员和组织群众、宣传群众、凝聚群众、服务群众的职责。坚持"三会一课"制度，推进党的基层组织设置和活动方式创新，加强基层党组织带头人队伍建设，扩大基层党组织覆盖面，着力解决一些基层党组织弱化、虚化、边缘化问题。扩大党内基层民主，推进党务公开，畅通党员参与党内事务、监督党的组织和干部、向上级党组织提出意见和建议的渠道。

在刚刚结束的十三届全国人大一次会议上，参加重庆代表团审议时习近平强调"中国特色社会主义大厦需要四梁八柱来支撑，党是贯穿其中的总的骨架，党中央是顶梁柱。同时，基础非常重要，基础不牢、地动山摇。在基层就是党支部，上面千条线、下面一根针。必须夯实基层"。

在参加山东团的讨论中，讲到乡村振兴的基础和前提时，习近平提出"组织振兴、人才振兴、产业振兴、文化振兴和生态振兴"。

与发展研究将基层社区主体性撬动作为发展干预的主要工作内容一样，习近平将精准扶贫战略重点放置到中国体制末端。将党的基层组织建设成一个坚强堡垒，有能力带领群众在政府和社会帮助下，通过内生动力激发、自主性增强实现可持续的脱贫发展是其主题。

以习近平关于扶贫攻坚与农村党的基层组织建设关系的思想为理论和思

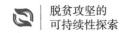
想背景，去观察分析现实精准扶贫推进实践中遭遇的体制机制障碍及村庄"最后一公里"状态，能够使我们的认知更为接近体制改革和创新的既定目标及制度拓展空间的底蕴，对存在的问题也才有深刻的反思和进行制度改革的底气。正是在此前提下，接下来的考察就是一种直面问题的耙梳和分析。

二 贵州基层治理视角下精准扶贫遭遇的二维难题

自上而下、自外而内的制度资源能否在精准扶贫中创新，克服过往资源配置或因机构在乡村无制度性承接平台，制度优势难以进行到底；或因扶贫资源以运动式机制强势进入村庄，但往往搁浅于村级组织涣散无力，难以用贫困治理的方式承接资源，从而成功案例极为罕见的情况，老问题在制度创新背景下的演进趋势是研究首先关注的内容。

（一）政府主导扶贫的实操仍然携带制度缺陷惯性运行

1. 专项扶贫、行业扶贫在乡村仍缺少对接平台

即使到2017年底，专项扶贫项目与"一事一议"的项目相比，20万元以上仍然从规划安排下，在县级以上招投标方式运行，20万元以下项目基本不予实施。如此机制，与村庄整体利益脱嵌，缺少村庄参与和监督。从结构上，亦为腐败预留下缺乏社会约束的制度空间，并且形式主义、权钱合谋、弄虚作假、不负责任等官场作风，通过产业扶贫项目进村方式，不仅将丧失社会公平正义的运行机制转移到农村，而且污染了村庄社会文化环境。

村庄是行业扶贫项目的最终落地点，但是在机制上同样存在着多种不顺畅的因素阻碍项目的精准落地。项目的产生缺乏社区的参与和决定权。虽然部分改善型项目尤其是基础设施类项目直接产生于当地村民的主动诉求，但是大部分项目特别是发展型项目几乎都是自上而下的安排，而不是由项目实施地的村民来选择和决定。

L镇X村村支书L：养殖这块我们是最适合的，原来帮扶单位的扶贫工作队队长来这里的时候我和他谈这个事，我说我们地方最适合的还是养牛，

因为养牛的效益明显，病症不大，牛的繁殖不快，不像猪那样繁殖快，市场供应波动大。养牛是平稳的发展，一头母牛一年就下一个崽，它长也长不快，所以牛价格非常稳，我们养牛养了多年，效益是非常明显的，但是在做产业结构调整的时候，政府说我们这里是石漠化区域，必须要种核桃。①

"只要是老百姓自己愿意做的，就一定能做好；只要是压着老百姓做的，一定会失败。"这是课题组在调研中经常听到乡镇及村干部说的一句话。扶贫项目产生的外在性造成了村民对项目缺乏积极性，并形成了他们对扶贫项目的认识和行为上的偏差，在改善型项目方面，村民们认为资源是国家给的，工程是国家修的，自己免费使用是理所当然的，即使修在自己的家门口，也不觉得自己应该负有什么责任，当工程坏了，便打电话给政府部门，说"你们的水池坏了，请你们来修一下"，如果政府部门不来人，则任凭工程废弃。

村民参与的缺乏还表现在项目来源的不透明，实施方式不公开，导致社区利益分裂、瓦解社区团结等。X乡L村的养猪项目本来要扶持十户农户的，一共十头母猪，一头公猪，后面实施部门就改变策略，要集中起来养，拿出了一万元，搞了一个养殖场，交给村里的一个养殖户来做。这事不通过村干部，所以村里不知道。他们说等这些母猪生了小猪，才把这些小猪发给其他十户农户养，每户给一头，连给三年。第一年给了，但是后来两年没有得到。这个养殖户说他亏了，就把所有的猪都卖了，后来买了一辆车，跑运输去了。在村干部看来，他应该不会亏本，但是上面只来看过两次，也没说什么，其他农户很有意见。②

符合村民的需要，但是由于项目的实施脱嵌于村庄公共性、主体性，其过程不能得到村民的有效参与和监督，其效果也有可能离村民的期待相差较远。如一些基础设施项目，由于层层转包，作为项目最终使用者的村民无法监督工程的质量，最后成了豆腐渣工程，无法满足村民的需要。

2. 项目落地缺乏基层监督问题

项目实施过程中的监督是否到位，对项目的效果发挥着关键性的影

---

① 引自 2016 年 2 月课题组 J 州访谈。
② 引自 2015 年 7 月课题组 L 村访谈。

响。但是在实际的执行中，对项目过程的监督是较为欠缺的。其原因在于：首先，行业部门的工作重点是项目的落实和验收；其次，作为发展型政府的行业部门，都承担着繁重的行业任务，且行业部门一般专业性较强，所以很难有足够的人员去对项目进行充分的监督。

案例：X 镇 L 村的脱毒马铃薯

2012 年，L 村实施了"脱毒马铃薯大田推广"项目，项目规划总面积为 1500 亩，总金额为 50 万元，由县农业局组织实施。我们在村里调研时了解到，当时的马铃薯运到了村委会发放，由村民自己根据需要运回家，有的拿得多，有的拿得少。但是政府发放完以后，对村民种还是没种，以及怎么种，就没人再管了，村民把种薯拿回家，有的种了，有的喂猪了。而种下去的农户发现马铃薯长势不正常，可能生病了，农业部门也没能及时拿出解决办法，最后等到收获的时候，一块地里马铃薯的产量比种下去的种薯还要少，个头也非常小，我们到几户村民家中都看到了这样的马铃薯。直到现在，农业部门也没有对这一项目的问题给村里进行过解释。而这 50 万元，也就完全打了水漂。①

如果自上而下的扶贫攻坚将规模化、快速化的区域产业发展放置于减贫精准目标锁定及他们的能力成长及可持续脱贫的扎根机会创新点，不是以贫困村庄的社区共同体的社会合作作为基础性扶贫工作来做的话，发生标靶位移，大水漫灌等南辕北辙后果就难以避免。针对产业扶贫为主的发展式减贫模式的缺陷和免于掉入"发展的陷阱"，国际上提出"保护性贫困治理"的方案，但问题的关键仍然出现在国家的行政治理无法进入乡村，而必须依靠以"秩序"治理为主的村委会和村支部来实施。② 因此，

---

① 引自 2014 年课题组 L 村访谈。
② 李小云：《我国农村扶贫战略实施的治理问题》，《贵州社会科学》2013 年第 7 期，第 101～106 页。

解决专项扶贫、行业扶贫体制断层，不能将制度优势贯彻到底的问题以及行政路径依赖的另一端出口，共同指向了村级组织建设和村庄治理的水平。

（二）乡村治理现实对可持续脱贫的限制

1. 撤村并乡带来村民参与村庄治理的困难

撤村并乡后村庄体量变大带来的问题。在新一轮的村庄撤并后，现在的行政村一般都是两个以上的老村合并，往往有十多个村民组，多的甚至20多个。村庄管辖的人口成倍增长，山区特殊的地理条件，山高坡陡，河谷阻隔，交通不便，有的组、自然寨的道路条件还很差，村民办事困难多，也给村里的工作开展带来诸多不便。

例如，L村由两个村合并而成，共12个村民组，2800多人，并村之前的两个村由于自然阻隔，相互之间的往来并不是很多。村主任和村支书分别来自两个老村，彼此对另一个老村的情况都不熟悉，课题组在村里做调研时，他们都只能说清楚自己所在老村的情况，而村民对他们的了解就更少，不少村民尤其是外出农民工根本不知道村里的干部是谁。为了开展日常工作，村里把几个村干部按来源地分，各负责两到三个组，叫作"包组干部"。①

资源配置的马太效应。由于国家资源的相对有限，在配置时容易向村委会所在的"中心组"集中，其他组得到的资源则较少，造成同一个村内部发展的不平衡，资源配置的不公引起了村民的强烈不满，引发了诸多现实的矛盾。

村庄权力的较量：村干部的"配额"问题。并村之后，原来老村的村干部都希望能在新的村组织中获得有利地位，而村民们也希望村干部是自己熟悉的人，能够为自己所在的组"说话"，对不是"自己人"的村干部不信任。F村由三个老村合并而成，其中两个在山脚的坝子上，自然条件和交通条件都较好，另一个则在山腰上，土地少，长期交通不便，发展的

---

① 引自课题组2016年2月在村访谈、参与观察。

基础相对较差。并村之后的村支书和村主任分别来自坝子上的两个老村。课题组在该村调研时，山腰上的村民对村干部意见较大，认为自己在评低保、分配扶贫项目、修路等方面受到不公正对待。

从社区关系上看，随着乡镇半径的扩大，村组的撤并，村干部和村民之间，村民与村民之间的关系疏离，大大增加了村庄形成共识的难度，削弱了村民对村庄公共事务参与的机会与积极性。因此精准扶贫制度设计中许多让村民广泛参与的内容，在实际运行过程中缺乏内生性的组织平台，村支"两委"工作与村民生产生活"两张皮"现象，自撤村并乡以来，愈发突出。

2. 村内基层党组织弱化导致贫困治理平台缺位

随着青年农民大量外出，农村党员发展面临一定困难，一些地区青年农民尤其是有一定发展能力的青年入党意愿不高，或者对入党的认识存在偏差，基层党员老龄化问题突出。虽然老党员的党性修养高，但由于文化程度偏低，不适应农村发展的新形势，老龄化问题严重制约了基层党组织在村庄发展中的作用发挥。

我们以 W 县农村党员年龄情况为例（见表 9 - 1），全县 6333 名农村党员中，30 岁以下的仅占 6.48%，40 岁以下的也只有 30.63%，而 60 岁以上的比例则达到了 44.54%。

表 9 - 1 W 县农村党员年龄统计表

单位:%

年　龄	30 岁及以下	31～40 岁	41～50 岁	51～60 岁	61～70 岁	71 岁及以上	合　计
人数	411	1530	1572	1152	1014	654	6333
百分比	6.48	24.15	24.83	18.19	16.02	10.33	100

资料来源：W 县委组织部提供，课题组 2016 年 7 月 W 县调查。

在调研过程中，农村党员的老龄化和文化水平较低是农村基层党组织建设中普遍存在的共性问题。W 县组织部领导指出：该县大部分村干部存在一个问题就是年龄偏大，能力偏弱，任职时间长。D 县某驻村干部指出："村里的党员大都是 50 岁以上的，60 岁以上的有六七个，50 岁以下的只有两三个。并且党员整体上因为学历不高的原因素质不高，有一些党员连自己的名字都不会写。留在村里面的青年人太少了，大多数初中和高中毕业的年轻人都外出打工，村支'两委'有能力不足的感觉，在抓扶贫工作这一块还是比较吃力的。"① 这是基层组织存在的比较严重的问题。

由于待遇低，工作量大，很多有能力的人不愿意当村干部。在课题组调研的一些村庄，选举村干部的时候没有人愿意竞选，只好让原村主任继续留任，即使他们的年龄已经比较大了。在这样的村庄，村委会只能处理一些常规事务，不可能带领村民们发展产业。

村庄中的另一类组织是宗族组织。对待村庄事务往往与乡贤及乡村治理背道而驰。一些村庄的宗族势力严重干扰了村庄的社会生活和权力关系，这些势力长期控制着村庄的村委会等组织中的重要岗位，为自己谋取私利，损害其他村民的利益。在课题组调研的某村，一村干部十多年来一直在村委会任职，村委会5人中他们兄弟就占了3人，还有一人也是同一宗族的，4人都在同一个村民组。这位村干部家的土地超过100亩，因为在这个村，历史以来形成的传统就是只有水田为村集体承包给农户经营"私有"，旱地为全村公有，实行游耕，每户都可以根据自己的需要复垦耕种，每隔几年就换一片地实行轮种。近年来，由于农业补贴、产业项目补助都是按亩来发放，所以这样的村干部就利用信息快捷和手中的权力，迅速扩大开垦面积。②

3. 理念错位导致扶贫政策落地方式和结果缺乏程序正义、公平，加剧村庄共同体消解

精准扶贫如果仍以产业增收为第一甚至唯一目标，"能人干部化、干部党员化"的做法，将村庄能人吸纳进党组织，或者将国家扶贫资源配置给村干部以期将其打造成能人的方式，就成为最便利的选择，在实践中成为一种从观念到实操的普遍"扶贫"模式和路径依赖。这种对基层党的干部在脱贫攻坚中职能定位错误，导致贫困治理的显失公平。

---

① 引自2017年2月16日课题组入村访谈。
② 引自2016年1月11日课题组入村访谈。

在 D 县，课题组注意到这样两个案例：一个是由村支书牵头成立的葡萄种植合作社，该合作社流转土地 100 亩，每亩 300 元，签订 30 年的合同，总租金为每亩 9000 元，折算成合作社股份；合作社还带了 7 名贫困户，利用他们的名义，每人获得 3 万元的政府扶贫资金，共 21 万元；而村支书与另外三名大股东则出资 180 万元。第一是大股东占比太大，第二是四个大股东出资 180 万元，也许只是验资时的到账数据。之后生产、销售等环节的财务监管，小股东是无法介入的。另一个案例是由某集团扶持的油牡丹种植项目，一共 5000 亩，将连片的集体荒山全部开垦出来，由于农村劳动力严重不足，为了赶在 10 月前完成种植任务，当地从军分区调来几十名战士，连续在山上奋战，而这些基地最终交给一个大户来承包，其所占的股份为大部分。①

在这样的案例中，贫困户只是作为"资本"获取资源的工具，即使能够获得一点经济利益，也无益于他们自身发展能力的提升，更谈不上村庄发展的参与及市场经济原则上的公平正义。

这样的做法，其实质是经济精英治理村庄，从制度设计的逻辑上看，是为了强化农村党组织的经济功能，把村干部打造成为村庄发展的"带头人"，其中暗含的假设为"经济上的成功是基层组织及村干部权威的来源"；同时，村干部在经济上的成功，或者借助于国家扶贫资源形成对村干部事实上的"补贴"，也可以大大弥补他们因为报酬太低而遭受的损失，以提高他们的工作积极性。由此得出一个村干部致富、村庄基层组织威望提高、村民增收的"多赢"的结果。"能人干部化、干部党员化"政策的出台和推行，确实有其现实的必然性。但从另一个角度看，一些村庄的能人往往也是强人，少数人甚至还是恶人；乡村发展机会和政策性资源往往集中在政府手上，"能人"的另一面也往往是所谓"明白人"及具有"合谋"能力的人。这部分群体如果最终都成为干部甚至党员，这对于党在农村的基层组织建设而言，风险是较大的。扶持这些"能人"，指望他们"带动"贫困群体发展，事实上极易把扶贫资源作为政绩考核的基础，反而减弱了贫困群体发展的机会。

---

① 引自 2016 年 7 月 25 日课题组入村访谈。

村治中的强人政治与扶贫过程中的"能人"、大户带动，及在此基础上形成的"能人干部化、干部党员化"工作策略，甚至个别地方推出的"党员先富"的所谓经验，于社区公平事实上构成了重大挑战，也大大影响了村民对于村干部及基层组织的合法性认同，损害农村干部及基层党组织在村民心中的形象，削弱了党的基层组织在农村的扎根能力与认同基础，并制度性地加剧了农村内部的社会分化。

4. 村干部待遇低影响村庄治理

G县某村干部指出："党建扶贫的工作当中存在的一个问题就是很多工作都压到村基层去了，比如村干部要陪同上面下来的各级领导调研，还要完成上级所需要填的一些表格和数据，村干部的任务特别重，但是我们的待遇非常低，远远不能满足开支。村干部又是家里面的主要劳动力，现在的基本工资是1200元一个月，每一年要评五个星级，每一个星级一个月有200元的补助，最高可以拿到一个月2200元左右。但是这些村干部必须要把绝大部分时间精力花在扶贫工作上。待遇不高，工作做不好还要被上面的领导批评，没有照顾好家里又要被家里人批评。"[1]

另一个村的村干部们告诉课题组，只要担任了村干部，就必须无条件地退出贫困户名单，之前该村有两个是贫困户的村干部，都被"脱贫"了。其中村主任家两个大学生，自己之前一直做泥水工，收入水平尚可，妻子负责种家里所有的地。在他担任村主任后，当年就从贫困户中出列了，而村务工作太多，他完全不可能再出去做工了，一个月2000多元的报酬，仅电话费和摩托车油费，就得花掉差不多300元。对于那些能力较强，常年在外打工后回来担任村干部的人来说，损失就更大了。一些村干部说，他们是因为情怀，想要改变家乡贫穷的面貌，带领乡亲们发展致富，才甘愿做出牺牲，但是如果长期这样他们也无法坚持下去。贫困村普遍存在的村级党组织弱化现象，加剧了政府主导的扶贫攻坚战略在村庄落地的虚拟化及不真实性，从而也是一种制度内生性风险的挑战。[2] 这种源于体

---

① 引自2017年2月13日课题组在G县下乡，部分村干部座谈会发言。
② 引自2017年2月13日课题组在G县下乡，部分村干部座谈会发言。

制原因而凸显的自上而下与自下而上结合点的脆弱性原因有科层制内含也
有村庄制度逻辑生成的现实。这种结构性矛盾，按部就班以体制惯性在运
行，只能是愈发严重的问题堆积。而有中国式特征的以党建促脱贫，则为
弥补原有体制缺陷，开辟新的路径，形成体制互补格局中提供的另一种新
的制度空间。

三　贵州以党建促脱贫的制度创新及其现实挑战

（一）省级负总责地市抓落实的做法

中国共产党作为唯一执政党，其从中央到村庄的层级网状党组织
结构，使中国减贫发展具备了举国体制政治定力的功能。相关理论研
究一直将国家与社会对立的机理奠基于国家是特定利益集团代表的理
论范式（〔美〕德隆·阿西莫格鲁《国家为什么会失败》，湖南科技出
版社）。但是，中国的国家政治制度的核心是中国共产党的领导，中国
共产党是唯一的执政党，而中国共产党社会基础的"人民性"决定她
是一个"利益中立"的政党，从而，从体制优势上提供了一条党的组
织从中央到村庄，五级书记抓扶贫的特有路径。以党建促脱贫的战略
定位及其党建扶贫工作队、第一书记等制度安排，便是这一体制对政
府主导的专项扶贫、行业扶贫科层制在村庄无衔接平台的制度缺位的
体制完善或机制创新。

郑永年指出，"这些年，中国政府发起了一场全国性的反贫困运动，
即精准扶贫。从世界范围内来看，只有中国共产党才能做这样的事情，其
他国家没有一个政府可以这么做。尽管世界上大多数政府也认识到扶贫的
重要性，但它们没有能力像中国那样做。从这点来看，精准扶贫运动体现
出了中国的制度优势。"①

回看历史，中国的党建扶贫同步于将扶贫作为专项任务的 1986 年，源

---

① 郑永年：《中国农村的贫困与治理》，《第一财经日报》，2017 年 5 月 3 日，http：//
www.yicai.com/news15277548.html.

起于贵州。贵州省委组织部在 1986 年 2 月派出省、地市、市县 3200 名干部队伍对当时 26 个极贫县开展以抓基层党的组织建设为中心的减贫与发展工作。经过缘起演进，在十分复杂的困境中不断奋起、反思、探索，从体制机制上进行整合、创新，特别是党的十八大以来，随着精准扶贫战略实施推进，贵州以党建促扶贫正凸显其重要作用和担当，从可持续减贫与乡村振兴的视角，更需要深入研究其如何更好发挥作用的问题。

表 9 - 2　贵州省 2011 ~ 2016 年县级以上机关事业单位下派干部
参与党建扶贫情况统计

单位：人，个

年份	下派干部数	工作组数量	第一书记
2011	30000	3000	
2012	20000		
2013	30000	6000	
2014	55864	11590	
2015	57000	11000	9498
2016	43000		7368
合计	235864	31590	

注：资料来源于贵州省扶贫办内部资料集《贵州省扶贫文件汇编》。

党的十八大以来，贵州以党建促扶贫的工作，在实施路径上表现为：第一，创新自上而下组建驻村工作队、第一书记等进入扶贫一线的干部选派机制；第二，从文件中开始强调加强农村基层党组织战斗堡垒作用的组织建设；第三，强化对扶贫工作相关的党员干部的选拔、监督与考核的制度建设。这些做法既有对过往形成的"党建 + 扶贫"传统的继承，也有对产业扶贫为主导的背景下党建扶贫边缘化的调校。

各级党委政府有针对性地派出优势力量，在一定程度上解决了过去派驻力量不精准的问题。各地按照"党群部门帮弱村、经济部门帮穷村、政法部门帮乱村、科技部门帮产业村、退休干部回原村"的原则，向不同类型的贫困村派出第一书记、驻村工作人员等。

除了全省统一的工作布置之外，还鼓励各地创新党建扶贫的新方法和工作推进新模式。在六盘水，由党建扶贫工作系统发力而探索出的"资金变股金、农民变股民、地权变股权"的"三变"模式，既内蕴着精准扶贫目标引领的人民主体性原则，又彰显着通过地权、市场原则进入公共政策红利精准落地扩大集体经济和社区参与的综合因素整合，实现体制机制创新。这是以能力主义为核心，对减贫可持续目标的拓展。还强调基层党建来推动"三变"工作。

黔西南州在2015年习近平总书记5月贵州讲话之后，于8月迅速提出探索"大党建扶贫试验区"建设的思路。具体工作中，组建脱贫攻坚五人小组，由第一书记、乡镇包村人员、村党组织书记、村主任及村其他常务干部、其他驻村人员"五类人"组成，全州共组建1104个党建扶贫五人小组，9000多名组员。黔西南州打造了"党建扶贫云"平台，利用云平台逐级实施观察预警，发现工作明显滞后或失误，及时发出预警提醒或整改要求。"五人小组"还成立临时党支部，与所在贫困村共建脱贫攻坚联合党支部（党总支），并将驻村党员干部的组织关系转到联合党支部。

安顺市探索形成党建扶贫"双书记"制度。"帮村书记"明确为同步小康帮村工作的第一责任人，其工作重点为建设基础设施、培养致富能人、壮大集体经济、化解社会矛盾等。"第一书记"作为同步小康帮村工作直接责任人，在"帮村书记"和乡镇党委领导下工作，主要抓好所在村党的建设、村级集体经济发展、精准扶贫、村级治理等，带领驻村工作组工作，完成"帮村书记"交办的帮扶任务。在联动机制方面，建立组织部门牵头，农委、扶贫办等部门为成员单位的"第一书记"工作联席会议制度。

以上从省委到地州对党建扶贫工作体制做出的制度安排，其工作目标均指向扶贫攻坚"最后一公里"的制度性资源落地机制的坐实。凸显党建扶贫工作依托组织资源向村庄落地后，对以往体制断裂问题力图做出回应。但组织和目标的确立并不代表"绣花功夫"的坐实。实践中，特别是将目标定位于减贫质量和可持续脱贫的贫困治理水平测量时，会发现贵州的党建扶贫工作其实还存在较大差距。

（二）以党建促脱贫有"虚化"倾向

以党建促脱贫的核心是针对村庄基层基础薄弱、无力承接政府及外部资源，组织和服务村庄减贫发展责任的问题，通过"五级书记一起抓"的政治组织定力，在村庄重建基层党的组织，搭建贫困治理的资源整合平台、撬动村庄共同体的内生动力，实现减贫及可持续发展。但这一过往行政体系之外的独特路径如何与原有体制整合，是一个关涉体制创新探索的非常现实的复杂问题。缺乏责任担当和"绣花功夫"的机制基础和相关理念，体制原有的制度运行惯性即可排斥和虚置这一路径的实际推进。在调查中，课题组深感基层实践中，对以党建促扶贫的真正内涵缺乏认识，只是将此作为一般性的扶贫人力资源利用来理解扶贫工作队的任务和"第一书记"的工作定位。这反而虚化了这一路径承载的政治、组织功能定位，将以党建促脱贫降格和矮化为实施精准识别填表、易地移民搬迁动员、产业扶贫土地流转征地工作的附庸。主要表现为以下三个方面。

1. 工作内容放弃村庄党的基层组织建设这一核心任务

从 2014 年以来，精准扶贫的一项重要任务就是对贫困户的精准识别。在课题组的调研中，基层干部认为占用他们时间最多的工作就是反复的识别工作，一次又一次地进到农户家里，填写各种表格，村干部和驻村干部经常半夜还在填表，尤其是不少表格和数据都是提前一天打电话，第二天就得交，让他们不得不突击应付，这些表格数据到了乡镇，还得专门组织人力录入系统，很多乡镇仅贫困户资料录入就花了一个多月时间。由此造成的结果就是，在最底层扶贫的干部们把大量的精力用在填写各种表册上，却没有去真正驻村搞调查研究，考虑村庄如何发展，以村庄共同体的力量，解决贫困户的脱贫需要。

2. 有的扶贫干部严重缺乏可持续减贫制度建设的理念，就脱贫验收形式过关为工作目标

2014～2015 年，省委 Z 部门两名处级干部，携带 2000 万元扶贫款，负责对口帮扶 Y 村脱贫，从县级减贫渠道按自上而下常规安排仅做了精准识别，而由于 Z 部门位高权重，主要领导又非常重视扶贫工作，因此县里专门将乡镇书记高配副县长来配合，协助 Y 村的专项扶贫工作。人、财、物全部到位情况下，两年工作结束，按验收标准全村脱贫。但两年后，该村除了新建基础设施还能维持运转外，项目支持农户种植的千余亩澳洲坚果、芒果等经济作物，存活率很不乐观。在生产脱贫、农户增收、内生动力激发、社区公共服务等方面，还是回到了两年前的老样子。而其余三个村民组由于没有像 Y 村民组这样得到外力支持，大修房屋、街道及自来水管网到户等工程，对政府意见很大。2016 年初，还以灶房、厕所改造项目农户没有普遍受惠，应得到户均 3000 元补助为由，差点闹出上访事件。此案例典型表现出普遍享有的公平、正义、减贫保障机制怎么建，谁来扶、怎么扶。可持续脱贫的机制保障必须落实在村级党的基层组织的战斗力、服务能力及村民参与的贫困治理平台上，这些问题，已经形成当下党建扶贫工作必须考虑的焦点。

3. 缺乏撬动村庄内生动力的工作视角，存在严重缺乏扶贫工作专业能力缺陷

动员机制轰轰烈烈，市州、县两级追求形式氛围打造，数字统计胜于对乡、村基层实际扶贫工作的坐实。导致群众认为政府扶贫是与自己无关的"外热内冷"形式主义。

J 州扶贫攻坚指挥部除多单位合署办公外，下设两大二级综合机构。一者信息统计综合中心，花了上千万元建给各级检查团了解全局的展示大厅和展示系统，其中重要功能一是贫困户的每周更新信息实时滚动，二是每天全州驻村扶贫工作队员包括"第一书记"、村支"两委"成员通过手机打卡的出勤检查实时滚动，十分先进。另一机构为易地移民扶贫搬迁指挥部。一进大院，巨面墙体挂上巨幅标语"起步就是冲刺、开战即是决战"。让人初一乍看豪情满怀，稍一细想违背战争规律。关于前一个机构的工作状态，负责人告诉我们，一个月要常规统计一次综合数据。但由于经常有临时任务，如精准识别"回头看"的不同指标数修改，因此两三天内要完成全区统计更新任务。往往因为等待各乡镇上报数据到最后一天的凌晨四五点，而乡镇各村更是一片混乱，到地州一级汇总时直观均可发现矛盾不少，又让"问题严重"的乡镇推倒重来。因此，几乎天天在线工作，全地州为此工作，参与人员 2000～3000 人。而这些人大部分都是扶贫工作一线的干部。

第二个机构自 2015 年起主抓异地扶贫移民搬迁工作。亦是每一天掌握动员和同意搬迁农户信息。有的农户做工作"共商"几十次才同意搬迁，而"共商"次数是表征工作成效的过硬指标。因此，前一个机构给扶贫工作人员以及"第一书记"的打卡与他们是否上农户家"共商"搬迁之事成为2014～2016 年以来该地州精准扶贫的主要内容和考核内容。精准扶贫的其他四个一批、六个精准、区域脱贫等工作难以得到同步推进。更谈不上"绣花功夫"的培育和内生动力的撬动工作。

形式主义的另一种典型表现即是本地机关对口帮扶扶贫工作及"第一书记"的工作。一位镇党委书记对本镇近 2 年 13 位"第一书记"的评价是："还是有 1～2 个表现好的，在他们的努力下，这 1～2 个村精准识别的表大多数情况下能够按时提交，需要返工的一般不是他们的'失误'造成。"镇书记准备报告县委组织部将 L 村"第一书记"收回去。因为经常不在岗，上级巡查到还批评乡镇监管不力。

由于挂帮单位也有结对帮扶贫困户的任务，前两年不少单位领导下村帮扶被村干部形容为"摆拍"帮扶。X 县直单位领导一般 2～3 个月来村一次给她挂帮的 10 户贫困户送几桶油、几百斤大米。但一到村让贫困户们到村办公室排队领认物资主要是为了拍照，证明下村并做县级电视报道。多做几次，贫困户们已经厌烦，其他贫困户见了又不满。他们认为为什么总是那几家每次都会受慰问。2016 年底，F 单位到县级涉农行业部门要不到其他物质来慰问，送了两麻袋女式舞鞋，约有 100 双。直到现在，还有20 多双发不出去，没有人要。①

就课题组调研过的 20 余县"第一书记"和扶贫工作队到村帮扶，特别是结对帮扶这一路径看，到目前为止工作还有些粗糙，与精准扶贫要求的能力与体制、机制保障相比，还有较远的距离。对贫困村多年驻村帮扶

① 引自 2015 年 3 月、5 月、7 月；2017 年 2 月课题组驻村调查访谈材料综合情况。

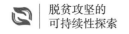
还没有将农村党的基层组织建设放在首位，导致扶贫攻坚形式化倾向有所发展。这种情况绝不是个案。

（三）以党建促脱贫的几个闪光点及启示

虽然从贫困治理的现有体制、机制上，特别是以党建促脱贫的机制创新上，农村基层党建与扶贫政策及资源结合的新的体制机制还未成熟，由此也造成以上所展开的体制转型中出现的老问题没有解决，新问题更凸显，其负面影响普遍存在的问题。但是历史与逻辑一致性的底蕴表现于一种历史走向时，总是会因问题意识的呈现以及回应问题的制度逻辑之间的碰撞和嵌合，在实践中表现出来。从这一视角可以发现，贵州的贫困治理实践中，其实具有一些闪光的个案，其价值和意义，正是我们在可持续减贫中坚定信念、厘清路径，获得成效的来自实践一线的符合规律的机理性内容，当然也包括在深化认识过程中须予以关注的智慧的力量。课题组的调研发现以下几个案例较为典型。

1. 锁寨村贫困治理的制度建设案例

黔西南州兴仁县锁寨村贫困治理制度建设的主要内容是：五星枇杷产业化推进与党的村级组织和"第一书记"推动的社区参与。

C 是锁寨村人，早年在职校当过老师，后"下海"经商，经营煤矿致富，之后又返乡与兄弟联手创建生态农业开发有限公司，与某职院水果专家 T 合作，在锁寨村通过流转土地，种植五星枇杷。锁寨村的土壤和气候极适种植五星枇杷，四五年便能产出，盛果期 50～70 年，种在石山坡上能很好治理石漠化。作为项目资本主体的 C，深知项目实施离不开驻村"第一书记"和村支"两委"的工作，于是在接下来的共同行动中形成如下框架：运营机制"公司 + 农户"，实质上不同于政府的"公司 + 农户"的模式。监督公司运作是由农民代表来监督的。技术服务围绕市场做品质及提供全产业链的技术支持，由公司作为责任主体，产业链的延伸是公司降低市场门槛的战略定位。实施方式通过社会治理的路径。

公司和农户的产业连接机制扎根于社会治理的基础。以 SJD 村民组为例，其由王姓、李姓、马姓、汪姓四大姓组成，历史上杂姓、人多，因此早已形成推举头人，共同协商管理公共事务的村治机制和平台。栽种五星枇杷的社会、经济制度，即是通过召开十一次会议逐渐形成的。其过程和机制如下。

（1）开展群众动员工作。公司通过行政村领导找到 SJD 村民组长展开多次群众动员工作，到第十一次会议的协商来讨论。在此过程中，公司权益由过去因提供树苗和技术，有 30 年山地权益改为 30 年权益归村集体的底线保障，政府提供树苗。

（2）政策红利落地后利益分享的协商。公司提出方案是耕地上种枇杷不影响种旱地作物，合作方式为农户提供土地，公司提供苗和技术。由农户自己管理，收益农户占 15%，公司占 85%。群众不同意。后采取公司占 10%，农户占 90% 的利益分成。经过政府参与协商和给予苗木向公司购买的政策支持，公司也将盈利焦点定位于从旅游业和高端产品开发中获取。博弈结果是"9＋1"模式，即农户占 90%，公司占 10%。

（3）农户广泛参与的管理制度的形成。首先每家每户循环管理，两户看护管理一天，只在早中晚三段时间去看一次。其次每家每户都有人要出工要参加。按规定 60 岁以上和 16 岁以下的不能参加。每天出工的时间、记工标准及分工规则经队委会商量后，给村民安排工作。在管理方面，如果无法出工，或者是大家帮忙管理，就需要付管理费。

（4）运行机制的"发明"。种植完毕，进入管护阶段，村民组织的生产过程治理规则也被用集体讨论的方式制定出来。第一，日常看护。规定每天由两家人来管护，分为六个小组，十一个人一个组，主要任务是防火。第二，经常的生产管护，如除草等，规定以工分制按出工计算。每天出工 100 元计。"参与＋收益"的制度是从土地承包时期一直沿用到今天的规矩，大家都能够通过这种工分制，看到收益的预期，都有参与的动力。

枇杷种植过程，实质是一个社会治理过程，生成了提高主体性—参与性—组织性—管理性的机理。首先，由村民商量达成共识，自家土地由村民自种自管自收，集体荒山通过集体行动完成。其次，利用当地传统的组织管理制度，推动和实施发展项目。最后，在发展项目中积累经验，使人力资本、社会资本得以重建，再逐步扩展到公共领域、管理领域。在多元治理中，社区、企业、政府彼此相互妥协，社区治理能力提升，自组织走向成熟。在此过程中，党的村级组织和"第一书记"是第一推手。锁寨村案例体现出"第一书记"在村工作的第一要务，是撬动村党支部组织和服务于村民及集体参与的产业发展治理机制的生产，使扶贫资源落地产生效益的公平、公正建立在与村民根本利益相关的实操过程之中，从而获得个体和村庄共同体的同步能力成长。对公平正义的目标坚守以及从群众中来的智慧坐实，即是党在农村工作建设的题中之义。

2. 玉屏县党建扶贫的村级整合平台案例

党的十八大以来，玉屏县党建扶贫初步形成体系性系列探索，其典型做法，即是创新互为内嵌的"四大工程"。

其一，"细胞工程"。即将全县所有农户家庭视为农村社会组成的细胞，利用驻村干部入户调查，到2016年2月记录"民情日记"和"民情台账"1.7万份，建立"民情档案"1万余套。将收集到的群众生产、生活、政策享受、村庄治理诸问题分门别类，逐一研究，落实解决措施，实行销号整改。呈现出驻村工作在嵌入农村治理及深入农户的托底功能。例如对过去因村干部居住村民组与其他村民组在水、电、路设施建设上的差异引发的民怨，细胞工程在贴近村民的调研中收集并加以公正、平衡发展的调适；对过去村干部在低保、项目获取上优亲厚友及腐败情况，能及时发现并向纪委反映实情。

细胞工程的核心为民情信息系统的创建。第一，以"户"为单位，建立全息性的"家庭档案"。驻村包户干部在细胞工程之旨"兜标一点，民情尽显"，并对民情档案实行"月更新汇总"制度。2016年，全县所有3万余农村家庭均建立了民情档案。第二，以村民组为单位绘制"民情地图"和以村为单位建立"小康信息库"。其内容包括以村民组为基础，对农户采集"产业建设、基础设施建设、社会事业发展、村民素质提升、村庄整治"五个方面34项指标填报《玉屏侗族自治县"率先小康"民情信息表》；以行政村为单位采集村支"两委"班子建设，产业发展、基层党建、集体经济、民生事务、计划生育、矛盾纠纷、种养大户、风土人情、乡情旅游等 27 项村级建设情况为全县 69 个村建立"小康信息库"，每季度汇总更新一次。2014 年，国务院扶贫办先后两次到玉屏调研，使之成为我国"扶贫云"建设借鉴的重要基础。使之成为村庄治理、项目落实、滚动可持续公平公正施策的全息化科学依据。

其二，"细胞工程"的可持续推进即是"民心党建工程"。2015 年 7 月，针对村庄空壳及社区照顾匮乏问题，玉屏县委党的建设工作领导小组办公室印发《关于建立"民心党建"基金的实施方案》的通知。即采取以村为主体的原则，由党委领导、政府主管、联建部门引导、村级组织自治、社会共同参与的模式进行筹集、管理和使用"民心党建"基金。此基金主要用于：（1）对本村评选的"好公婆""好媳妇""好学生""好村民"进行关怀资助，结合实际，适时组织外出培训考察学习。（2）对特困家庭、困难计生户进行关怀资助，推动"生育关怀"行动。（3）对空巢（孤寡）老人、留守儿童（孤儿）进行关怀资助，利用节假日对他们进行走访慰问，让他们感受党的关怀。

其三，以村庄治理的平台做强集体经济。利用财政支持村庄发展资金、项目、村庄原有土地、水域等集体资产等资源为基础，建立外派干部帮助、监督民主理财的"企业＋村办基地＋农户""公司＋基地＋支部＋合作社＋贫困户"的多种集体经济模式和"公司＋基地＋农户"入股分成模式等。内生性造血弥补个体生产的脆弱性及村庄治理缺乏集体经济实力的问题。例如新店乡老寨村有一批长期从事建筑业的技术工，老寨村利用本地项目工程多的优势，把这批农民工组织起来成立劳务建筑公司，村集体负责联系工程和项目管理，按造价提取集体经济收益。

其四，做实后台支持系统，建立较为完整的党建扶贫驻村工作与县级、乡镇后台支持系统的无缝对接机制。第一，部门帮村三年一换与驻村干部、"第一书记"既向个人驻村工作负责又向派出单位负责的双向负责制，将单位领导及其他干部、科技人员曾经在乡镇的工作经验有机整合到驻村党建与发展工作中。弥补"第一书记"等驻村干部经验不足的缺陷，又坐实了农村党组织建设的政治、组织支持系统的保障平台。第二，由组织部管人、扶贫办管项目资源，乡镇负责上下贯通的实际工作推进工作机制，县、乡两级纪委管纪律系统性配置，构成"民心党建"的大框架，从体制、机制上规避了扶贫、党建"两张皮"的缺陷。驻村干部以"深、细、实、真"的精神在村做好基础工作，各种项目资源由乡镇整合落地，管理、监督系统作廉政保障，依靠村庄内生力量，减贫及发展均可以操作。

玉屏县以党建促可持续脱贫个案的特点在于，它构建了一个扶贫与党建、发展与村庄治理共嵌融合的较为完整的体系。从而回应了过往党建扶贫中因碎片化和工作难以落地的一系列短板和缺陷。其目标与方法路径的系统化构建，突出了以党建扶贫为主体，在村庄层面同构建设好两个组织：即以村庄治理为主要内容的农村基层组织，特别强调内、外结合的党支部组织建设；以及以村庄人民利益增进为本位的社区福利自我生产及以集体优势抱团合作的经济组织。以这两维组织的建设为抓手，使党建与扶贫真正嵌合一体，成为发展的坚实基础。

3. 安顺市平坝区塘约村党的基层组织建设与贫困治理案例

关于塘约经验，已有丰富阐释。但课题组的研究认为，从以党建促脱贫的视角分析塘约实践，其核心是以市、区、乡、村四级书记以及对口帮扶单位派出驻村的"第一书记"共同推动，村支"两委"直接主导的"七权同确"这一基础工程。

土地等生产、生活资料的相关权益，无疑是村民之间、村民与集体之间重中之重的权杖之凭。但在第一轮土地承包、第二轮土地承包之后的当下，重新明确土地承包经营权等根本权益谈何容易？2015 年，在地市、区、乡党委支持下塘约村村支"两委"商量后决定，先摸清情况，再寻找解决问题的办法。于是，以各村民组为单位，党支部、党小组＋村民小组里的村民代表＋分到各个组的村级干部，开展入户调查、小组会调查、联席会调查。一个多月后，调查提炼出全村共通性的 60 多项问题，其中，存在 17 项与土地确权相关的纠纷和问题。例如，第一轮承包之后新开荒地怎么算？第二轮承包之后因分家不均，两兄弟都宣称对父母承包份额拥有经营权的怎么办？因通村路、通组路被占用而没有补偿的怎么算？占了公地建房、建猪圈、建厕所的怎么算？等等。怎么办？问计于民。又开了近一个月的村民代表大会和各种研讨会，对 17 项问题一一拿出对策，再由村民代表大会通过，"七权同确"的工作展开了。其实施逻辑是先党的书记、再其他村干部、再党员、再村民组长，最后是之前存在意见的少数人。为什么党的干部、党员要带头先将自家承包地确权？村党总支书记回答说："就是因为你是党员、是干部，你就必须是一面旗帜，在主张公平正义上，你就是先锋。"

"土地种树的，栽树很辛苦，但地是集体的，这批树折算下来多少钱，你家占 30%，集体占 70%，这样无形中就把钱拿出来了。70 多个人确权，在过程中感觉到一个问题，要确立七个方面的权利，我们需要一道走完，因为不整完就会有矛盾。比如水权，原来都是各自为政，在这个村民组的地界上就是这个村民组的，几户人家在一个地方挖出一个水井，就是这几户人家的了，后来全部收归后立一个水务工程管理公司，把水价降低，鼓励节约用水，比如一个人口匹配多少吨水，如果你在这个范围以内，就给你奖励。如果一亩田用了 60 个小时的水，我们不惩罚你，但按照正常单价收。"①

塘约村用了 8 个月的时间，圆满完成了全村的土地确权工作，并且在全省第一个实现土地承包经营权、农民宅基地使用权、林权、集体土地所有权、集体建设用地使用权、集体财产权、小水利工程权的"七权同确"。全村每一户土地承包经营权 + 集体未承包土地所有权相加，使两次土地承包经营权的耕地面积，从 2000 亩上升到 4000 多亩，增加了一倍多。年老农民说，过去承包土地时是按习惯亩算，都尽量少算点，也少交点公益粮，穷怕了。现在，承包的土地就是钱，自耕也好，流转也罢，有收益就是土地面积带来的，土地就是钱。

自从土地承包制实施以来，土地确权，是中国农村最难办的事。给谁确、谁来确、怎么确，是需要一套完备的国家土地政策 + 地方性知识，特别是村庄治理的一套有效运作机制来承载的。村庄原子化、村庄组织"空心化"（即杜赞奇说的营利型经纪相类似的村庄精英与村庄整体利益脱

---

① 引自 2016 年 9 月 7 日，课题组访塘约村党总支书记左文学。

嵌）、村庄难以形成合作平台的私利化，同时，乡镇及以上政府相应服务
和保障职能较为弱化情况下，土地确权由村庄为主来设置平台的这种关乎
根本的大事，塘约村一步一步干成了。从中可发现，中国的协商民主与基
层党组织的平台运作相结合，是解决许多现实难题的有效治理路径和
方法。

如果按照支部书记左文学讲的"政治经济学"来解读塘约村的土地确
权，能否这样理解：土地确权，是1978年土地家庭承包经营责任制在历经
多种量的变迁之后的历史延续，是农户资产和资本要素赖以生成的底线的
制度安排及稳定保障，亦是对39年前中国改革开放初心延续的一种承诺。
因而，它既是政治的，也是经济的，是中国政治制度的内在规定，为农村
经济转型发展夯实基础。因为深化改革的目的，是为了使在当下还处于发
展边缘的人群和为社会、文化条件所困的贫困者及返贫敏感者守护好他们
理应享有的权利。需要重视的是，塘约村之后的运作，是从村庄普遍参与
的土地确权开始的。这是中国改革开放逻辑的内在延伸，是立足的根本和
农民权益的底线保卫。左文学们之所以能做成土地确权，是因为土地确权
代表了村民们的根本利益。

为什么要确权？即是要回答政治目标、初心实现及共同富裕的经济基
础问题。确权的共识在村庄达成，体现了村庄共同体具有共同的政治诉
求，是一个命运共同体。过去30多年在土地问题上形成的矛盾、纠纷、不
公正等有损村民共同利益及村庄团结的历史包袱，在新的共同政策立场上
得以整合、达成一致。

"七权同确"操作过程，即是中国式协商民主的制度安排通过村庄党
的建设为抓手，在基层落地的过程。从而证明了社会建设的根本抓手，一
定与经济利益能够公正实现相关。而这，也是通过贫困治理村庄平台的建
构，获得乡村振兴坚实基础，当然也是构建可持续发展基础的定海神针。

以上是与塘约村的土地等生产、生活资料"七权同确"的专题考察，
就塘约村整体状况而言，总结塘约村的实践，可以提炼出以下几条具有普
遍意义的经验来。

第一，加强基层组织建设，形成村庄治理的良好结构。党组织是领导

力量，社会组织是村民自治的力量，经济组织是村庄发展的力量。各个组织之间既相互协作，又相互监督。通过这些组织，提升了农村基层治理的水平与发展能力。参与是治理的基础，无论是村庄的政治、经济、社会，村民通过这些组织实现了有效地参与，在参与的过程中获得了尊严，实现了村庄福利（货币与非货币的）的增长，促进了村庄社会的团结。

第二，党的领导与村庄社区治理的结合是关键。党在农村基层的领导作用，要始终牢记党的宗旨，为村庄经济社会的发展服务。党组织和党员个人在农村的发展中要带头，但应该是在服务意义上的带头，而不是利用支配资源的便利先富起来的带头。党的基层组织既要服务村庄的发展，也要维护好村庄的公平正义。农村基层党组织的服务还体现在培育农村社会的生长，摆正党组织与社会的位置关系，如塘约村通过党的领导来促进村民自治，有利于村庄社会自主性的成长。

第三，农村发展离不开政府的支持。综观塘约村的发展过程，上级政府在关键时刻的支持起到了非常重要的作用，正是这种支持，在塘约村自身的努力下，使塘约村的发展一步一个台阶。不论是基础设施建设，还是农业发展项目，政府都给了塘约村很大的扶持，此外还有人力资源和政策的支持，如驻村干部、"第一书记"、农艺师等力量，更有安顺市领导的直接关心和帮助。而由于有了良好的村庄治理基础，这些外部的支持资源很容易地就转化成为村庄内部的福利增收，增强了村庄发展的能力。

第四，村庄治理与发展型党组织相结合，建立起村庄可持续发展的内在动力。塘约村在党组织的领导下，形成了良好的村庄治理结构，使村民能够在参与、合作的基础上，达成村庄发展的共识，既能在内部实现社区福利的自我生产，又能合作起来面向市场，建立起市场能力。就目前来看，塘约村的产业发展尚有较长的路要走，特别是"村社合一"的生产和经济组织结构是否具有土地集中经营的农业产业化与"三农"发展综合嵌构要求之间张力会转化为对抗性冲突的潜在挑战等。但是村庄可持续发展能力的形成已经为未来村庄的发展打下了坚实的基础。从塘约村可以看到真正的以党建促脱贫，通过农村基层党建坐实贫困治理和社区治理的平台和基础。

四　镇远县的探索

过往发展乡村旅游，脱贫只是附带功能，往往是投入巨资打造旅游点之后，给当地人提供了一定的就业机会和资产收益机会。贵州多数成功的旅游点，都由外来的投资者或者是国有公司在经营，当地社区并没有作为旅游发展的主体，旅游发展和扶贫工作的结合，并没有得到较好的考虑，而如何通过基层党组织建设、发展旅游支持当地的文化自信与可持续传承，更好地支持乡村社区治理，更好地促进社区公平公正等方面的内容，考虑更是不足。

中共镇远县委、县人民政府启动了"可持续基层党建＋创新城乡社区治理＋长效脱贫机制"建设行动，和贵州民族大学社会建设与反贫困研究院建立了战略合作关系，并以政府购买服务的方式引入专业社会工作团队，以该县侗族村落报京村作为示范点，将基层党组织建设与生态旅游发展推进相结合，努力探索长效脱贫机制新模式。

报京是一个有917户、近3000人的侗族大寨，曾是北侗区域非常著名的传统村落，但2014年一场大火，该村烧毁了300多栋传统木结构民居，政府灾后重建支持建设了整齐的新砖房，村落环境变得整洁有序，但传统村落的韵味又受到较大的影响；该村的"三月三"活动，列入了国家非物质文化遗产名录，传统文化活动依然盛行，但由于人均耕地少，本地就业机会缺乏，多数人依然选择外出务工，村落人口结构失衡严重。从资源及环境的情况看，乡村旅游是该村产业发展的可行道路。

全村党员20多名，但党员年纪普遍偏大，同时党支部并不具备规划与发展旅游、进行旅游管理的相关专业能力，同时，由于方方面面的原因，支部成员及村委会并不能获得大多数群众的真心认可和支持，在现在的组织结构情况下，以村"两委"引领推动旅游产业的发展挑战很多。

在县委领导下，专业社会工作团队与报京乡党委、政府建立了良好的合作与协同工作关系，在社区开展了大量的工作，最后，多方共识形成了较为完善的工作方案，开展了以下工作。

（1）建立村党支部抓党建和社区服务、村委会抓上级政府交办的工作和公共服务、村合作社抓产业发展的工作模式。党支部统领所有领域的工作，但对具体经济事务不以支部名义干预，支持合作组织在产业发展方面、通过村庄参与，独立开展工作。村党支部的工作重点放在对人的思想工作上，对人的服务支持上，对村庄公平的维护上。

（2）以建设基层服务型党支部为抓手，村支部将工作重心转化为提供村庄公共服务和社区服务，并开展各项生产学习活动，努力建设配合乡村旅游发展的生产性服务体系。在村支部的领导下，开展了针对留守儿童社区照顾、青少年社区文化传承等一系列活动。在县级项目的支持下，针对该村留守儿童存在的问题，与村级小学合作，建立了一个4人的留守儿童服务团队，经过社会工作培训后建立了针对留守儿童的教育支持，服务团队都是受教育程度相对较高、深得村民信任的年轻人，是受薪工作，在服务社区的过程中，又作为后备党员的培养对象，回应了基层党组织建设中青年精英农民的培养工作，同时，他们也被要求学习各种生态农业、旅游管理等相关知识，为全村的产业发展建立技术服务基础。

（3）成立全村以人为参与单位、以户为股权持有者的"人人均股"的合作社，合作社负责全村的公共资产的管理，餐饮、民宿行业的自律，旅游设施的维护，旅游经营收益的分配等。按照"十户一体"工作模式，每20户左右村民自愿结合成一个联合体，推举一名代表作为合作社理事，确保村民参与，合作社理事会负责收益分配、机会分配、社区内旅游投资等方面的决策和村庄文化传承的推动。合作社每年收益的20%上交村委会，在村党支部的领导下，主要用于社区边缘弱势群体照顾、贫困户帮扶、公共文化活动、教育奖助等方面的支出，整体上建立社区层面的福利与公共服务体系。合作社在外部团队的支持下，规划了生态旅游发展的各项服务内容，一方面确保不具备旅游接待能力的村民可以通过生态农业生产来参与旅游产业；另一方面支持村里有发展能力的各种精英有更多的发展机会。合作社同时要求，全村旅游经营者须上交经营收入的5%作为合作社集体收入进行重新分配，以实现社区内的公平。

（4）村党支部与合作社将社区环境卫生建设、垃圾分类作为该村发展

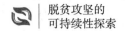
生态旅游的重要工作来抓，以"十户一体"工作模式进行推动，做好联合体的共识支持工作，领导村民开展"十户一体"议事模式，支部成员主要作为合作社的监事参与合作社事务，确保合作社运行过程中的公平，保障村民的共同资产和利益。

五　思考与建议

课题组的研究认为，以农村党的基层组织建设为中心，促可持续脱贫与发展，关键和核心是建立服务型党支部。多数中西部农村特别是贫困村都是空壳村，缺乏必要的村庄共同体共同行动的财政基础，乡村生活和农业生产十分脆弱，农村劳动力流动较大，社会结构不合理、公共事务管理无力，农业生产及产业服务缺乏，"三留守"人员及边缘弱势群体缺乏照顾，农村公共卫生、环境问题较多，农地撂荒情况较为严重等。这些问题，往往缺乏内生机制与内生力量予以解决。建设服务型基层党组织，可以对这些问题进行有效回应。

服务型基层党组织建设，工作重点应该放在农村公共事务管理上。既要加强支部的党性教育和作风建设，又要在此基础上积极参与农村公共事务管理：要把党的方针、政策和法律、惠农服务宣传好，支持农民知法守法、有效使用政府提供的各种服务；要通过党员干部的模范带头作用，推动农村的团结和合作，建设公共事务管理能力，把农村的公共设施如水、电、路、灌溉设施、公共文化设施等管起来、用起来，确保农村公共设施持续可用；通过深入群众、发动群众、带动群众，做好农村社区安全工作，开展农村社区减灾防灾备灾工作，积极应对乡村生活的各种脆弱性；积极加强村民教育、推动农村自律，改善乡村环境卫生条件，把卫生健康管起来。

服务型基层党组织建设，要与农村社区经济发展和脱贫攻坚相结合，工作重点须放在建立生产性公共服务层面。党员干部要带头学习农业生产先进技术、带头掌握使用现代信息技术、带头探索市场对接机制。在此基础上，要通过发动群众，团结群体，组织群众，通过农民组织化建设，分担产业发展所需要解决的技术服务成本、信息服务成本、市场服务成本，从而全面提升农村社区发展和脱贫所需要的技术能力、信息能力、技术能力，为脱贫产业发展打下社区合作的群众基础。

服务型基层党组织建设的任务关键，是要通过急群众之所急、干群众之所需，得到社区群众的支持拥护，从而巩固党在农村的执政根基。要积极关注农村社区服务体系建设。要把服务好贫困群体、解决贫困群体因"困"而不能主动行动脱贫的问题作为组织建设的重要内容。基层党组织要把解决好"三留守"人员的社区照顾和社区服务作为重要工作，支持外出务工群体形成共识、分担"三留守"人员社区照顾的成本，从而生成社区服务能力；要积极整合社区资源，宣传公益慈善理念、推动社区公益发展，把对边缘、弱势群体的社区支持作为工作中不可或缺的一项内容；积极推动社区文化、精神生活的自我生产和供给，支持社区文化、传统的自我传承与学习。

国家、上级党委政府支持服务型基层党组织建设，要重点考虑以下内容。一是为基层社区提供服务、加强服务型基层党组织建设提供财政支持保障，并以公共财政投入作为杠杆，在支持基层党组织服务能力建设的同时，激发社区自我发展、自我服务的能力与活力；二是要注重提供农村社区服务的岗位，支持更多优秀年轻人返乡为社区服务，并以此为基础，发掘、培育党在农村的后备党员人才队伍，建立一支人民支持、上级信任、结构合理、有效服务的党员队伍；三是要特别注重对党员和积极分子的技术、信息、市场能力建设，支持其能服务好；四是要积极加强党建工作队伍自身的能力建设，掌握社会工作方法与技术体系，建立能支持基层党组织服务能力成长的工作能力与工作模式；培育和发展专业农村社会工作者并以购买服务的方式支持其参与扶贫工作，并建立与基层党组织、村民自治组织及各类农村合作组织协同工作的能力。

结合脱贫和乡村社区治理的基层党建，核心是加强服务型党的基层组织建设。但结合扶贫与农村发展的党的基层组织建设，在操作层面往往走偏成让党员先承担扶贫项目、让党员先富。基层党政甚至产生这样的认识：党员都不富，凭什么带头？这也是能人治村往往演变成强人治村背后的逻辑，党员不能致富，就用"能人干部化，干部党员化"作为逻辑前提下推产业扶贫。党员先富、党员带头致富的背后，意味着扶贫资源、扶贫项目优先向党员干部倾斜，发展机会优先为党员干部所获得，往往带来党建工作所不愿看到的后果，即党员发展在先、党员致富在先，党员机会优先，最终会带来群众特别是贫困群众对基层党员的负面认识，从而影响党在农村的执政根基。

中国共产党的宗旨是全心全意为人民服务，党员的基本要求是吃苦在前、享乐在后，党员的良好修养是看到利益要让，看到危险要上。党员"带头先致富"背后，是党员优先获得扶贫项目及发展机会，在扶贫资源和分配过程中占据有利位置，在一定程度上容易形成新的利益群体，与普通群体之间形成利益对立，可能背离了党组织的发展方向。所以，建设服务型基层党组织，培养能服务、愿服务、服好务的基层党员，支持基层党支部在农村社会公平、公共事务管理、生产、技术、信息服务、社区服务与社区照顾等领域的能力成长，是解决前述问题的关键。建设服务型基层党组织，正是要基层党员、基层支部通过服务凝聚人、团结人、影响人，从而更加扎实地巩固党在农村的执政基础。

以党建促脱贫要以社会建设同步进行（专业化、组织路径）。提升党建扶贫工作队的专业性：（1）加强党建扶贫工作人员的农村工作专业能力培训。（2）引进社会工作等专业方法和工具。（3）与其他社会力量尤其是专业力量合作，共同推进农村扶贫工作。

农村扶贫工作既有很强的综合性，也有很强的专业性，需要参与这项工作的干部具备多方面的专业能力才能胜任，就目前来看，在这一方面的培训的内容和方法都还严重不足。同时，党建扶贫还应秉持开放性的态度，向其他组织及社会力量开放，在多种力量的共同作用下推动农村扶贫工作。

参考文献

[1]〔美〕詹姆斯·C. 斯科特：《国家的视角》，王晓毅译，社会科学文献出版社，2012。

［2］〔美〕阿图罗·埃斯科瓦尔：《遭遇发展——第三世界的形成与发展》，社会科学文献出版社，2011。

［3］黄承伟：《论习近平新时代中国特色社会主义扶贫思想》，《南京农业大学学报》（社会科学版）2018年第3期。

［4］孙兆霞：《以党建促脱贫：一项政治社会学视角的中国减贫经验研究》，《中国农业大学学报》（社会科学版）2017年第5期。

［5］黄承伟等：《脱贫攻坚省级样本》，社会科学文献出版社，2016。

［6］孙兆霞、张建、曾芸、王春光等：《贵州党建扶贫30年：基于X县的调查研究》，社会科学文献出版社，2016。

［7］孙兆霞、张建、毛刚强等：《贵州党建扶贫的源起演进与历史贡献》，《贵州社会科学》2016年第2期。

［8］冯仕政、朱展仪：《政治社会学研究评述——以国家治理为中心》，《中国社会科学院社会学研究所》《中国社会学年鉴2011～2014》，中国社会科学出版社，2016。

［9］黄承伟、苏海、向德平：《沟通理性与贫困农村参与式扶贫的完善路径》，《中共福建省委党校学报》2015年第3期。

［10］曾芸：《当"社区参与"遭遇行政路径依赖》，《南京农业大学学报》2014年第3期。

［11］王春光、孙兆霞、曾芸等：《社会建设与扶贫开发新模式的探索》，社会科学文献出版社，2014。

［12］陆学艺：《当代中国社会建设》，社会科学文献出版社，2013。

［13］徐勇：《中国民主之路：从形式到实体》，《开放时代》2000年第11期。

［14］黄钧儒等：《精神资源与脱贫攻坚——贵州省罗甸县大关村调查》，《求是》1988年第14期。

第十章

构建多元化立体式的扶贫体系：
社会扶贫及其可持续性专题

在精准扶贫战略的落实中，贫困地区地方政府毫无疑问地负有主体责任，但是仅仅由地方政府主导、自上而下推行的扶贫体系是不能满足现实需求的，需要构建多元主体、多层次、立体式的扶贫网络。正如党的十九大报告中指出的："要动员全党全国全社会力量，坚持精准扶贫、精准脱贫，坚持中央统筹省负总责市县抓落实的工作机制，强化党政一把手负总责的责任制，坚持大扶贫格局，注重扶贫同扶志、扶智相结合，深入实施东西部扶贫协作，重点攻克深度贫困地区脱贫任务，确保到 2020 年我国现行标准下农村贫困人口实现脱贫，贫困县全部摘帽，解决区域性整体贫困，做到脱真贫、真脱贫。"随着扶贫开发的深入推进，在坚持政府主导的前提下，增强社会合力，广泛动员全社会力量参与扶贫开发，构建大扶贫格局正在逐步形成。多元社会力量的参与有助于弥补政府单一主体扶贫的局限，构建多元扶贫主体协同治理的新格局，从而将贫困治理引向深入。本章将集中讨论贵州省内社会力量参与扶贫的经验、面临的困境并从试图可持续性角度提供解决困境的可能性。

一　社会扶贫政策梳理及界定

早在 2010 年，国务院扶贫开发领导小组下发《关于加强扶贫开发"整村推进"工作的意见》文件，提倡引导和支持非公有制经济、非政府组织等社会各界参与扶贫帮困，引导信贷资金和社会资金投入贫困村建设。2013 年，中共中央办公厅和国务院办公厅印发《关于创新机制扎实推进农村扶贫开发工作的意见》（中办发〔2013〕25 号）中提到创新社会参与机制，建立和完善广泛动员社会各方面力量参与扶贫开发制度。充分发挥定点扶贫、东西部扶贫协作在社会扶贫中的引领作用；支持各民主党派中央、全国工商联和无党派人士参与扶贫开发工作，鼓励引导各类企业、社会组织和个人以多种形式参与扶贫开发；建立信息交流共享平台，形成有效协调协作和监管机制；全面落实企业扶贫捐赠税前扣除、各类市场主体到贫困地区投资兴业等相关支持政策；支持军队和武警部队积极参与地方扶贫开发，实现军地优势互补；每5年以国务院扶贫开发领导小组名义进行一次社会扶贫表彰；加强扶贫领域国际交流合作等。2014年，国务院印发《关于进一步动员社会各方面力量参与扶贫开发的意见》（国办发〔2014〕58号）中，号召各级党政机关、军队和武警部队、国有企事业单位等率先开展定点扶贫，东部发达地区与西部贫困地区结对扶贫协作，对推动社会扶贫发挥了重要引领作用；号召民营企业、社会组织和个人通过多种方式积极参与扶贫开发，社会扶贫日益显示出巨大发展潜力。此外，国务院在旅游扶贫、农村金融等相关领域出台的文件中也强调了社会力量的参与，虽然在大部分文件和政策中将其视为政府行政力量的补充，但给了社会力量参与农村扶贫一定的空间。

值得提到的是，2012年，国务院特别发布了《国务院关于进一步促进贵州经济社会又好又快发展的若干意见》（国发〔2012〕2号），提到推进对口支援政策，并且引导社会各界参与扶贫事业，鼓励社会帮扶、慈善捐助等，形成专项扶贫、行业扶贫和社会扶贫新格局，体现了国家层面对贵州扶贫攻坚的支持和重视。对于贵州省来说，除了贯彻落实转发国家层面的文件内容和精神之外，省里也出台了一系列文件贯彻落实国务院在农村扶贫开发领域引入社会力量的精神。2012年，在《中共贵州省委、贵州省人民政府关于贯彻落实〈中国农村扶贫开发纲要（2011～2020年）〉的实施意见》（黔党发〔2012〕3号）中，将社会扶贫列入与专项扶贫、行业扶贫并列的"三位一体"国家扶贫战略中的一项，从实现定点扶贫全覆盖、扩大对口帮扶范围、提升社会帮扶水平和拓宽减贫国际交流合作领域四方面来探索实现加强社会扶贫和交流合作。在2014年贵州省扶贫开发办公室《关于印发〈2014年全省扶贫开发工作要点〉的通知》（黔扶通〔2014〕35号）中，社会扶贫占有一席之地，其中提到"大力推进社会扶贫"，具体工作包括：积极推进对口帮扶工作、积极开展定点扶贫工作、集团帮扶、积极推动重大事项帮扶等。2015年10月18日，全省扶贫开发大会下发了《关于坚决打赢扶贫攻坚战确保同步全面建成小康社会的决定》及 10 个配套文件，鲜明地提出了全省精准扶贫的奋斗目标、着力重点和具体措施，其中包含《关于进一步动员社会力量对贫困村实行包干扶贫的实施方案》强调加快形成专项扶贫、行业扶贫、社会扶贫有机结合、互为支撑的"三位一体"大扶贫格局，聚合各类资源实现与全省 9000 个贫困村"一对一"帮扶全覆盖；用好对口帮扶力量，完善联络协调机制；用好各类企业力量，深入开展国有企业"百企帮百村"活动；鼓励有条件的企业设立扶贫公益基金和开展扶贫公益信托；鼓励支持各类企业、社会组织、个人参与扶贫开发，对动员社会力量提出了具体化、可操作的方案。2016 年 9 月 30 日在贵州省第十二届人民代表大会常务委员会第二十四次会议通过的《贵州省大扶贫条例》是指导贵州省下一阶段扶贫攻坚的核心文件，其中专门有一章论述社会参与，不仅将社会力量界定宽泛，还对社会力量参与扶贫的支持机制做了明确规定，比如建立健全各级人民政府面向市场购买服务机制；建立协调平台和联络机制；对于符合具体规定的个人和企业、社会组织给予税收减免、资金补助、贴息贷款等优惠政策等，可见对社会力量参与扶贫重视程度较高。

对于"社会扶贫"的范围界定，在中央和地方相关政策中，动员和鼓励参与扶贫的社会力量是一个没有明确界定边界的概念，而且随着时间推移，其内涵和所指也在发生变化。具体到贵州的情况来看，2012 年出台的《中共贵州省委、贵州省人民政府关于贯彻落实〈中国农村扶贫开发纲要（2011～2020 年）〉的实施意见》中，对社会扶贫的主要界定为中直机关和央企定点扶贫，省内发达地区县区市结对帮扶发展相对滞后地区贫困县，省内机关、人民团体、事业单位以及大型国企、院校、军队和武警部队的定点扶贫，东部发达城市对本省的对口帮扶，并对以上四类作了重点部署，只是提到非公有制企业、社会组织也承担帮扶任务，但没有具体的措施和部署。2014 年，在《关于印发〈2014 年全省扶贫开发工作要点〉的通知》中将社会扶贫具体化为对口帮扶工作、积极开展定点扶贫工作、集团帮扶、积极推动重大事项帮扶四方面的内容，依然以行政系统内部力量为主，对行政系统外部的企业和社会组织力量并未涉及。2015 年下发的《关于坚决打赢扶贫攻坚战确保同步全面建成小康社会的决定》及配套文

件《关于进一步动员社会力量对贫困村实行包干扶贫的实施方案》中将社
会力量明确为对口帮扶力量、各类企业力量、社会组织和个人力量等。
2015 年 10 月 18 日，全省扶贫开发大会下发的《关于坚决打赢扶贫攻坚战
确保同步全面建成小康社会的决定》及十个配套文件中，包含《关于进一
步动员社会力量对贫困村实行包干扶贫的实施方案》，强调加快形成专项
扶贫、行业扶贫、社会扶贫有机结合、互为支撑的"三位一体"大扶贫格
局，聚合各类资源实现与全省 9000 个贫困村"一对一"帮扶全覆盖；用
好对口帮扶力量，完善联络协调机制；用好各类企业力量，深入开展国有
企业"百企帮百村"活动；鼓励有条件的企业设立扶贫公益基金和开展扶
贫公益信托；鼓励支持各类企业、社会组织、个人参与扶贫开发。2016 年
出台的《贵州省大扶贫条例》（以下简称《条例》）中，将中央国家机关、
各民主党派中央、全国工商联、中央大型国有企业、对口帮扶城市、民主
党派、工商联和工会、共青团、妇联等人民团体、群众团体和其他社会组
织、公民、法人和其他组织、大中专院校、科研院所、医疗机构等认定为
可以动员鼓励参与扶贫的社会力量，与国务院相关文件中的认定类似，对
社会扶贫的定义较为宽泛，并且对于不同类型的社会力量界定了不同的贡
献。鼓励企业和有条件的个人到贫困地区投资兴业、培训技能、吸纳就
业、捐资助贫，通过订单采购农产品、共建生产基地、联办农民专业合作
经济组织、投资入股、科技承包和技术推广等方式参与扶贫开发活动，将
其参与扶贫的角色定位于直接参与生产和生产模式、技术推广领域。对于
社会组织，《条例》着重鼓励引导其捐款捐物，开展助教、助医、助学、
助残等扶贫公益活动，组建扶贫志愿者队伍，将其参与扶贫的领域定位于
公益方面，起到补充作用。对于对口帮扶城市，《条例》着重将其作用放
在产业合作、人才交流、劳务协作、园区共建、教育卫生、文化旅游、新
农村建设等领域的交流合作，突出交流合作功能。对于中央机关单位的期
待主要在于促进定点扶贫资源和地方资源相结合，形成扶贫合力，突出资
源和政策支持的作用。除此之外，还有对于其他机关单位如大中专院校、
科研院所、医疗机构，突出它们的智力优势，为贫困地区培养人才。除此
之外，《条例》还对社会力量参与扶贫的支持机制做了明确规定，比如建

立健全各级人民政府面向市场购买服务机制；建立协调平台和联络机制；对于符合具体规定的个人和企业、社会组织给予税收减免、资金补助、贴息贷款等优惠政策等。

可见，"社会扶贫"中强调的"社会"并不能按照"政府、市场、社会"格局中的社会概念进行理解，而是被认定为除当地党政系统以外的所有扶贫力量。随着时间推移，这一概念在贵州省的扶贫实践中发生着变化，以往主要依靠行政力量的定点帮扶和对口帮扶，近年来企业扶贫和社会组织扶贫也在社会扶贫中占据了重要的地位，比如2015年中共贵州省委统战部和贵州省工商业联合会联合发起的贵州民营企业"千企帮千村"精准扶贫行动之后企业扶贫发展迅猛，得到广泛关注。若将上述各种社会扶贫方式进行归类总结，可以分为企业（包括国有企业和私营企业）、社会组织、中直机关定点帮扶和对口支援这几大类。

总的来说，贵州省在多个文件中对社会力量参与扶贫的界定、职能和支持机制等规定得比较全面，具体细则也在逐年完善和发展，贯彻落实了中央对社会扶贫的要求，已经逐渐构建起企业扶贫、社会组织扶贫、中直机关定点扶贫和东西扶贫协作的"四位一体"立体式的社会扶贫格局。那么，在这种格局的设置中，各参与主体的动力机制是什么？实践中是否遇到困境？社会效果如何？现有的社会扶贫实践是否可持续？社会扶贫本身是解决农村贫困问题还是会进一步强化不平等？接下来，我们将逐一分析这几种扶贫模式的动力机制、实践模式、社会效果和可持续性，并对其面临的困境和进一步发展进行说明。

二 社会扶贫的模式及其可持续性

社会力量参与扶贫主要包括企业扶贫、社会组织扶贫、中央直属机关定点帮扶和对口帮扶几种。由于篇幅有限，本文将属于行政系统之内的后两种合并成一部分，对企业扶贫、社会组织扶贫和行政系统内部帮扶三类分别分析。这三类分别代表市场、社会和政府（政府间合作）三种扶贫类型。在福利多元主义模式中，政府、市场与社会三者承担角色不同，背后所代表的价值观也不同：政府行为追求"公平"，市场逻辑追求"效率"，而社会逻辑追求的是"团结"。接下来，我们将分析当这三种力量分别进行反贫困实践的模式，它们的动力机制、扶贫实践过程和社会效果，可持续性如何，是否遵循各自的价值理念，以及它们与当地政府和地方社会分别发生了什么样的关系及其产生的后果。

对于可持续性的理解，本章中将延续全书的分析框架，将可持续性分为五个方面。（1）政策和体制的可持续性，即这种模式的稳定性，是否能够连续，是否遭遇制度障碍或政策不持续的困境。（2）主体能力可持续性，即反贫困各个主体的个体能力、群体能力、支持体系能力的可持续性，是否有与能力投资相关的举措。（3）社会团结可持续性，包含两方面的含义，其一是政府与农民即官民之间的关系，是否会对官民之间的团结造成影响；其二是村庄社会内部团结，受益者是否仅为部分群众，是否强调不同群体的参与和受益。（4）社会公正可持续性，即受益者的受益依据是否公正，反贫困过程中是否保持社会公正，是否以破坏社会公正为代价促成地区发展。（5）自然环境可持续性，即一些社会扶贫政策是否会对自然环境造成影响，这部分内容在生态环境可持续章节中重点涉及，因此在此将不讨论这一方面的内容。我们将在接下来的章节中以具体案例为切入点，分析在企业、社会组织和行政系统扶贫这三种类型的具体做法、效果及可持续性。

（一）企业扶贫："企业包县"的扶贫模式

企业作为市场主体，其行为多以营利为目的，在盈利过程中向市场提供其所需的服务或产品，实现资源优化配置。以往对企业参与扶贫研究的着眼点主要在于企业履行社会责任，对社会的义务和回馈。事实上，企业作为市场主体，参与农村扶贫的过程中除了履行企业社会责任之外，还与农村产业发展紧密相关。那么，企业作为市场主体，将会在扶贫中起到什么作用呢？

在扶贫中引入市场机制面临着两方的争论。一方从发展角度出发，认为市场机制能够赋予村庄发展理念和机会，是解决贫困问题的根本力量；

另一方从社会公正角度出发，认为市场机制本身所蕴含的资本的力量本身与扶贫理念之间存在内在张力，市场机制可能给扶贫带来更大的不平等。而企业作为市场主体，其行为模式遵循市场原则，那么，企业扶贫所遵循的市场原则能够赋予村庄发展理念和机会，还是加剧社会不公正？我们将从农村发展和社会公平视角出发，对贵州省"企业包县"扶贫模式的几个典型案例进行分析。特别需要提出的是，以往研究多集中于与农业相关的企业介入农村扶贫中，作为龙头企业带动村庄发展的案例。在本书中，这部分内容大多在"产业扶贫"章节中呈现，本章对此将不再赘述。本章对"企业包县"的研究集中讨论与农业产业无关的企业介入扶贫的成效及其对贫困地区的影响，这种情况在贵州省越来越多。

2015年5月，中共贵州省委办公厅和贵州省人民政府办公厅联合发布《关于动员国有企业结对帮扶贫困县推进整县脱贫的指导意见》，动员12家大型国有企业对口帮扶12个极贫县；同年12月，中共贵州省委统战部和贵州省工商业联合会联合发布《贵州民营企业"千企帮千村"精准扶贫行动实施方案》，动员省内民营企业结对贫困村进行重点帮扶，在政策倡导层面上动员了各类型企业。此外，随着精准扶贫战略的不断深入，企业扶贫也在不断拓展思路，贵州作为扶贫攻坚的主战场也得到全国各地大企业的关注，民营企业包县扶贫以A集团、B集团为代表，以"企业包县"的方式分别对两个县进行全方位的帮扶；国有企业包县则重点由省内12家实力较强的国有企业"一对一"结对帮扶12个扶贫开发任务重的贫困县。由于篇幅有限不能一一详尽介绍，接下来我们将以A集团、B集团这两个民营集团和国企C公司对D、E、F三个县的帮扶为代表介绍"企业包县"的模式在不同地区实践的经验模式和存在问题。

1. A集团致力于发挥地方优势的旅游扶贫和教育扶贫

2014年12月1日，A集团和国务院扶贫办、贵州省扶贫办与贵州省D县签订扶贫协议，开创了民营企业帮扶贫困县的先河。国务院扶贫办主任刘永富将其称为"中国扶贫模式的创新之举"。A集团负责人强调，这种"企业包县，整体脱贫"的帮扶模式，既不是简单捐款，也不是单纯投资建厂，而是注重长期与短期结合、产业与教育结合、提高人均收入与整体脱贫相结合。① 根据 2014 年 12 月双方签订的帮扶协议，5 年内，A 集团将在 D 县投资 10 亿元，通过发展职业教育、投资黑毛猪养殖产业并建立产销链、解决群众就业等方式，帮助 D 县实现整体脱贫。2016 年方案有所调整，双方签订了《A 集团帮扶 D 县旅游小镇项目投资框架协议》，根据新协议，A 集团将帮扶项目最终调整为职业学院、风情小镇和扶贫专项基金这三个扶贫项目，扶贫资金也增加到 14 亿元。

（1）职业学院带动的教育扶贫和就业促进

A 集团将在 D 县投资 3 亿元，捐建一座总建筑面积 5 万平方米、可容纳 2000 名学生的职业技术学院。2017 年 6 月学院建成后，主要招收本地学生，每年择优录取 50% 的毕业生到 A 集团就业。截至 2017 年 7 月，职业技术学院尚未建成招生。

（2）风情小镇带动的旅游扶贫

在 D 县风景秀美的东湖岸边，打造一座占地 400 亩、具有浓郁苗族风情的旅游小镇，这是新协议新增的帮扶项目，配套建设三星级酒店、多厅电影院、儿童娱乐设施等。风情旅游小镇于 2017 年 7 月 3 日开业，一个月内游客已经达到 20 万人。旅游小镇由 A 集团捐建，产权和收益属于政府，A 集团负责运营，他们最初承诺运营三年，利用 A 集团的销售渠道和影响力带动 D 县旅游业发展之后再移交给政府，后来 A 集团负责人在小镇开业时表态说，只要 D 县需要，他会一直经营下去，直到政府愿意接手。

旅游小镇主要从三个方面起到扶贫的作用，第一方面是直接就业，在小镇上各个商铺、公司，还有从事保洁、保安等，截至 2017 年 7 月底，一共带动就业 1247 人，其中包含贫困人口 140 多人，占全部就业人口的 11% 左右；第二方面是产业带动，在旅游小镇上有一个农特产品展示馆，和 28 家合作社还有企业合作，产品在那里展示销售，专门承载农产品展示馆的功能，还有销售民间手工业和农产品的店面，通过"小镇＋合作社＋商铺＋农户"的形式来提高农户的收入；第三方面是宣传带动，外界通过

---

① 蔡如鹏：《一波三折的首富扶贫》，《中国新闻周刊》2016 年 11 月 24 日总第 782 期。

A 集团帮扶 D 县建立旅游小镇这件事更加了解 D 县，本地的生态条件等自身的优势得到了宣传，引起更多的企业愿意来 D 县投资。

（3）扶贫专项基金实现短期脱贫目标

A 集团还将用 5 亿元成立专项扶贫基金，基金由 A 集团投资公司进行理财，每年保底 5000 万元收益，无偿分配给产业扶贫无法惠及的 1 万名孤、残、重病等特殊贫困人群。这种被称为"撒钱"的方式受到当地人的欢迎，但对能力提升是否有所促进还需要继续观察。

2. B 集团的立体式帮扶和高质量人才投入

A 集团对 D 县的扶贫模式激发的正能量，正迅速蔓延全省乃至全国，2015 年，在全国政协牵线搭桥下，B 集团正式帮扶 E 县，以期帮助该县实现整县脱贫。B 集团计划三年内投入扶贫资金 30 亿元，通过产业扶贫、易地搬迁扶贫、吸纳就业扶贫、发展教育扶贫、贫困家庭创业扶贫和特困群体生活保障扶贫等一揽子综合措施，到 2018 年底实现 E 县贫困人口全部稳定脱贫。截至 2016 年 9 月，B 集团在 E 县已全面开工建设 40 个重点项目——1 处民族风情古镇、1 所完全中学、1 所现代职业技术学院、1 所慈善医院、1 所敬老院、1 所儿童福利院、10 处新农村、11 所小学、13 所幼儿园——都已开工建设，进展程度不一。在产业扶贫方面，已全面开工建设首批捐建的 200 个农牧业产业化基地——蔬菜产业基地、肉牛产业基地、中药材产业基地、经果林产业基地等，目前已建设产业基地 166 个。已投入 6.3 亿元捐赠设立四个基金——产业扶贫专项贷款担保基金、教育奖励基金、贫困家庭创业基金和慈善基金。在吸纳就业培训方面，已完成 14 期 9000 人的吸纳就业培训，输出就业 7479 人；已完成 15000 人农民实用技能培训。还专门针对特困群体基于生活保障扶贫，为 14140 名特困群体每人购买一份固定收益的商业保险，使其达到 E 县脱贫标准；组织全集团员工"一助一"结对帮扶 E 县农村贫困家庭全部留守儿童、困境儿童和孤儿 4993 人，目前已完成"一助一"结对，帮扶工作进入常态化。

不少学者对这种"企业包县"的扶贫新模式也寄予厚望，许多知名学者和扶贫战线的干部对这种模式多有称赞，认为这种"企业包县"的模式将着眼于提高贫困地区人口的就业能力和就业机会,同时又为当地产品进入国内国际市场创造条件,可全方位改变贫困地区的面貌,提升贫困地区的教育、产业、人才水平。① 的确,A集团和B集团"企业包县"模式的特点在于,一方面,可以利用企业在市场机制方面的优势,推动扶贫县产业的发展,对贫困地区产业发展进行全面设计,对贫困地区产业发展能力——包括教育、人才培养等——进行全面开发;另一方面,对贫困地区进行立体式的帮扶模式,从修建高山冷凉蔬菜标准化基地到引进澳大利亚优质安格斯肉牛,从建造搬迁安置房到吸纳就业,从设立扶贫贷款担保基金到援建敬老院、幼儿园等,可以说是全方位的帮扶。

3. C公司对F县的帮扶案例

C公司作为第一批12家大型国有企业对口帮扶12个极贫县中的一个,在黔西南州晴隆县召开的国有企业帮扶贫困县的现场会上被确定对口帮扶F县,每一年投入1000万元。与民营企业不同,国有企业除了遵循市场机制之外,还注重政治责任和社会责任。因此在对F县的帮扶过程中,他们认识到自己的短板,"我们面临最主要的问题就是我们做市场发展建设可以,但是对于这件事情我们不擅长,社会型的脱贫攻坚的工作不擅长"。② 他们借助众筹理念,与专家团队和社会组织合作,在F县开展脱贫帮扶。

(1)"智力众筹"工作机制

为了弥补自己在脱贫工作方面的短板,C公司找到了贵州民族大学的专家研究团队和贵阳市某社会组织,C公司、F县县政府、贵州民族大学共同签订了《F县结对帮扶工作合作框架协议》,并邀请贵州民族大学社会建设与反贫困研究院专家团队对F县脱贫情况进行调研,希望得到理论思想和实践方法等方面的支持。之所以找到贵州民族大学和社会组织,是因为企业对社会扶贫不在行,"产业专家只能够解决某个点上的问题,而不能够解决县域面的问题。当时我们也有野心,既然我们公司要转型、创

---

① 蔡如鹏:《一波三折的首富扶贫》,《中国新闻周刊》2016年11月24日总第782期。
② 引自2017年9月18日课题组对C公司总经理和主任的访谈。

新，何不在这上面也有所创新呢？既然都要找专家，我们就找能够治本的专家……能够有一个宽松的政治环境，能够支持、推动、包容这样的探索，对四方（老百姓、企业、社会团队、党委政府）都有好处"。① 专家团队介入之后，在5月至7月这两个月的时间先与企业负责人和F县领导谈思路，最终在8月，公司领导、专家团队、F县县政府组织召开了启动会，明确了这样的帮扶模式。之后专家团队带领C公司派遣的一部分员工一起，对F县开展基线调查，并根据调研情况和工作实际认真制定C公司2016年帮扶F县规划，科学推进C公司结对帮扶F县帮扶项目各项工作。

（2）通过产业项目恢复农村的内生动力社会机能

经过基线调查和对核心问题的分析，专家团队总结出F县农村普遍存在的五个能力差，即"接触市场的能力差、掌控信息的能力差、自我管理和自我服务的能力差、诚信监督能力差、组织机制运营能力差"②，并且找到导致这五个能力差的根本原因——内生动力不足。

针对内生动力不足的问题，企业和专家团队决定在当地党委政府的领导下，引入社会组织来开展项目，唤醒帮扶对象的能动力。社会组织经过深入摸底，发现村庄中青年劳动力不足，大多是老年人和妇女儿童，因此引导村"两委"和村民代表协商，最终确定将生态养鸡定为本村的主打产业。"我们和农民沟通形成的共识是，养猪和养鸡风险比较大，但是这两种肉是最普通的肉类，是市民吃得最多的，反而也是最安全的。市场上不缺猪肉和鸡肉，缺的是让人信赖的、健康的、安全的肉"。③ 因此，在社会组织的帮助下，村民组建了自己的养鸡合作社，合作社制定了很多规章制度，比如每户养殖不多于100只，用放养的方式，不用抗生素和激素，既节省劳动力又生态健康；鸡苗要社员代表共同考察鸡苗孵化场之后确定；鸡苗款由C公司提供，一共20万元，但是社员赚到钱之后要把鸡苗款还

---

① 引自2017年9月18日课题组对C公司总经理和主任的访谈。
② 引自2017年9月18日课题组对C公司总经理和主任的访谈。
③ 引自2017年7月31日对贵阳市某社会组织负责人的访谈。

给合作社，作为合作社共同发展基金；如果谁家鸡生病了可以喂药，但是喂药之后下半个月之内下的鸡蛋不能和其他人的"生态鸡蛋"一起卖，只能自己当作普通鸡蛋卖掉，他们还给村民划成几片，如果发现喂药的鸡蛋当作生态鸡蛋交上来，整个小片的鸡蛋都受影响，这就让村民之间形成了相互监督机制。"我们相信农民更为理性，在经济利益上他们是理性的。因为他们看不到长远的利益，才会短视，如果能让他们看到长远的、共同的利益，他们是可以放弃短期利益的。所以他们的组织很关键，他们自己的组织可以做信息传播，带来信任。如果能看到市场机制，他们做健康农产品是没有问题的"。①

生态养鸡合作社不但能帮助农民在投入劳动力不足的情况下脱贫致富，还让农民主动参与到项目规划和选择、鸡苗采购中来，打通村民参与的渠道，给村民参与的机会，尤其是让村民自主制定规则，形成相互帮助和监督的机制和氛围，并且用企业资助的资金撬动村庄产业发展之后，这笔资金滚动成为村庄发展基金，推动村庄团结的重建。同时，社会组织通过专业手段帮助和引导村民提升参与的能力，赋权与赋能同时进行，帮助贫困群体提升能动性。

（3）扶贫与自身企业特色结合

在扶贫过程中，C公司逐渐意识到，农村扶贫与公共服务建设与自身业务特点可以有所结合。C公司的主业是通信业务，2015年、2016年共在F县投资7938万元，新增4G基站346个，传输光缆481公里、家庭宽带覆盖用户6543户、专线4条，有线宽带端口6000个。完成县电商中心互联网专线建设，93个行政村实现4G无线宽带覆盖或光纤有线宽带覆盖，为26所中小学提供覆盖25家出版社小、中、高全学科的电子化教育资源公共服务平台接入，完成35所留守儿童关爱室建设，为15个乡镇（街道）187个村（组）、28000名村民提供了十户联防服务。"政策不是有大量的扶贫资金，效率很差，通过企业做服务做好服务，农民享受服务再说党委政府好，党委政府坚定了这种方式可行就愿意投入企业，那么循环就

---

① 引自2017年7月31日对贵阳市某社会组织负责人的访谈。

做起来了。在这样的逻辑发展下农村也发展了，我们转型也成功了，在一个层面上那就成功了。这是我们的思考，不是说我们就是纯粹的慈善家"。①

4. 存在问题

企业扶贫作为多元社会主体参与扶贫攻坚的重要组成部分，为扶贫攻坚带来新鲜思路的同时，也存在一些困境。

（1）资源配置可持续性问题

作为出现时间不久的新生事物，企业扶贫尚处在百花齐放阶段，并没有定势可循，这就引发了资源配置可持续性的问题。作为央企，C 公司虽然积极响应贵州省的扶贫号召帮扶一个县，但是大额支出需要通过总部和国资委，但国资委并没有在扶贫方面形成一套固定的模式。"我们的项目是总部知道我们的情况之后，是把其他省的明星捐赠全部挤压之后给我们的。这就是临时性的并不是制度性的安排，总部都不知道省委、省政府对我们有这样的要求，大额资金的支出权在总部都没有，这要通过国资委……扶贫这事从国资委层面到我们集团在 2015 年乃至 2016 年都没有形成一个完整的体系去支撑我们的工作……今年能做完，明年钱怎么来？还得重新想办法"。② 这种困境直接制约了 C 公司对 F 县帮扶的计划设置，可持续性受到制约。

这种可持续性问题不仅存在于资金领域，在人才投入领域同样存在。B 集团对 E 县的帮扶工作坚持走立体式的帮扶模式，但这种帮扶方式并非企业所长。据报道，B 集团有一个专职扶贫团队常驻 E 县，由集团副总裁亲自带队，这个队伍从 2015 年的 200 多人增加到 2000 多人。团队的成员都是 B 集团从各地调来的正式员工，很多都是名校毕业。在帮扶前期，这个团队走村串户，对 E 县 5 万多家贫困户逐一摸底，建立起一套包括年龄结构、家庭状况、从业情况、致贫原因等信息在内的数据库。③ 这种扎实

① 引自 2017 年 9 月 18 日课题组对 C 公司总经理和主任的访谈。

② 引自 2017 年 9 月 18 日课题组对 C 公司总经理和主任的访谈。

③ 蔡如鹏：《一波三折的首富扶贫》，《中国新闻周刊》2016 年 11 月 24 日总第 782 期。

的走访得到了地方政府和村民的欢迎，但是投入巨大却并非一般的企业和地方政府能承受得起，高质量人力资源投入的可持续性和企业投入的动力也值得继续观察。

（2）在扶贫中没有充分发挥企业自身优势

企业扶贫是企业社会责任的表现，也是企业与党中央保持一致、多方面投入全面建设小康社会中来的实践。但从目前情况来看，部分企业将扶贫看作需要完成的"政治任务"，缺乏从企业自身优势出发与村庄扶贫对接，一方面，不能利用企业在市场中的经验切实帮助贫困农户致富；另一方面，扶贫工作对企业发展没有促进作用，在"扶贫工作"和"企业自身发展"之间并未形成良性循环。从长远来看，仅靠企业单方面对贫困地区的帮扶是不够的，如果扶贫原则有损于企业追求的"效率"原则，则会损害企业参与扶贫工作的积极性，对企业和贫困地区都不利，也不利于整个社会长远发展。

（3）地方政府的行政管理模式与社会扶贫模式的冲突损害资源配置效率

企业遵循的社会扶贫模式与地方政府的行政管理模式之间存在不一致。C公司与社会组织联合的扶贫实践希望建立一种从重建社会机能和提升贫困者内生动力入手的扶贫模式，这种模式是柔性的、根本的改变，但所需时间也许很长。而基层政府首要任务是保证 2020 年全面脱贫，"他们认为速度太慢，他们（希望）用数字来解决他们的问题……想一锄挖到一个金娃娃的思想"。[①]

两种管理模式的冲突带来了资源使用和配置效率的障碍。作为国企，C公司的帮扶资金 640 万元通过持量总汇的方式投入县财政，按照县财政资金的标准体系来使用。根据企业反映，地方政府具有强烈的"不承担风险的潜意识"，由于担心资金使用中会引起农民内部的不平衡，宁可选择不使用这笔资金，造成企业的帮扶资金在政府的使用上很困难。而且，企业使用资金的方式也未必符合财政资金使用的规定。例如，如果坚持农户自主解决问题方式来提高贫困户的能动性的话，就要发动农民自己先投工投劳并垫资修建机耕道。但是财政资金使用规定要求所有基建项目必须投

---

① 引自 2017 年 9 月 18 日课题组对 C 公司总经理和主任的访谈。

标，不能由农户自己完成，也不能垫资。因此强调"社会性"的社会扶贫受限于行政管理模式，引发资源配置效率问题。

（4）各扶贫主体责任不明晰

在 A 集团帮扶 D 县的案例中，最开始帮扶策略并不明晰。最初阶段，各个参与主体——包括企业、当地政府和农民——对于"企业包县"的模式都不太清楚，对企业能做什么、应该做什么没有充分地估计和计划，当地政府和农民存在过高期待，而企业也出现了扶贫计划修正、反复等情况。企业和农民之间由于企业扶贫策略调整而产生的收购矛盾却由地方政府来兜底，由此也让地方政府和企业之间产生了一定的矛盾。其问题的根源在于，在"企业包县"扶贫模式中，政府、农民和企业三者的责任、权利和边界不清晰，因此产业规划失败的责任到底该由谁来承担就成为三方的矛盾所在。

（5）在促进贫困农户能力提升方面有待提高

虽然在部分案例中，企业扶贫注重提升贫困农户能力、扶贫同扶志和扶智相结合，但依然存在完成短期扶贫任务为重、忽略"造血"功能的现象。例如 A 集团对 D 县的帮扶策略：旅游扶贫、职业学校和基金扶贫，则与其强调的"造血"功能并不完全相符；而基金扶贫虽然符合八个一批中的"资产收益扶贫"，但是对贫困户脱贫能力可持续提升并无太大帮助。

5. 企业扶贫可持续性小结

企业作为市场主体，在扶贫攻坚的战略体系中进入农村，探索出不同的帮扶模式，成为促进农村发展的力量，也成为改变农村社会结构和社会关系的力量之一。资力雄厚的企业如 A 集团和 B 集团在市场中占据优势，配置资源方面比政府更有效率，在做整县规划帮扶方面有着天然的优势，这种"企业包县"的模式则由于大企业的影响力而在全国引起了广泛关注。而 C 公司对 F 县的帮扶带来了一种新的模式："企业＋政府＋专家"的"智力众筹"模式。两种模式的优势都很明显，前者若能做到各个主体责任明确，发展方式明确，以提升贫困户能力的"造血"方式进行扶贫，并且持续投入高质量的人力资源到贫困地区，那么无疑这种模式将会非常成功。后者克服了产业扶贫给村庄带来的不平等加剧等情况，用激发贫困者内生动力和重建村庄社会团结的方式促进产业发展，打通了两者之间的张力，在社会团结、主体能力和社会公正方面的可持续性很强。同时，企业扶贫也遭遇到一定困境，比如资金和人才投入和企业参与动力可持续性不足，企业优势难以得到充分发挥，扶贫主体责任和边界不明晰，企业帮扶、社会组织运作方式与地方政府扶贫实践逻辑存在张力，并未真正做到促进贫困农户能力提升等困境等。其根本原因是地方政府的扶贫能力、动力与企业行动逻辑之间存在冲突，企业难以发挥其自身优势，没有稳定的投入动力，因此需要进一步明确地方政府、企业、社会组织的职责与行为边界，建立党委领导、政府推动、企业积极参与、专家学者和社会组织出谋划策唤醒帮扶对象能动力的扶贫模式。

就可持续性来说，第一，以上三类企业扶贫的制度、政策可持续性都不够强。也就是说，企业参与扶贫攻坚并没有在制度方面形成稳定的支持体系，而是在目前这种运动式治理的方式下，以地方政府或企业领导人的政令为基础的临时性的帮扶。第二，在主体能力可持续方面，总体来说，企业的高新管理理念和高端人才的引入，对贫困地区的人力资本提升具有正向作用。唯一值得担忧的是，"企业扶贫过程中可以帮助贫困农户提高农业专业能力和应对市场能力"这一出发点是否真正得以落实，被扶贫攻坚政策强行卷入市场的农民如果没有被专业知识武装起来，很容易在市场中受到伤害。第三，在社会团结可持续方面，企业扶贫可能产生正向作用，也可能对社会团结形成破坏。也就是说，企业作为市场主体，其进入农村并非必然带来社会团结的破坏，而是可以探索形成一套维持甚至促进村庄社会机能整合的机制，而这套机制则是我们需要进一步总结和推广的。同时，如果忽略社会团结可持续的建设，企业贸然进入农村的扶贫方式可能对村庄产生无法修复的破坏作用。第四，在社会公正可持续方面，我们看到企业扶贫所秉承的效率原则并非必然带来社会公正的破坏。虽然可能产生破坏社会公正的情况，但是依然可以寻找出一条在扶贫过程中维持甚至促进社会公正的道路。

表 10 - 1　企业扶贫可持续性

	民营企业直接包县模式	企业与专家、社会组织合作模式
政策和体制可持续	稳定性不足，取决于企业负责人的想法，缺乏制度保障和稳定资金、人才投入模式	稳定性不足，取决于企业的年度任务，缺乏稳定合作模式
主体能力可持续	致力于提升贫困主体的发展能力，引入企业高端人才，提升贫困地区人力资本；但受制于短期任务，主体能力建设可能被遮蔽	智力众筹，引入专家团队，对贫困地区地方政府能力提升有促进作用；具体扶贫方式致力于提升贫困主体的发展能力
社会团结可持续	不必然促进社会团结，也不必然破坏社会团结，取决于企业扶贫方式的选择	致力于促进贫困村庄社会团结，提升贫困社区团结和发展能力；但有可能由于与地方政府扶贫实践模式之间存在张力而引发地方政府与贫困群体之间的社会团结问题
社会公正可持续	不必然促进社会公正，也不必然破坏社会公正，取决于企业扶贫方式的选择	不必然促进社会公正，也不必然破坏社会公正，取决于企业扶贫方式的选择

（二）社会组织参与扶贫

作为"政府—市场—社会"三元模型中"社会"的代表，社会组织是独立于政府和市场的特殊存在。为全面贯彻落实党的十九大精神，坚持大扶贫格局，坚决打赢脱贫攻坚战，国务院扶贫开发领导小组于 2017 年 11 月 22 日印发了《关于广泛引导和动员社会组织参与脱贫攻坚的通知》，提出社会组织结合自己的专长、优势和活动地域，在践行自己理念宗旨的前提下，在自己的业务活动范围内，既态度积极又各尽所能地参与脱贫攻坚。

扶贫领域是社会组织介入并且以之为切入点培育"社会"的领域之一，也是社会组织介入比较早的领域。早在 20 世纪八九十年代，一些境外社会组织如世界银行就在我国西部贫困地区开展扶贫开发的发展援助项目，它们从赋权策略出发，以"参与式扶贫"为工作方法开展工作，以培育和激发社会主体性和能动性为主要手段，目的在于提升贫困者的参与能力和参与机会，让他们能够适应市场，获得成功。2008 年汶川地震之后，中国本土社会组织发展迅猛。截至 2017 年 11 月，全国有 75.7 万个社会组织，其中社会团体 35.4 万个，社会服务机构 39.7 万个，基金会 6062 个。2016 年底，全国社会组织形成固定资产 2746 亿元，接受各类社会捐赠 653.7 亿元，动员志愿者 191 万人次。社会组织是我国社会主义现代化建设的重要力量，在脱贫攻坚中已经并正在发挥着重要作用。各地积极推动社会组织参与脱贫攻坚，重庆、安徽、江西、黑龙江、云南、广西、宁夏、甘肃等地出台了专门文件，部署相应工作；广东等地组织了"扶贫济困日"专项活动，取得积极成效。

贵州省的社会组织也迅速成长起来，其中不乏在扶贫领域卓有成效者。本土社会组织与地方政府、企业和其他单位的合作越来越多，可发挥的空间也越来越大，充分发挥了其在资源链接、能力培育和社会团结方面的优势。随着精准扶贫战略的深入实践，扶贫越来越成为国家治理中的一环，大规模的扶贫实践和贫困治理改变着政府与社会的互动模式和边界，也将改变社会组织参与扶贫的方式和处境。

贵州的社会组织的工作模式可以分为以下两种类型。第一种是社会组织直接参与扶贫工作，比如友成基金会开发的常青义教项目、小鹰计划和慕课课程等。这类项目多为精英主导，由社会组织负责招聘人才向下输送，重点放在专业社会组织领袖人才培养方面，通过他们提升当地社会公共性建立的能力和社会公益能力。第二种是社会组织与地方党委政府合作，共同开发项目。比如招商局基金会与威宁县政府合作在草海旁建幸福小镇，政府提出项目规划，基金会以自己独特的工作方法与政府协作。基金会与威宁政府是平等合作关系，主要工作方法包括乡村治理和农户培训，注重贫困农户的能力建设。

社会组织扶贫的具体工作内容主要有三类。第一类是能力建设和赋权，强调通过自身行动去满足自我发展，比如乐施会强调对可持续生计权利、基本服务权利（教育、医疗）、安全权利（应对灾害）、被聆听的权利这四类权利的赋权。这个思路集中体现了社会组织的"社会"性，是"团结"和"助人自助"价值的体现。第二类工作内容是贫困地区受到灾害之后的紧急救助，如临时性安置、食物、饮水等。第三类是民间自发公益，贫困地区儿童救助支持，如发放物品和乡村教师的支持等。这类工作内容与地方政府合作较多，也由于时效性强、直接见效快而非常受地方政府欢迎。

不同类型的社会组织各自有其工作模式和工作内容，但社会组织作为社会价值的倡导者和传递者，在参与精准扶贫过程中有其共同的经验模式，也遇到了共同的困境。接下来，我们将总结贵州各类社会组织参与扶贫的经验模式并试图分析其中存在的问题。

1. 经验模式

（1）专业性

相比于地方政府和企业，社会组织扶贫在项目规划、项目财务管理等方面的专业性上具有很大优势。比如友成基金会开发的常青义教项目，在全国范围内招募退休教师等教育志愿者，将他们的教学经验和资源带给乡村地区的老师和学生，还组成专家督导团，巡回督导常青基金双师教学项目在地方的推广和运行，帮助乡村教师开展教学活动，提升乡村教师的教学水平。其项目有完整的运作流程和成果检验，并又陆续开发了一系列如"双师教学""名师谈教育——常青公益大讲堂""联想平板电脑互动课堂""友成—常青壹教室"项目等相关项目。

在财务管理方面，不同社会组织有不同的规定，但大多社会组织的财务管理制度实行以项目为主，在项目财务管理方面既不像企业那样要求严格，也不像政府机关那样死板。一些社会组织秉承信任当事人的原则，只要工作人员和项目官员保证发生的费用符合实际，即使票据不符合标准也予以报销。还有一些社会组织执行较为严格又不死板的财务政策，严格区分"公"和"私"的边界，比如每次因公下乡使用公车都要登记具体公里数，同时要求采购的产品性价比最高，不像政府采购那样规定采购对象，但要在"货比三家"之后采购最便宜的产品。

（2）能力培育

社会组织扶贫注重贫困者的能力建设，这与党的十九大报告中指出的"注重扶贫同扶志、扶智相结合"是相符合的。而社会组织注重的能力建设与地方政府着重培育的能力建设有所不同，社会组织对贫困者的能力建设既包括致富能力，也包括合作能力。比如郭氏基金会在贵州丹寨县扶贫基地工作人员遵循基金会一贯做法，采取"示范户带动"的策略，支持个别有能力的示范户发展产业，同时要求他们带动 3~5 户贫困户，帮助贫困户一起致富。通过宣传动员，自愿报名，村委筛选，走访公示等环节，2013 年在某村选出 5 户有能力有热情愿意结对帮助贫困户的示范户。基地于 2014 年实施了特困户扶持项目，2015 年实施了合作社管理人员综合能力培养项目，2016 年实施了合作社管理人员市场能力培养项目。通过"以项目为手段，以改变人为目的"持续运作，合作社在带领村民发展养猪产业上取得初步成效。在基地的帮助下，合作社加强了对全体社员进行合作社、市场营销、诚信与安全（农产品安全、生产安全、个人安全）、生产管理技术、理财等知识培训；进一步增进他们对合作社成立的目的、意义及如何有效管理的认识，提高他们的安全意识、规范意识和生产管理技术，增强他们的信心与决心。同时，帮助合作社完善规章制度，并按规章制度规范运作。特别是，基地不仅注重对合作社社员致富能力建设，更注重对合作社社员尤其是管理人员爱心与合作能力的培养，引导他们在村里面开展环境卫生活动，指导他们无偿地培训和指导村民发展生产，推动他们开展献爱心活动等，使他们的爱心意识不断加强。

（3）项目评估方面重视质量和社会效果

无论扶贫主体是地方政府，还是企业、社会组织，抑或其他行政主体，它们对扶贫项目的评估环节都很重视，毕竟评估是检验扶贫项目是否有效的标准。与其他扶贫主体相比，社会组织在检验扶贫项目运行效果方面有其独到之处。与其他主体更重视扶贫项目的数目、脱贫人口数量、资金使用效率、项目是否合规不同，社会组织对扶贫项目的评估侧重其执行的质量和社会效果。

比如，某社会组织希望通过合作养鸡的模式带动贫困村民致富，社会组织带领合作社社员代表在亲自考察各个鸡苗孵化场之后，确定了从一家虽然较贵（每只鸡苗 12 元）但是鸡苗质量和服务都比较好的养鸡场（承诺 95% 的成活率，孵化场会派技术专家来到村里服务 1~2 个月）采购鸡苗。可以看出，社会组织重视的是鸡苗成活率，贫困户的能力提升（贫困户代表亲自挑选鸡苗孵化场），以及鸡苗成活之后村民之间的合作饲养，并非完成项目经费使用，也并非节省经费。

（4）链接资源

与政府、企业不同，社会组织自身资源不多，它们更主张去链接和撬动各种类型资源，用郭氏基金会工作人员的话说，它们是"四两拨千斤"，用基金会少量的资源撬动政府关注和投入以及村民自发参与。对于大部分社会组织来说，自身的资金非常有限，无法直接投入大量资源参与扶贫，比如社会组织主导的产业项目，多采取链接市场资源、技术资源、策划设计资源等方面支持贫困群体发展产业。还比如友成基金会开发的常青义教项目，将大城市的退休教师和其他有志于在贫困地区做义务教师的人引入贫困地区，帮助贫困地区发展教育。

2. 存在问题：处在地方政府与地方社会之间的双重困境

社会组织在地方推行项目离不开政府的支持，也离不开地方社会的支持与配合。但事实上，许多社会组织在这两方面都遭遇到困境，在实践中受到这两方面的双重挤压。

随着近年来扶贫力度的加大，政府部门的工作任务压力也日益繁重，不仅要完成每年增加产业项目、降低贫困发生率的任务，还要在工作机制上有所创新。在政府看来，产业增收是第一位的，而人的素质提高、社会和谐稳定是增收之后的结果。现实脱贫任务的压力让政府部门将全部精力投入帮助百姓增收这一单纯的目标中来，有的县甚至想出了让贫困户将特惠贷入股到专门的农业公司中分红的方式，实现"八个一批"中"资产收益扶贫一批"的目的。政府虽然也强调贫困户的能力建设，但能力建设并不是根本目的，这与社会组织强调能力培育、提升人的素质有根本区别。比如某社会组织帮助农民组建西瓜合作社，希望建立社员互相帮助的平台，大户带动散户一起发展，保证质量，统一售价。但是随着合作社迅猛发展，其内部的运作机制却不令人满意，大户的带动效果不明显，只顾自己，不愿带动其他农户一起发展；其他农户也给合作社的大户"拆台"，在售卖时不遵守合作社统一定价，会偷偷降价。社会组织认为这个项目根本目标没有达到，基本算是一个失败的项目。但在当地政府看来，合作社发展很理想，已经形成支柱产业，并且在宣传和推行这种模式。虽然看上去政府与社会组织的行动目标是一致的，都是帮助村民致富，但是根本目标的区分使得它们的具体做法乃至对项目是否成功的判断都有所不同。而随着政府调动资源的规模越来越大，行政力量的能力越来越强，政府的强势行动正在压缩社会组织的实践空间，社会组织的行动空间也变得狭小。事实上，在一些政府自上而下主导、有明确目标任务甚至是政治任务的领域（比如目前的扶贫领域），随着政府资源投入、动员能力和任务压力不断增加，地方政府更倾向于动用正式的行政力量完成目标，社会组织的实践空间受到挤压，面临困境。

与此同时，社会组织与地方社会（村庄和村民）之间的张力也是存在的。比如某社会组织践行自己的理念，在实践扶贫项目中，除了消除贫困之外，往往还担负着"改造村民"，把他们变为有现代公德、生活方式现代化的公民的任务，在执行理念的过程中，会与当地实际情况产生冲突。某社会组织帮助村民组建绿壳蛋鸡养殖合作社，在鸡苗采购和无公害认证的问题上与村民产生了不同意见。社会组织要求所有采购报销要选择可以出具发票的正规公司，并且一定要选择最经济实惠的产品。2016年采购的第一批鸡苗就是按照这个原则，选择了某公司最便宜的13元一只的鸡苗，但村民发现鸡苗质量并不好。就像合作社理事长小李说的，"绿壳蛋鸡品种特殊，越纯越好。你给我的鸡苗不纯，养出来下的蛋不纯，卖不到好价钱，这个鸡苗对我来说反倒是个负担"。[①] 2017年每户500只鸡苗的采购过程中，社会组织工作人员依然坚持只能按照每只13元的标准进行采购，"但是13元实在是买不到好的"，因此小李决定自己孵化小鸡养成鸡苗，按照13元的价钱卖给新加入的社员，以这种方式完成这项基本不可能完成的任务，但是社会组织的工作人员坚决反对这种做法，因为按照规定，产业扶贫项目要求有一整套采购流程，他们不可以以"内部操作"的方式完成，这样有违社会组织"公开透明""公正诚信"的理念。由此可见社会

---

① 引自2017年8月3日对合作社理事长小李的访谈。

组织理念与村民的生活逻辑之间存在的张力，项目虽然推行下去，但实际上并未达到"改造人"的最终目的。

在"国家—市场—社会"框架中，代表有组织性的公共领域的社会组织和代表本土性资源的地方/基层社会都被当作"社会"概念的重要组成部分，而对这两者之间的关系，即社会组织与地方总体社会的张力和契合却讨论不多。有学者认为努力生产公共空间的社会组织却在日常行动中陷入其理念诉求本身所带来的一系列困境之中，而该组织要尽量"扎根"于地方社会的努力，也由此越来越具有"悬浮和被改造"的色彩，组织的理念诉求和制度建设本身也面临着困难，而最大的困难，则在于上述社会组织本身的自我生产①。一些社会组织所遵循的理念和实践方式与中央政府目标类似，都是从能力建设和公德建设的角度出发，将农民改造为现代公民，帮助农民致富，但是不适应地方政府的具体目标和地方/基层社会中人们的行为逻辑。在地方政府眼中，这个社会组织所实施的项目时效性差，不具备时间合法性，而在老百姓眼中，它们所实施的项目在操作上落实困难，甚至给百姓添了麻烦。它们正在面临来自上下的双重困境，而这种困境对社会组织在脱贫攻坚中发挥其作用起到一定的阻碍。

3. 社会组织扶贫可持续性小结

社会组织在减贫中主要起到撬动资源、能力培育和团结社区的作用，其专业性和独特的评估项目视角是其发挥价值的所在。社会组织致力于用其专业性和链接资源的能力，培养贫困者各方面的能力，不仅包括贫困者脱贫的能力（即经济提升的能力），还包括脱困的能力，即团结、合作、自我发展的能力。个人和社区能力发展、社区团结是社会组织看重的目标，是社会组织参与减贫工作的主要切入点，社会组织围绕这一目标进行项目设计、人才培训和财务管理并链接相关资源，体现了专业性。而地方政府由于工作繁重，工作人员人数和能力有限，不能在完成减贫任务的同时兼顾社区能力培育和团结重塑，地方政府官员的身份也让他们在事实上

---

① 孙飞宇、储卉娟、张闫龙：《生产社会还是社会的身我生产？以一个 NGO 的扶贫困境为例》，《社会》2016 年第 1 期。

无法深入做到,因此社会组织这方面的工作有着不可替代性。同时,作为社会力量的代表,公平和平等的强调是其基本的价值观,社会组织参与扶贫在社会公平可持续性方面有着天然的优势。

同时,社会组织参与也遇到一定的困境。由于出发点的不同,社会组织在与政府的关系和合作方面处于弱势地位,在政策支持和制度支持方面面临一定脆弱性,需要进一步明晰政府与社会组织的关系、边界和各自职责;在社会团结方面,外来的社会组织虽然致力于提升合作能力、塑造社会团结,但其具体工作方法有可能遭遇"水土不服",成为破坏地方社区团结的工具,这点尤其要警惕。

表 10 - 2　社会组织扶贫可持续性

	社会组织
政策和体制可持续	有越来越多的政策支持和体制保障,但可持续性依然不足,且存在与体制不协调之处
主体能力可持续	致力于促进贫困主体能力持续发展
社会团结可持续	为促进社会团结而努力,但现实中存在与地方社会秩序和逻辑相冲突之处
社会公正可持续	致力于促进社会公平持续发展

(三) 中央定点帮扶与东西扶贫协作

中央定点帮扶,是指中央和国家机关等扶贫力量选择一个或几个特定的地点进行帮扶的扶贫模式,参与定点扶贫的单位要发挥自身特点和部门优势,因地制宜地挖掘和利用当地资源,同时采取培训、转移就业等多种形式帮助当地群众依靠自身力量脱贫致富。东西扶贫协作,是指东部沿海经济较发达的省市对西部欠发达地区提供经济、技术、人才援助,以促进贫困地区经济发展、贫困人口脱贫的扶贫机制,是东部沿海发达地区的政府机关、事业单位、企业参与西部地区扶贫开发的重要机制,西部省份也对通过强化东西扶贫协作具有较高期待。这两种扶贫模式同属行政系统内部的帮扶,旨在通过中央和地方直属机关以及东部发达地区的政策支持、技术支持和先进管理经验对欠发达地区进行帮扶,给予贫困地区优惠政策和技术支持，提升其社会治理水平。

根据《关于进一步完善定点扶贫工作的通知》（国开办发〔2015〕27号）文件中的"中央、国家机关和有关单位定点扶贫结对关系名单"，帮扶贵州省的有关单位有39家，分别是：中央组织部帮扶台江；中央统战部帮扶赫章、晴隆和望谟；中央财办帮扶剑河；新华社帮扶石阡；上海浦东干部学院帮扶江口；公安部帮扶兴仁、普安；审计署帮扶丹寨；国家林业局帮扶荔波、独山；国家宗教事务局帮扶三都；中国科学院帮扶水城；国家铁路局帮扶榕江；国务院扶贫办帮扶雷山；中国国际贸易促进会帮扶从江；中国投资有限责任公司帮扶施秉；国家开发银行帮扶道真、务川和正安；中国农业发展银行帮扶锦屏；中国农业银行帮扶黄平；中国航空工业集团公司帮扶镇宁、普定、关岭、紫云；中国石油天然气集团公司帮扶习水；中国联合网络通信集团公司帮扶册亨；中国电子信息产业集团有限公司帮扶松桃；鞍钢集团公司帮扶盘县；国家开发投资公司帮扶罗甸、平塘；招商局集团有限公司帮扶威宁；中国港中旅集团公司〔香港中旅（集团）有限公司〕帮扶黎平；中国中煤能源集团公司帮扶印江；中国冶金科工集团有限公司帮扶沿河、德江；北京有色金属研究总院帮扶思南；中国黄金集团公司帮扶贞丰；华侨城集团帮扶天柱、三穗；民革中央帮扶纳雍；民进中央帮扶安龙；农工民主党中央帮扶大方；台盟中央帮扶赫章；全国工商联帮扶织金；北京邮电大学帮扶长顺；南京农业大学帮扶麻江；电子科技大学帮扶岑巩；中国科技大学帮扶六枝特区。

自1996年起，党中央、国务院决定大连、青岛、宁波、深圳四个城市对口帮扶贵州省，其中大连市对口帮扶遵义市、六盘水市，青岛市对口帮扶安顺市、铜仁市，宁波市对口帮扶黔西南州、黔东南州，深圳市对口帮扶毕节市、黔南州。2013年，国务院办公厅印发《关于开展对口帮扶贵州工作的指导意见》（国办发〔2013〕11号），明确上海、大连、苏州、杭州、宁波、青岛、广州、深圳等8个城市分别对口帮扶贵州的8个地级市，即上海市对口帮扶遵义市，大连市对口帮扶六盘水市，苏州市对口帮扶铜仁市，杭州市对口帮扶黔东南州，宁波市对口帮扶黔西南州，青岛市对口帮扶安顺市，广州市对口帮扶黔南州，深圳市对口帮扶毕节市，体现了

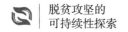

"一对一"对口帮扶。

中央、国家机关和有关单位以及东部发达地区对贵州省的支持主要包括加强政策支持、加强基础设施建设（支持以交通、水利、通信为重点加强基础设施技术，改善贫困群众的生产生活条件）、推进特色产业发展（帮助发展特色种植养殖业、农产品基地、农业园区、农产品加工业、乡村旅游业、商贸流通、电子商务等）、拓宽农民增收渠道（为贫困农村劳动力转移就业、回乡创业就业、异地搬迁就业提供帮助，提升就业创业能力，开展就业创业服务等）、增强基本公共服务能力（帮助发展教育、医疗卫生、文化、社会事业等）、深化经济技术交流合作（在共建园区、共建基地、共建市场、共建产业链以及在技术研发和推广、产业发展重点领域和环节等方面加强协作，通过产业转移等加强协作）、加强干部和人才培养交流等方面。如果按照"国家—市场—社会"的三维框架来划分，这两种帮扶方式并不属于"社会"扶贫范畴，其"社会性"也略显不足，反而带有强烈的行政色彩，其经验和挑战均源于此。

1. 经验模式

（1）政策支持

政策支持方面集中体现在中央、国家机关定点支持的县市中。比如审计署对丹寨县定点帮扶，丹寨县成为全国唯一一个能够整合扶贫资金的试点县，全部扶贫资金都由政府统筹使用，在资金使用方面相对灵活，符合当地实际。这样不仅让贫困地区享受到政策优惠，也让中央、国家机关的各个新政策可以试点落实，检验政策是否切合实际，形成双赢的结果。

（2）深化经济技术交流合作

深化经济技术交流合作方面主要体现在发挥市场机制作用上，以产业为纽带，加强对口帮扶双方在能源、矿产资源及精深加工、农产品加工、民族制药、特色轻工、新型建材、装备制造、旅游文化等领域的合作力度，推进受帮扶地区有序承接产业转移。鼓励帮扶方在受帮扶地区共建开发区、产业园区和外贸基地，共同招商引资，共同经营管理；对共建的园区，可比照国家级经济技术开发区予以指导和服务。对口帮扶期间，对园区内入驻的企业加大财税支持力度。鼓励通过技术培训、合作入股等方式在受帮扶地区推广新工艺及适用技术、管理模式，提高产业技术含量和发展水平。

（3）加强干部和人才培养交流

贵州省鼓励帮扶方与受帮扶地区开展干部双向挂职交流工作，加大基层干部培养力度。依托国家重大人才工程和"西部之光"、博士服务团等人才工作项目，组织实施"贵州专门人才培训工程""院士专家援黔行动计划"、领导干部培训计划，支持贵州各类人才队伍建设，重点支持培养急需紧缺专业人才。根据帮扶方吸纳劳动力的能力，组织受帮扶地区富余劳动力到帮扶方培训、就业。推进实施教育扶贫工程，每年选送一批贫困家庭学生赴帮扶方接受免费职业教育。

2. 存在问题

（1）政策可持续性和可推广性需要进一步探索

虽然中央、国家机关定点帮扶的县市能够享受到一些政策支持，并且得到了中央、国家机关的帮助，但是有一些政策的可持续性不强，并不能保证每年都能得到，而且政策经过试点之后，在其他地方的可推广性也需进一步探索。

（2）贫困地区干部和群众的主体能力需要进一步提高

中央、国家机关和相关单位定点帮扶以及东西协作对口支援帮扶都强调对贫困地区干部的培养，加强西部地区干部和人才挂职交流，但是这些挂职交流稳定机制需要进一步明晰，干部挂职的具体效果需要具体评估。同时，这两种扶贫模式中，缺乏对贫困地区群众能力提升的实质帮助，虽然制度设计方面有职业教育和职业培训，但培训效果需要进一步关注。

（3）社会多主体参与不足

中央、国家机关和相关单位定点帮扶以及东西协作对口支援主要从行政体系内部推进扶贫体系的建设，提升西部地区政府治理能力，给西部地区发展提供更多机会，但是对当地的社会参与和社会发展能力的提升并无太大改变。

3. 直属机关定点帮扶与东西协作对口支援帮扶可持续性小结

直属机关定点帮扶与东西协作对口支援虽然通常被认定为社会扶贫中的组成部分，但其本质上依然是行政系统内部的扶贫方式，是行政系统内部的协作，因此对社会团结和社会公正的可持续性涉及不多；其对主体能力可持续发展有很大帮助，主要体现在给贫困地区提供了更多发展机会，尤其体现在帮助贫困地区干部培训提升能力方面，对政府能力提升和政府治理现代化帮助巨大；直属机关定点帮扶与东西协作对口支援帮扶对西部地区的制度和政策支持力度较大，但是这种带有试点性质的政策支持却未必可持续。

表 10 - 3　直属机关定点帮扶与东西协作对口支援帮扶可持续性

	中央、国家直属机关和相关单位帮扶与东西协作对口帮扶
政策和体制可持续	虽然政策支持力度足够大，但是可持续性存疑，而且其可推广性也需进一步探索
主体能力可持续	人才挂职交流机制对贫困地区干部能力提升有帮助，但机制不够稳定，效果也需要具体评估；贫困群众主体参与不足，缺乏对贫困地区群众能力提升的实质帮助
社会团结可持续	缺乏社会团结方面的考量，不必然促进，也不必然破坏
社会公正可持续	缺乏社会公正方面的考量，不必然促进，也不必然破坏

三　社会扶贫面临的困境

让贫困人口和贫困地区同全国一道进入全面小康社会，是中国共产党的庄严承诺。在精准扶贫、精准脱贫方略指引下，脱贫攻坚战取得决定性进展，庄严承诺正逐渐兑现。四年间，全国精准扶贫、精准脱贫战线取得了光辉的成绩。但同时，扶贫攻坚战略在实践中依然面临一些困境与挑战，而社会扶贫由于其特殊性，面临着特殊的挑战。上文提到，企业、社会组织和行政系统内部的帮扶纷纷遭遇不同困境，综合来说，存在以下方面的挑战。

（一）政府、市场、社会的减贫逻辑不同，主体责任不明

社会扶贫的实施主体虽然是地方政府之外的其他行政、市场与社会力量，但是离不开地方政府的协调支持与配合，更离不开政府、市场和社会三个主体之间的互动。从前文分析中我们可以看出，目前的社会扶贫中，

各个主体，包括企业、社会组织、中央、国家机关和相关单位以及东部地区政府与贫困地区当地政府之间对减贫方式方法、具体政策实施方式和实践逻辑的认识存在偏差，行为模式之间存在或多或少的冲突，而这几方作为减贫政策的实施主体，其理念和帮扶方式与作为帮扶对象的贫困者所遵循的行为模式之间也存在张力。这几种张力叠加在一起，对扶贫政策的实践产生了阻碍作用，甚至使得扶贫政策在落实中遭到扭曲。同时，各个主体的责任、义务与权利尚不明晰，企业、社会组织、中央、国家机关和相关单位以及东部地区政府与贫困地区当地政府对自己应该负有的责任、承担的义务都不明晰，因此在个别地方出现一些互相推诿责任的现象，伤害了精准扶贫战略的落实。

（二）社会扶贫的"社会性"体现不足

反贫困不仅是贫困地区政府的责任，更是全社会共同参与的事业，因此社会扶贫的重要性不言而喻。但是，虽然社会扶贫强调多主体参与和立体式的帮扶，我们依然发现存在多元主体的能力不足、社会参与不足的问题。一方面，对于帮扶主体来说，无论是企业、社会组织，还是直属机关和东部地区政府，这些帮扶主体或是行政体系中的一员，或在实践中对贫困地区行政体系有或多或少、或主动或被动的依赖现象，帮扶主体的主体性和能动性略显不足，同时普遍缺乏社会团结和社会公正的视角，无法发挥其自有的"社会性"。另一方面，对于贫困者来说，作为被帮扶主体的贫困群众的主动性和参与性也存在不足，目前实践的社会扶贫项目大多将目标放在提升贫困者收入方面，或多或少忽略了对贫困者能力的培养，没有真正做到提升受助者的主体能力。

（三）社会扶贫的可持续性困境

前文分析了企业扶贫、社会组织扶贫、中央国家直属机关和相关单位扶贫，以及东西协作定点帮扶这四类社会扶贫在政策和体制、主体能力、社会团结和社会公正四方面的可持续性。从前文分析中我们可以看出，三类社会扶贫的可持续性还有进一步加强的空间。第一，几类社会扶贫普遍存在政策和体制的可持续性不足，大部分只凭负责人的热情和政令推行，导致资源投入的可持续性缺乏稳定持续的政策支持。第二，几类社会扶贫项目中存在对培育和调动贫困者主体能力不足的现象，产生了"政府、企业、社会组织干着，群众看着"的吊诡现象。第三，本应强调社会团结和社会公正的社会扶贫，却因种种原因在现实实践的个别项目中忽略社会团结和社会公正视角，甚至破坏当地的社会团结和社会公正，给精准扶贫战略的可持续性带来伤害。

四　社会扶贫的几点建议

（一）政府、市场、社会的行动边界和主体责任进一步明晰

对于社会扶贫中不同主体的减贫逻辑不同，主体责任不明的困境，建议在社会扶贫领域进一步明确主体的行动边界和主体责任。

1. 明确主体责任和行动边界

在确定扶贫项目之初就明确参与各方的责任，在企业扶贫和社会组织扶贫中，建议贫困地区的地方政府明确和尊重企业和社会组织的主体地位；同时企业和社会组织也要切实承担起主体责任，落实稳定的资金和人员支持，充分做好前期基础调查研究，发挥自身优势确定帮扶思路和项目设计之后一以贯之地实施。

2. 搭建多主体长效沟通平台，促进多主体之间的交流

在日常工作中，沟通平台可以起到信息交流、数据分享等作用。当地方政府对扶贫的思路和目标与企业、社会组织逻辑不一致时，沟通平台可以迅速搭建起几方对话机制，促进问题的协调和解决。

（二）提升社会扶贫的"社会性"，发挥企业和社会组织优势

对于社会扶贫的"社会性"不足的困境，有以下几点建议。

（1）重视发挥企业、社会组织的主动性，让市场和社会力量充分参与到扶贫攻坚战略中来，给市场和社会力量发挥的空间，从市场带动和社会

机能、社会团结改善的角度入手解决贫困问题。

（2）企业和社会组织充分发挥自身的优势，将自己的专业领域带入扶贫攻坚中来，这样更容易制定适合企业自身也适合当地发展的扶贫策略，对提升企业参与扶贫的积极性和持续稳定的扶贫投入都有帮助。比如某电商公司发挥自身有稳定销售渠道和灵通市场信息的优势，带动贫困农户发展养殖业，并保证提供销售渠道和技术手段。电商企业可以做到由市场需求带动产业布局和稳定销售渠道，这方面的作用地方政府无法替代，这种充分发挥企业优势的扶贫方式较为成功。

（3）加强贫困群众的能力建设，包括脱贫技能教育和社会参与能力培训，提升贫困群众的脱贫主动性和参与主体性，同时开放群众参与的空间和机会。只有贫困群众自下而上地参与和反馈解决扶贫政策的靶向不准的问题，才能从根源上解决农村贫困。

（三）社会扶贫的可持续性需进一步加强

针对社会扶贫在政策和体制、主体能力、社会团结和社会公正四方面的可持续性方面的困境，我们建议以下几方面。

（1）加强政策和机制可持续性建设，建立企业帮扶、直属机关帮扶和东西协作对口支援在人才交换方面长期、稳定的政策机制，帮助企业找到适合企业发展和贫困地区的扶贫模式，建立稳定的政府购买社会组织服务机制和监管机制等。

（2）加强主体能力可持续性建设，稳定贫困地区人才培训和引入机制，加强对贫困地区地方政府能力支持力度；加大对贫困群众的培训力度（包括专业技能培训、市场能力培训和社会参与培训），加强贫困群众的内生动力和主体能力，在脱贫攻坚中充分发挥其主体性。

（3）加强社会团结可持续性建设，减少扶贫政策和产业发展对村庄团结的破坏效应，挖掘从产业扶贫切入社会内部机能重建的机制，引入专业社会工作和社会组织重建村庄社会团结。

（4）强调社会公平可持续性建设，在发展的同时保证分配机制的公平，在扶贫攻坚政策模式中开启自下而上的参与和监督机制。

五 小结与讨论

(一) 简单的结论

经过多年的努力，贵州省加大力度贯彻落实了中央对社会扶贫的要求，已经构建起企业扶贫、社会组织扶贫、中央定点帮扶与东西扶贫协作的"四位一体"立体式的社会扶贫格局，这一套格局在具体实践中对解决农村贫困问题做出了卓越贡献。在实践中，具体逐渐形成民营企业扶贫中"企业包县"的模式，企业与社会组织合作通过产业项目恢复农村的内生动力社会机能的"智力众筹用社会团结促进脱贫"的模式，以及社会组织强调的能力培育和社会团结为切入点的专业化的扶贫模式等各有特色的扶贫模式。同时也存在各个主体责任和边界尚不明晰，政府、市场和社会实践逻辑存在偏差，贫困者的能动性不足，可持续性不足等一系列问题和困境。

总的来说，社会扶贫在贵州取得了一定成就，并且建立出一些可推广的模式，同时，社会扶贫的可持续性依然有可待提高的空间。在政策和体制可持续方面，企业帮扶和社会组织帮扶的制度和政策可持续性严重不足，只有中央、国家直属机关和相关单位帮扶与东西协作对口帮扶在制度和政策方面有优势，但其政策的可持续性尚存疑。在主体能力可持续方面，四类社会扶贫模式各有优势，在不同方面均存在促进作用，企业帮扶由于引入高质量的人才，在促进地方政府治理现代化方面有所帮助，同埋，中央、国家直属机关和相关单位帮扶与东西协作对口帮扶由于提供干部交流机会，也提升了地方干部的能力，而企业帮扶和社会组织参与帮扶同时也对贫困群体的能力提升有正向作用，唯一值得担心的是部分企业扶贫可能一味追求数字提升而忽略贫困者参与和能力建设的隐患。在社会团结可持续方面，有社会组织介入的帮扶方式具有一定优势，对促进村庄内部社会团结和社会机能的再造有一定帮助作用，而部分企业介入之后可能对村庄的社会团结产生破坏效果，需要警惕。在社会公正可持续方面，企业扶贫并非必然带来社会不公正，也可能由于引入正确的分配方式和参与模式而促进社会公正的建立，社会组织参与扶贫亦然。

表 10 - 4　社会扶贫可持续性

	企业扶贫	社会组织扶贫	中央、国家直属机关和相关单位帮扶与东西协作对口扶贫
政策和体制可持续	可持续性不足，缺乏稳定合作模式	可持续性不足，存在与体制不协调之处	政策支持力度足够大，但可持续性存疑，而且其可推广性也需进一步探索
主体能力可持续	致力于提升贫困主体的发展能力，引入人才对贫困地区政府工作人员能力提升有所帮助，但在具体实践中主体能力建设可能被其他硬性任务遮蔽	致力于促进贫困主体能力持续发展	人才挂职交流机制对贫困地区干部能力提升有帮助，但机制不够稳定，效果也需要具体评估；贫困群众主体参与不足，缺乏对贫困地区群众能力提升的实质帮助
社会团结可持续	取决于企业具体扶贫方式的选择，可能促进社会团结，也可能产生破坏作用	为促进社会团结而努力，但现实中存在与地方社会秩序和逻辑相冲突之处	缺乏社会团结方面的考量
社会公正可持续	取决于企业具体扶贫方式的选择	致力于促进社会公平持续发展	缺乏社会公正方面的考量

（二）简单的讨论

1. 激发社会主体性：从运动式治理到常规治理的机制探索

社会扶贫的最终目的是促进全社会参与到扶贫攻坚中来，建立全方位立体式扶贫模式，一方面加强扶贫攻坚的力度，为解决贫困问题贡献力量；另一方面促进多元共治的格局形成，促进社会治理现代化水平和能力的提升，形成共建共治共享的社会治理新格局。因此，对社会扶贫的思考不应仅仅局限在扶贫领域，更应看到其背后蕴含的社会治理意义。

而目前的扶贫模式中更加重视经济水平的提升，以非常规的、运动式治理的模式推动扶贫政策的实践运行。这主要源于地方政府的任务导向，减贫任务繁重，因此只能尽量以快速有效的手段完成减贫任务。但这种略显"简单粗暴"的做法存在伤害贫困主体能力的风险，不利于构建全社会参与的社会治理格局。

随着扶贫攻坚的推进，减贫效果日益明显，反贫困必然从运动式治理走向常规治理，大规模的资源投入和战区式攻坚将减少，扶贫将融入地方政府的日常工作中，成为常规工作的一部分。而如何激发社会主体性，发挥贫困群众和社会力量参与到减贫工作中来，将是常规治理中必备的部分。从"要我脱贫"到"我要脱贫"再到"我能脱贫"是贫困群体主体性的体现，而如何激发他们的主动性，专业社会组织可以与村支"两委"一起发挥作用，走出一条通过组织促进团结，通过团结促进发展的道路，而政府也需要在其中加以引导和支持，构建出政府负责、社会参与的贫困治理新格局，这也是反贫困可持续发展实现路径之一。

2. 脱贫与脱困：社会力量解决贫困的根源

贫困二字总在一起出现，但事实上"贫"和"困"并非表达同样的困境。"贫"主要指经济上的低下地位，而"困"主要指缺乏摆脱经济低下地位的能力和机会。阿玛蒂亚·森从能力视角看待贫困问题，他在著述中指出，"贫困是一个拓展实质自由和赋予贫困人群权力的问题"，森认为，所谓发展，"可以看作扩展人们享有真实自由的一个过程"，这里的真实自由不仅指自由的权力，还有自由的能力（阿玛蒂亚·森，2002）。因此，"脱贫"的本质是"脱困"，即获得摆脱困境、获取自由的能力。

而获得摆脱困境、获取自由能力的途径是提升贫困者能力，这种能力既包括农业技术，也包括适应市场能力，还包括社会参与能力。农业发展需要单个小农的合作，而组织和合作能力需要培养和实践。正如前文提到的，社会力量参与扶贫在组织和培养农民方面具有一定专业优势，并且试图探索从社会团结和社会机能重建来解决贫困问题，以提升贫困者的脱困能力，帮助他们摆脱贫困，是社会扶贫的核心价值，也是贫困问题得以解决的根源。

参考文献

［1］〔印度〕阿玛蒂亚·森著《以自由看待发展》，任赜、于真译，中国人民大学出版社，2002。

［2］北京大学社会学系郭氏基金脱贫模式课题组：《理想主义与现实改造：一项关于社会公益组织的个案研究与反思》，社会科学文献出版社，2016。

［3］蔡如鹏：《一波三折的首富扶贫》，《中国新闻周刊》2016年总第782期。

［4］郭于华、史云桐：《马克思主义与社会——布洛维"社会学马克思主义"的启示》，《开放时代》2008年第3期。

［5］纪莺莺：《当代中国的社会组织：理论视角与经验研究》，《社会学研究》2013年第5期。

［6］陆汉文、黄承伟主编《中国精准扶贫发展报告（2016）：精准扶贫战略与政策体系》，社会科学文献出版社，2016。

［7］沈原：《社会的生产》，《社会》2007年第2期。

［8］孙飞宇、储卉娟、张闫龙：《生产社会还是社会的自我生产？以一个NGO的扶贫困境为例》，《社会》2016年第1期。

［9］熊跃根：《转型经济国家中的"第三部门"发展：对中国现实的解释》，《社会学研究》2001年第1期。

［10］张紧跟、庄文嘉：《非正式政治：一个草根的行动策略——以广州业主委员会联谊会筹备委员会为例》，《社会学研究》2008年第2期。

［11］赵静：《市民社会概念的源起、形成与发展》，《人民论坛》2014年第10期。

后 记

　　《脱贫攻坚的可持续性探索——贵州的实践与经验》终于与大家见面。这是我们承担的贵州省一项重大课题的研究成果，本来写个研究报告就可以交差，但是在大家的努力下，觉得仅仅交个研究报告，似乎太可惜了，而且这个研究做得还不错，特别是对一些问题谈得比较深入，尤其是"可持续性探索"这个议题在当下越来越重要。精准扶贫和脱贫自2013年底提出以来，中央十分重视，国家和各级政府加大力度，旨在2020年解决现行标准下的农村贫困问题。这项扶贫脱贫战略已经取得明显的进展，预计到2020年实现脱贫目标。现在的问题是，现有的相关政策是否在2020年以后继续保持？如果不保持，将会有什么影响？是否会导致返贫？与此同时，现有的相关项目和路径能否产生减贫和发展的可持续效应？等等。这些问题在即将迎接2020年全面脱贫之际，急需进行深入的调查和研究。贵州是全国精准扶贫和脱贫的重点示范省，在精准扶贫和脱贫方面出台了许多政策，力度相当大，效果也很明显，同时碰到的问题也相当多。本书围绕贵州省出台的十大政策以及所开展的实践行动，从多个维度梳理和分析这些政策和实践行动所带来的影响，是否合乎可持续发展要求。我们的研究发现，虽然短期内，这些政策和行动有明显效果，但是在可持续性上还是有很多问题，需要给予认真的对待，为此我们提出了有针对性的对策建议。贵州虽然有自己的特点，但是在脱贫攻坚的可持续性上出现的许多问题，在全国还是具有代表性的。所以，我们认为，本书不仅仅是写给贵州的读者看的，同时也会对关注精准扶贫和脱贫的全国读者有一定的帮助。

　　本课题的研究团队有中国社会科学院社会学研究所、贵州民族大学社会建设与反贫困研究院、贵州省社会科学院社会学研究所。研究团队从2000年开始到现在一直在贵州进行深入、系统的田野调查，主要关注贵州的社会建设和发展问题，积累了相当多的资料、数据以及知识，所以，我们在推进课题研究时就相对顺利。这并不是说我们对这次调研不深入。实际上，这次调研也相当深入，从省直各部门到地市县、乡镇、村和村民，都进行了深入的调研。在这个过程中，我们得到贵州各界人士的支持和配合，在此由衷感谢他们。在调查过程中，刘艺（中国社会科学院研究生院博士生）、阮运彬（贵州民族大学硕士研究生）、吴彪（中央民族大学硕士研究生）、龙秋香（贵州大学硕士研究生）、蔡小青（贵州民族大学硕士研究生）等做了很多录音整理和后勤服务工作，为课题组的研究付出了大量而艰辛的劳动，在此一并感谢。

本书由多名作者通力合作完成，总报告作者为王春光（中国社会科学院社会学所研究员），第一章作者为毛刚强（贵州民族大学社会建设与反贫困研究院研究员），第二章作者为单丽卿（杭州师范大学政治与社会学院讲师），第三章作者为荀丽丽（中国社会科学院社会学所副研究员），第四章作者为王晶（中国社会科学院社会学所副研究员），第五章作者为高刚（贵州省社会科学院社会学所研究员），第六章作者为马流辉（华东理工大学社会与公共管理学院讲师），第七章作者为陈志永（贵州师范学院地理与旅游学院教授），第八章作者为曹端波（贵州大学历史与民族文化学院教授），第九章作者为孙兆霞（贵州文史研究馆馆员，贵州民族大学社会建设与反贫困研究院教授）和毛刚强，第十章作者为梁晨（中国社会科学院社会学所助理研究员）。

图书在版编目（CIP）数据

脱贫攻坚的可持续性探索：贵州的实践与经验 / 王
春光等著. -- 北京：社会科学文献出版社，2018.12
（贵州省社会科学院智库系列. 院省委托课题）
ISBN 978 - 7 - 5201 - 3196 - 4

Ⅰ.①脱…　Ⅱ.①王…　Ⅲ.①扶贫 - 研究 - 贵州
Ⅳ.①F127.73

中国版本图书馆 CIP 数据核字（2018）第 174332 号

贵州省社会科学院智库系列·院省委托课题

脱贫攻坚的可持续性探索

—— 贵州的实践与经验

编　　者 / 贵州省社会科学院
著　　者 / 王春光　孙兆霞 等

出 版 人 / 谢寿光
项目统筹 / 陈　颖　邓泳红
责任编辑 / 薛铭洁　周爱民

出　　版 / 社会科学文献出版社·皮书出版分社（010）59367127
　　　　　　地址：北京市北三环中路甲 29 号院华龙大厦　邮编：100029
　　　　　　网址：www.ssap.com.cn
发　　行 / 市场营销中心（010）59367081　59367083
印　　装 / 三河市尚艺印装有限公司

规　　格 / 开　本：787mm × 1092mm　1/16
　　　　　　印　张：19.25　字　数：278 千字
版　　次 / 2018 年 12 月第 1 版　2018 年 12 月第 1 次印刷
书　　号 / ISBN 978 - 7 - 5201 - 3196 - 4
定　　价 / 98.00 元